U0948493

"法哲学与法理论口袋书系列"教材

雷 磊 ‖ 主编

当代德语法哲学

[美] 詹姆斯·E. 赫格特/著

(*James E. Herget*)

宋旭光◎译

CONTEMPORARY GERMAN LEGAL PHILOSOPHY

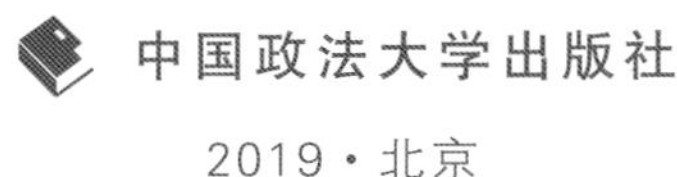

2019·北京

当代德语法哲学

Contemporary German Legal Philosophy
by James E. Herget

Copyright © 1996 by the University of Pennsylvania Press.

All rights reserved. Published by arrangement with the University of Pennsylvania Press, Philadelphia, Pennsylvania. None of this book may be reproduced or transmitted in any form or by any means without permission in writing from the University of Pennsylvania Press.

版权登记号：图字 01-2019-1328 号

总　序

“法理学”(Jurisprudenz, jurisprudence) 之名总是会令初学者望而生畏。因为无论是作为法的一般哲学理论的“法哲学”(Rechtsphilosophie, legal philosophy)，抑或是作为法的一般法学理论的“法理论”(Rechtstheorie, legal theory)，虽从地位上看属于法学的基础学科分支，但却往往需要有相当之具体专业知识的积累。在西方法律院校，通常只在高年级开设法哲学和/或法理论课程，法理学家一般情况下也兼为某一部门法领域的专家。有关法的一般性理论研究的专著往往体系宏大、旁征博引，同时也文辞冗赘、晦涩艰深。这些论著大多以具备相关专业知识之法学专业人士为假定受众，非有经年之功无法得窥其门径与奥妙。

中国的法学教育模式与西方有所不同。由于历史和现实的原因，法理学被列为法学专业必修课程的第一门，在大学一年级第一学期开设。统编教材罗列法学基本概念和基本原理，只见概念不见问题、只见枯死的材料不见鲜活的意义，往往使得尚未接触任何部门法知识的新生望而却步，乃至望而生厌。尽管有的法律院校（比如中国政法大学）同时在三年级开设了相关课程，且内容以讲授西方前沿理论为主，却又使得许多学生"不明觉厉"、畏葸不前。除去授课的因素之外，其中很大的一个原因在于，虽然目前我国学术市场已有为数不少以法哲学和法理论为主题的专著和译著，其中也有不少属于开宗立派之作或某一传统中的扛鼎之作，但却缺乏适合本科生群体的微言大义式、通览或概述式的参考读物。

有鉴于此，“法哲学与法理论口袋书系列”教材以法学初学者（主要为法学本科生、也包括其他对法理学感兴趣者）为受众，以推广法哲学和法理论的基本问题意识、理论进路和学术脉络为目标，拟从当代西方法哲学与法理论论著中选取篇幅简短的系列小书，裨使法理学更好地担当起“启蒙”和“反思”的双重功能。它的目标，在于让学生更易接近法理学的“原貌”，更能知悉法理学的“美好”，更加明了法理学的“意义”。为了便于读者掌握各本小书的思路、内容与结构，我们在每本小书的前面都加上了由译者所撰的“导读”。

德国哲人雅斯贝尔斯（Jaspers）尝言，哲学并不是给予，它只能唤醒。这套小书的主旨也并不在于灌输抽象教条、传授定见真理，而是希望在前人既有思考的基础上唤醒读者自身的问题意识、促发进一步的反省和共思。

雷 磊

2019年3月20日

前　言

本书以法学及其相关学科的学者作为受众，为他们描述当代德语法学思想的各个流派。大概在过去的十几年期间，美国的法理学著作已然在不断地增加，法哲学的文章也已经再次得到了那些法律评论的重视。但是，从传统上来讲，在某种意义上，美国的法学家还是具有地方性的。因为历史的种种原因，我们常常只是阅读在英美传统中创作的那些作品，常常也在这个传统之中创作，而忽视了域外的传统——法语传统、德语传统、意大利语传统、日语传统以及其他传统——它们只是偶尔才进入到我们的思维框架之中。而这些被忽视的观念，常常是丰富多样、硕果累累的；因此，它们值得我们进行更为细致的观察：于是有了这本书。

令人印象颇深的是，德语国家创作的法哲学作品实际上比美国还要多。当我们考虑到这两种不同的哲学以及法学传统的时候，这种现象也就并不令人惊奇了。在德国、奥地利以及瑞士出版的学术作品的丰富性，要求我们必须对不同思想"流派"进行区分。因此，从本书的写作意图出发，我主要聚焦于那些符合如下三个标准的哲学：①在美国的法学家中，它们并没有被充分地曝光（即使对于哲学家和社会学家来说，有些作品是熟悉的）；②它们与其他学科的当代进步有着智识上的关联；③它们具有典型的德国特色。然而将这些标准贯彻其中最终证明是很困难的。因此，我在第二章给出了有关部分观点的一个简短概览，这些观点与在第三章到第七章中所讨论的那些观念相比，明显不符合上述标准。后文所附的参考书目，是要为那些想继续探求某些特定作家之思想的读者提供导引。

在本书中，德国人通常所称的国家理论（*Sta-*

atstheorie）或国家学（*Staatslehre*），以及我们通常称之为政治理论的那些内容，被有意地排除出去了。很显然，政治理论常常会不知不觉地混杂在法哲学之中，但由于时间和篇幅的限制，对于这种学术的评论，只能留到其他的地方来进行探讨了。

我认为，对于这些哲学家的实质性评论，本书的读者会格外地感兴趣，我已经将其纳入本书中（第三章至第七章）。这些评论大多都来自于一般性的文献，它们并不是我原创的，尽管在适合的地方，我偶尔也会增加一些特殊的批评。

因此，这本书的结构将安排如下：①某种从历史视角出发的导论性说明；②对于不完全符合上文提到的标准的那些特殊“流派”的一个概览；③批判理性主义的讨论和批评；④商谈理论；⑤修辞学理论；⑥系统理论；⑦制度性实证主义；⑧有关当代德语法哲学的一般性观察和结论。

某些学者，从个体来说，对这一学科的普遍话语的贡献是实质性的，但他们却并不符合任何“流派”或者任何独特的视角，本书难以容纳他们的作品。在这些人中，一些更为卓越的代表是克劳斯·阿多迈特（Klaus Adomeit）、拉尔夫·德莱尔（Ralf Dreier）、温弗里德·哈斯默尔（Winfried Hassemer）、埃里克·希尔根多夫（Eric Hilgendorf）、瓦尔特·奥特（Walter Ott）、汉斯-马丁·帕夫洛夫斯基（Hans-Martin Pawlowski）以及格尔德·勒莱克（Gerd Roellecke）。对于希尔根多夫的作品，这里必须作出特定的说明，他在不同的期刊中定期为这一领域的新作品撰写书评。他的书评深具穿透力和批判性，短小精悍，且反映出良好的判断力，它们是建立在对于这一领域之精通的基础之上的。之于我而言，它们都是很有价值的指引性来源。

我要感谢德国富布莱特委员会（German Fulbright Commission），它资助了我在海德堡大学一年的研究工作。我也要感谢海德堡大学的温弗里德·布鲁格（Winfried Brugger）教授，他担任了我的接待人和指导人。他在各个方面都提供了有益的帮助，没有这些帮助，这本书根本没有办法完成。但是，这里所表达的观点都是我的观点，而不是他的；实际上，我们在许多观点上都是有分歧的。我还想感谢海纳·比勒费尔特（Heiner Bielefeldt）的有益建议，他阅读了整部书稿，我还要感谢大卫·道（David Dow）、约翰·米克森

(John Mixon)、约瑟夫·桑德斯（Joseph Sanders）以及大卫·戴岑豪斯（David Dyzenhaus），他们阅读了本书的部分篇章。

目录

CONTENTS

《当代德语法哲学》导读

宋旭光

美国法学家詹姆斯·E. 赫格特 1996 年出版的《当代德语法哲学》，以其对德语法学的准确理解和清晰简洁的写作风格，为我们了解战后德语世界的法哲学提供了一个很好的导引。

一

在整个人类历史的长河中，德意志民族对法学，尤其是对法哲学的贡献是不容忽视的。在中国近现代法学的发展进程中，大量德语作品的翻译，既推动了德语思想在汉语法学圈的传播，也影响了国人对于法律的认知。无论是莱布尼茨、康德、费希特、黑格尔、普芬多夫、马克斯·韦伯、卡尔·马克思、尤尔根·哈贝马斯、尼克拉斯·卢曼等经典哲学家，还是弗里德里希·卡尔·冯·萨维尼、格奥尔格·

弗里德里希·普赫塔、鲁道夫·冯·耶林、伯恩哈德·温德沙伊德、鲁道夫·施塔姆勒、欧根·埃利希、赫尔曼·康特洛维茨、弗朗茨·冯·李斯特、菲利普·黑克、乌尔里希·克卢格、弗朗茨·维亚克尔、卡尔·拉伦茨、卡尔·恩吉施、卡尔·施米特、古斯塔夫·拉德布鲁赫、汉斯·凯尔森、莱因荷德·齐佩利乌斯、奥塔·魏因贝格尔、伯恩·魏德士、阿图尔·考夫曼、罗伯特·阿列克西、乌尔弗里德·诺依曼等法哲学家，这些名字对中国学者来讲几乎都不算陌生。

在德国基尔大学荣休教授阿列克西看来，“康德与黑格尔、萨维尼与耶林、凯尔森与拉德布鲁赫、哈贝马斯与卢曼，可谓是德语法哲学天空里特别闪耀的八颗行星。”〔1〕大部分人都会同意，康德和黑格尔这两个名字，无论如何都应当被写进德语法哲学的历史之中。康德的《法的形而上学原理》（1797年）以及黑格尔的《法哲学原理》（1821年）奠定

〔1〕［德］罗伯特·阿列克西：《德语世界的法哲学——〈德语法学思想译丛〉总序》，张龑译，载《环球法律评论》2011年第1期，第82页。

了德语法哲学在世界哲学史上的地位，[2] 似乎也同时塑造了德语法哲学的理论风格：抽象晦涩、深刻难懂、高度体系化和理想化。让我们看一看赫格特教授的这些评论："非常可惜的是，布赫瓦尔德的讨论是偏于抽象内容的，有时候我们很难跟得上他的思路"[3]，"他（黑格尔）的作品具有极高层次的抽象性，而且极为形而上学"[4]，"凯尔森的研究进路……是抽象的，要求严密的逻辑"[5]，"商谈理论……依然停留在抽象的、乌托邦的王国之中"[6]，"一般系统理论……非常抽象"[7]，"哈贝马斯所提供的交往行为那种晦涩复杂的观念"[8] 等。

---

〔2〕 参见［德］康德：《法的形而上学原理：权利的科学》，沈叔平译，商务印书馆 2011 年版；［德］康德：《道德形而上学》，张荣、李秋零译，中国人民大学出版社 2013 年版；［德］黑格尔：《法哲学原理》，范扬、张企泰译，商务印书馆 1961 年版；［德］黑格尔：《法哲学原理》，邓安庆译，人民出版社 2017 年版。

〔3〕 James E. Herget, *Contemporary German Legal Philosophy*, University of Pennsylvania Press, 1996, p. 16.

〔4〕 James E. Herget, *Contemporary German Legal Philosophy*, University of Pennsylvania Press, 1996, p. 19.

〔5〕 James E. Herget, *Contemporary German Legal Philosophy*, University of Pennsylvania Press, 1996, p. 27.

〔6〕 James E. Herget, *Contemporary German Legal Philosophy*, University of Pennsylvania Press, 1996, p. 61.

〔7〕 James E. Herget, *Contemporary German Legal Philosophy*, University of Pennsylvania Press, 1996, p. 80.

〔8〕 James E. Herget, *Contemporary German Legal Philosophy*, University of Pennsylvania Press, 1996, p. 102.

就法学家而言，首先记入世界法学历史手册的应当是萨维尼，他被阿列克西称为“19 世纪最伟大的法学家”[9]。1840 年萨维尼出版的《当代罗马法体系》(第 9 卷)[10] 乃皇皇巨著，为德国法学的发展奠定了厚重的知识基础。而他的《论立法与法学的当代使命》(1814 年)[11]，以及他与蒂堡之间有关德国民法典编纂的论战[12]，至今影响着中国法学相关问题的讨论。

萨维尼之后，以普赫塔等人为代表的概念法学引领一时潮流，即使经过后人的不断演绎，“概念法学”已经成为“‘十恶不赦’的法律思维之代名词”[13]。在其之后的利益法学以及价值法学，对中国学者来讲更是甚为熟悉。虽然利益法学派的代表人物菲利普·黑克在汉语法学圈还不是那么为人所

---

〔9〕［德］罗伯特·阿列克西：《德语世界的法哲学——〈德语法学思想译丛〉总序》，张龑译，载《环球法律评论》2011 年第 1 期，第 80 页。

〔10〕目前只有第 1 卷的汉译本，参见［德］萨维尼：《当代罗马法体系 I：法律渊源·制定法解释·法律关系》，朱虎译，中国法制出版社 2010 年版。

〔11〕参见［德］萨维尼：《论立法与法学的当代使命》，许章润译，中国法制出版社 2001 年版。

〔12〕参见［德］蒂堡、萨维尼：《论统一民法对于德意志的必要性：蒂堡与萨维尼论战文选》，朱虎译，中国法制出版社 2009 年版。

〔13〕吴从周：《概念法学、利益法学与价值法学：探索一部民法方法论的演变史》，中国法制出版社 2011 年版，第 40~41 页。

知，但卡尔·拉伦茨的《法学方法论》则成为我们眼中最标准的法学方法论教科书[14]，时至今日，整个法学方法论的研究范式依然由其主导。另一个具有国际影响力的法学家似乎是耶林，他的《法的目的》（1877年）一书以目的作为法的基本结构，似乎更加符合英美法学圈的思想风格。耶林的《为权利而斗争》《法学的概念天国》等一系列的小书[15]，也成为中国法学院学生的必读书目。

拉德布鲁赫的名字在整个东方法律文明中也有着特殊的印记，他充满智慧的思想，可能在某种程度上与东亚文明有着某种亲和度。他的一系列作品都被引入了国内，包括《法哲学》《法律智慧警句集》《法

---

〔14〕 参见［德］卡尔·拉伦茨：《法学方法论》，陈爱娥译，商务印书馆2003年版。

〔15〕 参见［德］耶林：《为权利而斗争》，郑永流译，法律出版社2007年版；［德］耶林：《法学的概念天国》，柯伟才、于庆生译，中国法制出版社2009年版；［德］耶林：《罗马私法中的过错要素》，柯伟才译，中国法制出版社2009年版；［德］鲁道夫·冯·耶林：《法学是一门科学吗?》，李君韬译，法律出版社2010年版；［德］鲁道夫·冯·耶林：《法权感的产生》，王洪亮译，商务印书馆2016年版；［德］鲁道夫·冯·耶林：《论缔约过失》，沈建峰译，商务印书馆2016年版。

学导论》《法哲学入门》《社会主义文化论》等。[16]

还有两位奥地利法学家的名字，我们早已是耳熟能详。其中一位是欧根·埃利希，他的“活法”理念被中国法学家不厌其烦地引用，而他的代表作《法社会学原理》（1913 年）在 1930 年代便有了杨树人的节译本，2009 年又出版了舒国滢的全译本[17]。另一位奥地利法学家汉斯·凯尔森则更加为人所熟悉，他的名字常常与约翰·奥斯丁、H. L. A. 哈特、罗纳德·德沃金以及约瑟夫·拉兹等人并列，他的纯粹法理论被当作是法实证主义的代表学说之一。《纯粹法学》（1934 年第 1 版）在 1943 年便有了刘燕谷的译本，其后张书友又重译了此书[18]。而沈宗灵在 1958 年就已着手翻译凯尔森的《法与国家的一般理论》（1945 年），由于种种原因，1996 年他的译本

〔16〕 参见［德］拉德布鲁赫：《法学导论》，米健译，法律出版社 2012 年版；［德］拉德布鲁赫：《法律智慧警句集》，舒国滢译，中国法制出版社 2001 年版；［德］拉德布鲁赫：《法哲学》，王朴译，法律出版社 2005 年版；［德］拉德布鲁赫：《社会主义文化论》，米健译，法律出版社 2006 年版；［德］拉德布鲁赫：《法律哲学概论》，徐苏中译，中国政法大学出版社 2007 年版；［德］拉德布鲁赫：《法哲学入门》，雷磊译，商务印书馆 2019 年版（即将出版）。此外，还有拉德布鲁赫的传记出版，参见［德］阿图尔·考夫曼：《古斯塔夫·拉德布鲁赫传——法律思想家、哲学家和社会民主主义者》，舒国滢译，法律出版社 2003 年版。

〔17〕 参见［奥地利］欧根·埃利希：《法社会学原理》，舒国滢译，中国大百科全书出版社 2009 年版。

〔18〕 参见［奥地利］凯尔森：《纯粹法理论》，张书友译，中国法制出版社 2008 年版。

才得以面世。[19]

在这里，不得不提的还有哈贝马斯的商谈理论与卢曼的系统理论，这是德国为当代世界哲学做出的杰出贡献。他们的主要著述[20]相继被引介到汉语世界中，对当前的法哲学讨论产生了深远的影响。另外，在世的德语法哲学家中，阿列克西的许多理念，尤其是他的反实证主义法概念观与原则理论，不仅得到欧洲同行的肯定，而且也远播其他地区，影响了西语、葡语、英语乃至汉语世界对法哲学的讨论。[21]

---

〔19〕 参见［奥地利］凯尔森：《法与国家的一般理论》，沈宗灵译，中国大百科全书出版社1996年版。

〔20〕 与法哲学相关的作品，参见［德］哈贝马斯：《交往行为理论（第1卷）：行为合理性与社会合理性》，曹卫东译，上海人民出版社2004年版；［德］哈贝马斯：《在事实与规范之间：关于法律和民主法治国的商谈理论》（修订译本），童世骏译，生活·读书·新知三联书店2014年版；［德］尼克拉斯·鲁曼：《社会中的法》，台湾编译馆主译，李君韬译，五南图书出版股份有限公司2009年版（我国台湾地区将“卢曼”译作“鲁曼”）；［德］尼克拉斯·卢曼：《法社会学》，宾凯、赵春燕译，上海世纪出版集团2013年版。

〔21〕 参见［德］罗伯特·阿列克西：《法律论证理论——作为法律证立理论的理性论辩理论》，舒国滢译，中国法制出版社2002年版；［德］罗伯特·阿列克西：《法 理性 商谈：法哲学研究》，朱光、雷磊译，中国法制出版社2011年版；［德］罗伯特·阿列克西：《法：作为理性的制度化》，雷磊编译，中国法制出版社2012年版；［德］罗伯特·阿列克西：《法概念与法效力》，王鹏翔译，商务印书馆2015年版；［德］罗伯特·阿列克西：《法律规则与法律原则》，张青波译，载郑永流主编：《法哲学与法社会学论丛》2008年第1期，北京大学出版社2008年版；［德］罗伯特·阿列克西：《法的安定性与正确性》，宋旭光译，《东方法学》2017年第3期。

二

詹姆斯·E. 赫格特于1934年出生在美国伊利诺伊州一个名叫北京（Pekin）的小城。他在伊利诺伊大学相继获得本科学士学位和法律博士（J. D.）学位，随后又在弗吉尼亚大学获得法学博士（S. J. D.）学位。1973年，赫格特加盟休斯敦大学法律中心（University of Houston Law Center），主要教授宪法学与国际比较法学。他曾担任法律中心副院长、国际法学系主任、墨西哥法学研究项目主管，并且长时间担任晋升与教职委员会的主席。赫格特于1983—1984年期间担任日本北海道大学法学访问教授，1993—1994年期间赴德国海德堡大学作为高级研究员从事为期一年的研究工作。海德堡访学经历的产物之一便是《当代德语法哲学》。

赫格特发表了大量的法学作品，范围覆盖了国际法、宪法学、比较法学以及法哲学等诸多领域。除了本书之外，他还著有《墨西哥法律体系导论》（*An Introduction to the Mexican Legal System*，1978）以及《美国法理学史：1870—1970》（*American jurisprudence*，1870-1970：*A history*，1990）。在执教25年之后，赫格特于1998年荣退。之后，他搬到了小城克尔维尔（Kerrville）。退休后他主要关注的是法律领域之外的一些话题，例如，《美式足球：这项运动是如何演化的》(*American Football*: *How the Game Evolved*, 2013)，《会魔法的女人：那些先驱们》（*Women in magic*: *The Pioneers*, 2015）。2016 年，赫格特在克尔维尔逝世。

严格来讲，赫格特算不上专业的法哲学家，他很少有专攻于某一严肃法哲学论题的作品。从学术原创性上来讲，《当代德语法哲学》也并没有很多创新点，但从可读性和知识性上来讲，它却无疑算得上一部很好的作品。在为这本书撰写的书评中，唐纳德·P. 科默斯（Donald P. Kommers）写道："赫格特对德语法学思想的文献进行了细致查阅，将这种思想分成若干个有趣且易于理解的范畴，并以一种富有想象力的方式对每一种思想流派进行了展现……［它］是一个知识体系，它的内容让人着迷，它的洞见给人启迪，它与美国的法哲学以及比较法都是相关的。"

正如前述，关于德语法哲学的汉语译著已经出版了许多。但像眼前的这本书那样，对当代德语法哲学进行如此清晰且系统的梳理的作品，却并不多见。[22] 德语作品看重学术的个性化，因为不同的作者有着不同的教育经历、哲学背景或理论野心，即使是入门书或教科书，它们的内容也会有很大的区别。[23] 也许正是因为本书的目标读者是非德语世界的法律人，而且赫格特身处德语法哲学圈子之外，便能从另一种非常不同的视角来看待当代德语法哲学的发展。当然，我们也不能否认，赫格特本人非常擅长这种导论的写作，他的《美国法理学史：1870—1970》也同样保持着很好的读者友好性。

不过，《当代德语法哲学》至少有两点可能不太令人满意：第一，因为创作时间较早，本书对 1990 年代之后的讨论少有涉及；第二，因为本书总体框架是按照法学流派进行安排的，因此对于某些具体

---

〔22〕 德语作品已有不少：例如 Ralf Dreier，"Hauptströmungen gegenwärtiger Rechtsphilosophie in Deutschland"，*ARSP*，81（1995），15-163；Ralf Dreier，"Deutsche Rechtsphilosophie in der zweiten Hälfte des 20. Jahrhunderts"，in Robert Alexy（ed.），*Integratives Verstehen. Zur Rechtsphilosophie Ralf Dreiers*，Tübingen，2005，215-223；Hasso Hofmann，*Rechtsphilosophie nach*，1945. *Zur Geistesgeschichte der Bundesrepublik Deutschland*，Duncker & Humblot，Berlin，2012.

〔23〕 例如，"法哲学与法理论口袋书系列"教材中的几本德语法哲学入门书都有很大不同。参见［德］迪特玛尔·冯·德尔·普佛尔滕：《法哲学导论》，雷磊译，中国政法大学出版社 2017 年版；［德］诺伯特·霍斯特：《法是什么？——法哲学的基本问题》，雷磊译，中国政法大学出版社 2017 年版；［德］克劳斯·阿多迈特、苏珊·汉欣：《写给学生的法理论》，雷磊译，中国政法大学出版社 2018 年版。

论辩或议题的讨论，线索交代的并不是很清晰。

三

《当代德语法哲学》关涉的是战后到 1990 年代中期之间的法哲学讨论，但在赫格特的论述中，时间轴并不十分清楚。与他不同，舒国滢的《战后德国法哲学的发展路向》（1995 年）一文以及马蒂亚斯·克拉特（Matthias Klatt）的《德国当代法哲学》（2007 年）则在时间上给出了较为明确的划界。〔24〕舒国滢分了三个时间段：①自然法学的复兴与法哲学的重建（1945 年至 1960 年代中期）；②科际渗透与法哲学的发展（1960 年代中期到 1970 年代末）；③新一代法哲学家的成长与德语法哲学的繁荣（1970 年代末至今）。〔25〕克拉特也将之分为类似的三个时期：①自然法的复兴（1945—1960 年）；②方法的转向（1960—1975 年）；③多样化与专门化（1975—

〔24〕 克拉特将 1990 年两德统一作为“当代”的界定点，但他也对战后到 1990 年代的德语法哲学进行了概述，参见 Matthias Klatt，“Contemporary Legal Philosophy in Germany”，*ARSP*，Vol. 93，No. 4，2007，pp. 519-539.

〔25〕 参见舒国滢：《战后德国法哲学的发展路向》，载《比较法研究》1995 年第 4 期。

1990年)。[26] 下文我们将主要以《当代德语法哲学》的内容为基础[27]，并根据其他人的论述，对部分内容进行补充。

(一) 自然法的复兴 (1945—1960年)

赫格特认为，战后德国自然法的复兴主要借用了新托马斯主义（以托马斯·阿奎那的神学为基础，由天主教会推动）；质料价值哲学（由马克斯·舍勒提出，并由尼科莱·哈特曼进一步发展）；拉德布鲁赫公式（法概念的三种面向，即安定性、合目的性与正义）三种路径。克拉特也认为自然法的复兴经由了这三种路径。[28] 不过，哈索·霍夫曼（Hasso Hofmann）将拉德布鲁赫战后的学说看作是对大量关涉不正义之法律问题的一种回应，而非自然法的复兴。[29]

赫格特认为，自然法的这次复兴总体上是失败

〔26〕 See Matthias Klatt, "Contemporary Legal Philosophy in Germany", *ARSP*, Vol. 93, No. 4, 2007, pp. 520-521.

〔27〕 See James E. Herget, *Contemporary German Legal Philosophy*, University of Pennsylvania Press, 1996, chapter 1.

〔28〕 See Matthias Klatt, "Contemporary Legal Philosophy in Germany", *ARSP*, Vol. 93, No. 4, 2007, p. 520.

〔29〕 See Hasso Hofmann, "The Development of German-Language Legal Philosophy and Legal Theory in the Second Half of the 20th Century", in Enrico Pattaro and Corrado Roversi (ed.), *Legal Philosophy in the Twentieth Century: The Civil Law World, Tome 1: Language Area*, Springer, 2016, pp. 289, 293.

的：除了拉德布鲁赫的学说在1990年代再次被讨论之外，其他两种学说因为必须预设形而上学或宗教前提，很快就无人问津了。而舒国滢进一步指出，这只能算是个体法学家参与的一次法学运动，而没有形成具有结构功能的法学流派。[30]

（二）批判理论与马克思主义

赫格特主要介绍了其中的核心推动者，在西德为战后重建的法兰克福学派，在东德为马克思主义官方法哲学。

（三）存在主义法哲学

存在主义法哲学主要受存在主义哲学的影响。1954年，维尔纳·迈霍弗（Werner Maihofer）出版了《法与存在：法的本体论导论》（*Recht und Sein—Prolegomena zu einer Rechtsontologie*）一书，他以海德格尔的理论为基础，对人们之间复杂的社会关系，给出了一种存在主义或本体论上的分析，并且将自然法以及事物的本质等话题引入到法哲学的讨论之中。

对于这种学说，赫格特只评论了一句话：“这一工作处于诸多更为主流的学术运动的阴影之中，在

---

〔30〕 参见舒国滢：《战后德国法哲学的发展路向》，载《比较法研究》1995年第4期。

法律世界中并没有多少跟随者。”[31] 与他不同，舒国滢以及哈索·霍夫曼将这种法哲学当作是自然法复兴的一种面向。[32]

（四）转向方法（1960年代到1970年代末）

为什么德国法学要转向方法问题的讨论？在赫格特看来，这主要归因于自然法复兴没能解决人们的困惑，“于是，法哲学开始对有关自身的问题发问：对于法律的讨论应当如何进行？最有成效的方法是什么？”[33] 其中关涉到论题学（特奥多尔·菲韦格以及美因兹学派）、逻辑学（卡尔·恩吉施以及乌尔里希·克卢格）、诠释学（汉斯-格奥尔格·伽达默尔）以及语言分析（法律分析学派）与社会科学（汉斯·阿尔伯特的批判理性主义以及尼克拉斯·卢曼的系统理论）等诸多方法。

在这方面，马蒂亚斯·克拉特的界定与赫格特

---

〔31〕 James E. Herget, *Contemporary German Legal Philosophy*, University of Pennsylvania Press, 1996, p. 7.

〔32〕 参见舒国滢：《战后德国法哲学的发展路向》，载《比较法研究》1995年第4期；Hasso Hofmann, “The Development of German-Language Legal Philosophy and Legal Theory in the Second Half of the 20th Century”, pp. 289-293.

〔33〕 James E. Herget, *Contemporary German Legal Philosophy*, University of Pennsylvania Press, 1996, p. 7.

保持着一致。[34] 而舒国滢将这一进路看作是法学与其他学科（符号学、语义学、修辞学、论题学、诠释学以及一般系统论）的科际合作。[35]

（五）哈贝马斯的理论（1960年代以及1970年代）

赫格特将“尤尔根·哈贝马斯的角色”单独列为一个专题，在他看来，哈贝马斯是一个承上启下的关键性人物，他先是继承了法兰克福学派的思想，接着又先后与阿尔伯特与卢曼——批判理性主义与系统理论这两大学派的代表人物——展开论辩，最后又转向语言哲学家的阵营。他提出了真理共识论与交往行为理论等核心理念，并进一步启发了法哲学后续的思考（例如，阿列克西的法律论证理论）。

（六）法律分析

德国意义上的法律分析与英美分析法学所说的分析似乎有着很大的差异，前者所涉及的是法律修辞学、法律商谈理论、法律诠释学、法律推理理论等诸多内容。赫格特主要关注的是汉斯-约阿希姆·科赫（Hans-Joachim Koch）与赫尔穆特·吕斯曼

---

〔34〕 See Matthias Klatt, "Contemporary Legal Philosophy in Germany", *ARSP*, Vol. 93, No. 4, 2007, p. 521.

〔35〕 参见舒国滢：《战后德国法哲学的发展路向》，载《比较法研究》1995年第4期。

(Helmut Rüβmann) 的理论，在他看来，这两位学者的研究与美国法哲学有着某些类似之处，例如，他们关注“事实发现”与个别案件的研究，而且他们不仅重视逻辑方法的运用，还注重以其他学科的成果帮助法官对实质问题与经验问题做出判断。

(七) 德语法哲学的多样化与专门化 (1970 年代末到 1990 年代)

虽然战后德国“丧失了其‘强势文化’的地位，揖手让位于英美‘文化世界’”〔36〕，但经过多年积淀，从 1970 年代末开始，德语法哲学又呈现出多样化、丰富化的繁荣景象。舒国滢认为，这主要有三大表现：第一，法哲学家群体结构合理，年轻一代崭露头角；第二，法学新学科日渐成熟，法哲学论题范围广泛，法律论证理论成为主流；第三，哲学家转向法哲学研究，展开一般法学理论的哲学向度。〔37〕 与舒文相似，克拉特认为，这一时期的德语法哲学有如下特点：第一，以阿列克西的《法律论证理论》以及科赫与吕斯曼的《法律证立理论》为基石，分析法学确立了它的江湖地位；第二，正义

〔36〕 舒国滢：《战后德国法哲学的发展路向》，载《比较法研究》1995 年第 4 期。

〔37〕 参见舒国滢：《战后德国法哲学的发展路向》，载《比较法研究》1995 年第 4 期。

与法律伦理等规范向度的问题再度兴起；第三，以哈贝马斯和卢曼的理论为代表，哲学家开始再次进入法哲学问题的讨论。〔38〕

四

在本书“前言”部分，赫格特便感叹道：“德语国家创作的法哲学作品实际上比美国还要多。”〔39〕正是考虑到这种多样性、丰富性，他选择对这些学说进行分类，标准有三：“①在美国的法学家中，它们并没有被充分地曝光……；②它们与其他学科的当代进步有着智识上的关联；以及③它们具有典型的德国特色。”〔40〕据此他分出了如下这些学派。

（一）批判理性主义（第三章）

批判理性主义源自卡尔·波普尔，并由汉斯·阿尔伯特进一步发展并引入法学研究领域。对于汉斯·阿尔伯特，大家最为熟悉的还是他所提出的“明希豪森三重困境”，即知识证成中所面临的三种

---

〔38〕 See Matthias Klatt, “Contemporary Legal Philosophy in Germany”, *ARSP*, Vol. 93, No. 4, 2007, pp. 521-522.

〔39〕 See James E. Herget, *Contemporary German Legal Philosophy*, University of Pennsylvania Press, 1996, Preface vii.

〔40〕 See James E. Herget, *Contemporary German Legal Philosophy*, University of Pennsylvania Press, 1996, Preface vii.

结果："第一，无穷地递归（无限倒退），以至无法确立任何论证的根基；第二，在相互支持的论点（论据）之间进行循环论证；第三，在某个主观选择的点上断然终止论证过程……"〔41〕面对这样的证成困局，不同的流派有着不同的药方。例如，理性主义进路"将不可怀疑的最终证立基础建立在内省（introspection）或直觉之上，建立在对于不证自明的真理的反思之上……"；经验主义进路"将绝对的确定性建立在事实之上，建立在感觉感知的原始数据之上"。〔42〕阿尔伯特认为，只要这两种理论不放弃对知识之确定性的要求，那就必然只能选择依赖"教条"，因此无法逃脱上述证成困境。在他看来，对于知识的证成并不存在唯一的终极基础，理论是多元的，解释是丰富的，它们随时接受批判或证伪。那么，我们又该如何处理"规范"呢？阿尔伯特提出一种"社会技术"（social technology），他认为我们首先应当确定一个作为评价参照体系的"表现特征"，然后比较不同规范所能推出来的后果并进行工

〔41〕舒国滢：《走出"明希豪森困境"——罗伯特·阿列克西著〈法律论证理论〉译序》，载［德］罗伯特·阿列克西：《法律论证理论——作为法律证立理论的理性论辩理论》，舒国滢译，中国法制出版社2002年版，第1~2页。

〔42〕James E. Herget, *Contemporary German Legal Philosophy*, University of Pennsylvania Press, 1996, p. 33.

具性评价，看哪些后果能够更好地符合或满足表现特征确定的标准，推出它们的那些规范便是更好的规范。

这种“社会技术”似乎很具有可操作性，但作为一种法律理论，它还是面临着某些不足。首先，它无法解决传统法哲学的这一核心议题，即参与者视角的“义务”问题：我们为什么要遵守法律？不过，阿尔伯特认为，传统法哲学的这种提问方式本身就错了，这个问题根本没意义，法体系的终极证立或有效性都是形而上学的预设，没有任何现实的依据。其次，“社会技术”如何确定“表现特征”？因为不同的评价标准就意味着不同的评价结果，但很显然，它的确定并没有可靠的来源。对此，阿尔伯特提出了三种可能的路向：第一，以某一特定社会中被广泛共享的价值为基础；第二，遵循“可实现性”原则，即考虑在当前制度语境的成本收益；第三，尊重人类长期以来沉淀的经验。除此之外，也有批判者会提出，对相竞争的不同标准又该如何衡量呢？这里尤其让人担心的是不同标准之间的不可通约性或不可比较性难题。对此阿尔伯特没有做出更好的回应。

在赫格特看来，阿尔伯特的“社会技术”理念和美国“法与经济学”学派的观点有很多类似之处。

它们都可以为立法提出有益的建议，但却无法为法律适用提供指导。因为法官往往是一种参与者的视角，他们遵循立法者提供的规范框架，并运用法律解释、法律论证、先例等方法或渊源来对自己的裁决进行证成，他们应当努力给予法律最好的解释，而不是最经济有效的解释。而且，法官也并没有受过合适的社会学、经济学的训练，不能完成这种技术交给他的任务。

（二）商谈理论（第四章）

与“明希豪森三重困境”相关，商谈理论所要解决的是政治、道德、法律等论证的证成问题，对法律领域来讲，即一个理性的法律裁决应当如何被做出。那么，商谈理论又是如何回答这一问题的呢？我们要从“共识”这个概念出发。与传统的真之符合论（真是陈述与客观实在之间的符合）不同，哈贝马斯认为，“事实是依赖语言的……陈述的真是依赖于通过商谈之共识所达成的对它的证成的可能性。”〔43〕这种共识的理性依赖于理想言谈情境，它必须满足一系列的语用规则，以保障“交往活动既不受外界偶然因素的干扰，也不受来自交往结构自

〔43〕 See James E. Herget, *Contemporary German Legal Philosophy*, University of Pennsylvania Press, 1996, p. 46.

身之强迫的阻碍"[44]。例如，为了消除言谈者从利益出发做出断言的可能，哈贝马斯引入了可普遍化的要求。在他看来，这些语用学规则是超验的，在所有的理性论辩中都应该被预设。之后阿列克西将这种理论应用到法律论证之中，他首先证明了法律商谈是普遍实践商谈的一种特殊情形，由此实现了普遍实践规则之于法律论证的应用，并根据法律领域的实际情况，建构了7组28个论证规则，最终一种作为法律证立理论的理性商谈理论得以完成。

商谈理论面临着很多批评。首先，商谈理论捍卫了一个普遍性观点，即商谈是"最普遍的人类生活形式"，但有些人认为，在文化上来讲，商谈理性仅仅是相对于西方社会而言的，对其他文化未必适用，例如，根据远东的传统文化，人们之间就应该和谐相处、避免争辩。其次，有人提出，商谈理论的证立基础是靠不住的：为什么那些语用规则是所有言语行动都必须预设的，假如我根本不想或者不需要参与论辩，我更不想追求理性与平等……那我为什么还要遵循这些论证规则呢？对此，阿列克西指出，为了完全承认他人的道德自主性，为了在相

〔44〕［德］罗伯特·阿列克西：《法律论证理论——作为法律证立理论的理性论辩理论》，舒国滢译，中国法制出版社2002年版，第150页。

冲突的利益之间提供妥协的机会，所有人都必须参与理性论辩。另外，有些批评者还认为，商谈理论完全曲解了正确性的观点，为什么应当由商谈而来的共识决定正确性？共识可能是一种非理性的妥协，或者人们也可能达成两种相冲突的共识，这时候该如何决定正确性问题呢？阿列克西承认这一点，但他认为这种正确性作为一种“调整性理念”是有意义的，而且法律制度的限制可以改善这种缺陷。

总之，虽然商谈理论的可实现性、可应用性常常被质疑，但作为一种理想的规范理论，它在许多层面都是有意义的。

（三）修辞学理论（第五章）

在德国法学思想中，修辞学理论可能是美国人最愿意接受的进路之一。这可能是因为修辞学者多秉持一种怀疑论，他们拒绝那些试图将法律建立在某种终极根据之上的努力，不青睐那些对法律进行体系化和理性化的想法，也不欣赏对法律用语和术语进行语言分析的做法。他们所主张是一种情境思维，即以问题为导向的思维方式；他们努力建构一种论题或论据编目，即论辩者为说服他人而寻找论据的杂货包，这个杂货包里装的多是常识，或者在特定时间段被某一社会当作不证自明的真理；他们认为，法律是意见之事，尤其依赖于法律共同体的意见（通说）。为了追求意见的一致性，论辩和共识也是修辞理论的核心内容，但与商谈理论不一样，修辞学更偏向于论辩的实效性，而非正确性。修辞学家承认，在现实中，论辩者往往都是基于自身利益或立场参与论辩的，即使有些人也可能力求不偏不倚（例如，法官的立场）。努力说服其他参与者并尽可能地达成共识，是修辞者最重要的目标之一，为此他们会提出各种各样的论题或论据。不过，哪些论据最终是有效的，何种意见应当被接受，是建立在他们所接受的职业训练以及社会惯习之上的。最终获胜的意见是彼此衡量的结果，是一种集体智慧的产物。

对修辞学理论的批判主要集中在如下方面：第一，修辞学理论并不关注传统法理学的那些核心议题，例如法体系的有效性问题、法与道德的关系等。不过，修辞学家怀疑前述问题的意义，即他们认为对这些问题的追问都是在做无用功。第二，修辞学理论是反理性、反科学且反智识的，因为它反体系、反逻辑。但修辞学家却认为，所谓理性、体系、逻辑等诸如此类的东西都是哲学家自己构想出来的产物，在现实中根本不存在；况且，修辞论辩并不是任意的，它是建立在实践智慧和社会常识的基础之上的。它虽然不理想，但却是对实际法律过程最精确的描述。

在赫格特看来，修辞学理论之所以在英美世界受到欢迎有两大原因：第一，普通法的发展本身便是沿着一种论题学路线进行的，它反抽象理论、反体系化、反普遍化；第二，即使从今天普通法律师的眼光来看，反逻辑的修辞学理论依然是有吸引力的，“普通法实践过去实际上是而且在很大程度上目前依然是一种修辞事业”〔45〕。

目前在中国法学界，修辞学理论也受到了普遍的关注，不论是古典的西方修辞学，还是佩雷尔曼、图尔敏等人的修辞论证理论，都已经有了很多讨论。〔46〕随着菲韦格的《论题学与法学》的出版，〔47〕德国的论题学法学近几年也为汉语学界所熟知。

（四）系统理论（第六章）

提到系统理论，多数人都会想到卢曼。卢曼的理论是一种多学科的社会理论。他认为，社会系统的基础要素是“沟通”，而不是“行动”。法律是一

---

〔45〕 James E. Herget, *Contemporary German Legal Philosophy*, University of Pennsylvania Press, 1996, p. 71.

〔46〕 例如，廖义铭：《佩雷尔曼之新修辞学》，（台湾地区）唐山出版社 1997 年版；宋旭光：《理由、推理与合理性——图尔敏的论证理论》，中国政法大学出版社 2015 年版。

〔47〕 参见［德］特奥多尔·菲韦格：《论题学与法学——论法学的基础研究》，舒国滢译，法律出版社 2012 年版。

个沟通的社会系统，用于保障规范性期望。规范性期望指的是，通过规范性结构实现对期望之期望的稳定，以便减少生活的复杂性。法律是一种自创生系统，它内在地进行着法律沟通，它通过“合法/非法”的二元编码对沟通进行选择，在法律系统中赋予沟通以法律意义，并将其他的沟通从这个系统排除出去。因此，法律系统的运作持续地产生并再生这个系统本身。

对于卢曼这样一种具有巨大野心的理论，自然会有许多反对意见：

第一，许多批评者指出，虽然系统理论能够适用于计算机、游戏、电子数据处理等诸如此类的主题，但却不能适用于对社会的研究。“沟通”是一种特别奇怪的概念，与人类的思维并没有必然关联。卢曼的回应很简单，这些批评者太懒了，没有认真理解他的理论。在赫格特看来，卢曼的理论可能确实是一次巨大的范式突破，但步子迈得太大，很少有人能跟得上，因此，他的理论在法学领域中只有屈指可数的追随者。〔48〕

第二，针对系统的身份问题，法律系统究竟是

---

〔48〕 See James E. Herget, *Contemporary German Legal Philosophy*, University of Pennsylvania Press, 1996, p. 87.

分析性的建构，还是本体性的实体？与此相关，这些系统究竟如何划界，即我们如何知道有哪些系统？这种划界究竟是经验性的还是定义性的呢？这些问题似乎都不清楚。

第三，卢曼的理论没有回应传统法理论的问题，也不能为法官或律师提供指引。这可能是因为卢曼本身就没有这样的目标。不过，也有人指出，卢曼对于法律之功能的界定是有问题的，没有什么根据能让我们相信法律系统的目的就是要保障规范性期望。而且卢曼所预设的法律之自主性也是错误的，法律系统不是封闭的，法律自己没有产生自身，系统运作的网络到处都是破洞。总之，系统理论根本没有反映法律过程的实际情况。

第四，如果卢曼的沟通概念是其定义的产物，他以此为基础要素，向我们展现了如何减少世界之复杂性的筛选过程，但复杂性的理念又常常与理解或预测的困难相关，这变成了一种与心理相关的概念。但卢曼却又要避免与心理的关联。卢曼常常从其他领域（例如，与心灵有关的话语）借用各种术语，但又显然有着自己独特的用法，让人无法捉摸。

同样，系统理论在中国法学界也赢得了很多关注。[49]

（五）制度性法实证主义（第七章）

制度性实证主义很早便为汉语学界所知。[50] 奥地利人魏因贝格尔试图为一种整合了分析法学、法社会学等研究的法律科学提供哲学根据。他的制度性实证主义理论由如下四个重要的部分构成：①人类行动理论：他赞同"实践优先"的原则，主张行动是第一性的，理论或语言都是工具性的，而行动是由信息统制的行为，它既受个体所得的信息（包括描述性信息和实践性信息）的限制，也为制度所允许的行动范围所限；②实践推理的逻辑理论（与目的论理论）：已有的逻辑系统只能处理描述性问题，我们还需要能够处理规范性命题的逻辑系统；③法实证主义观念：他拒绝了自然法命题，即使他的实证主义在某些方面与哈特和凯尔森的实证主义有不同之处；④规范主义的制度概念：法律是一种

〔49〕 例如，宾凯：《法律如何可能：通过"二阶观察"的系统建构——进入卢曼法律社会学的核心》，载《北大法律评论》2006 年卷；泮伟江：《双重偶联性问题与法律系统的生成：卢曼法社会学的问题结构及其启示》，载《中外法学》2014 年第 2 期；陆宇峰：《"自创生"系统论法学：一种理解现代法律的新思路》，载《政法论坛》2014 年第 4 期。

〔50〕 参见［英］尼尔·麦考密克、［奥］奥塔·魏因贝格尔：《制度法论》，周叶谦译，中国政法大学出版社 1994 年版。

制度性事实，它是真实存在的，它们在这个世界的特定时间、特定地点有着某种运作性效果。

魏因贝格尔的理论也面临着一系列的问题：①其理论背后的方法论个体主义与其使用非意图性术语对人类行为进行说明是相冲突的。②信息是如何统制行为的，依然不清楚，既然不是因果关系，又该是什么样的关联呢？③用来反驳传统实证主义观点的论据似乎都可以用来对它进行批评。④它几乎没有什么实践意义。

当然，魏因贝格尔的理论作为一种哲学思辨的作品，赫格特还是给出了极高的评价："魏因贝格尔所提出的制度之观念，是对于法哲学的一种真正的贡献……这在现代法学中是崭新的。"〔51〕

（六）其他理论进路（第二章）

赫格特还介绍了一些其他的进路，诸如分析法学、人类学法学、亚里士多德理论、黑格尔理论、诠释学、综合法学、康德理论、新凯尔森主义、社群主义、女性主义、马克思主义以及法与经济学运动。

有必要一提的是，法律与经济学、功利主义、

---

〔51〕 See James E. Herget, *Contemporary German Legal Philosophy*, University of Pennsylvania Press, 1996, p. 102.

女性主义法学以及后现代主义法学等，对美国人以及中国学者来讲，都是占据一席之地的重要思想流派，但德国人却并没有对这些理论投以太多的目光。在赫格特看来，“这要归因于德国所具有的自主性法学学科的长久传统，也就是说，法律在本质上是独立于经济考量的那种观念。”〔52〕

除此之外，赫格特几乎完全忽视了拉伦茨、卡纳里斯（Canaris）等人所代表的价值法学或评价法学。考虑到价值法学在今日法学中的支配性地位：“所有现代的法学方法论都是价值法学的装饰品”，〔53〕这有些遗憾。不过，所谓“价值法学”也许并不能称为一个法学流派，毋宁是一种方法论的共同观察方向：“立法者在制定法律时并不必然是对对立的利益做选择，然后公布该规定，他也有可能在立法时是从不同的规定中选择其一，然后以某种方式评价其中的利益。因此法官在适用法律时就应该取向于这种评价。”〔54〕虽如此，价值法学的主张依然有着特定的法哲学意涵，它意味着法律体系绝

〔52〕 James E. Herget, *Contemporary German Legal Philosophy*, University of Pennsylvania Press, 1996, p. 29.

〔53〕 吴从周：《概念法学、利益法学与价值法学：探索一部民法方法论的演变史》，中国法制出版社 2011 年版，第 421 页。

〔54〕 吴从周：《概念法学、利益法学与价值法学：探索一部民法方法论的演变史》，中国法制出版社 2011 年版，第 422 页。

非简单的偶然权力斗争的产物，其必然反映了诸多彼此相互关联之价值（原则）的内在融贯性，这种方法论趋向便和德语法哲学近来对于原则理论和权衡理论的关注关联起来了。[55]

（七）德语法哲学诸流派的共同根据

在赫格特看来，这些法哲学流派可能分享着某些共同的根据。

1. **合意作为正确决定之基础**。除了商谈理论和修辞学理论将合意看作核心概念之外，批判理性主义也赞同合意是法律决定的证成性特征，甚至康德主义者也依赖于隐含在定言命令与可普遍化观念之中的某种道德合意。

2. **语言或者交往/沟通的核心性**。交往/沟通是商谈理论和系统理论的基础性概念，而修辞学理论更是以论辩为核心，制度法理论同样建立在某种言语行动的概念之上。

3. **某种形式的实用主义**。修辞学与实用主义有着极强的相似性，批判理性主义所强调的知识的暂时性以及它的社会技术都有实用主义因素，即使标

〔55〕 See Alexander Somek, "German Legal Philosophy and Theory in The Nineteenth and Twentieth Century", in Dennis Patterson (ed.), *A Companion to Philosophy of Law and Legal Theory*, Second edition, Blackwell, 2010, p. 347.

榜远离实用主义的魏因贝格尔，他的“实践优先”观念也和实用主义的核心理念是一致的，而哈贝马斯的真理共识论在皮尔斯那里也有类似的表述。

五

赫格特基本上是按照不同的法学流派来安排本书结构的，对具体议题的关注便显得不是那么清楚。对于战后德语法哲学的讨论，舒国滢抽取了八个主要的议题：①法与存在：它所涉及的是一种“存在主义本体论的自然法”；②法与事物的本质：自由法学者曾以事物的本质作为法律解释的内容或法律渊源，二战后拉德布鲁赫继续推动了对这一概念的哲学讨论；③法的实在与应在：它不仅是凯尔森等法概念理论的核心议题，也是哈贝马斯商谈理论的核心议题；④法与道德：它是法哲学的核心议题，自然法与法实证主义之争便源于此；⑤合理性与合法性：它发端于马克斯·韦伯关于三种统治形式的划分，也曾得到了卡尔·施密特的系统讨论，战后在哈贝马斯以及卢曼的理论中重新受到关注；⑥法与人类形象：这一议题的讨论最早来源于拉德布鲁赫的文章“法律上的人”，战后又重新得到了重视；⑦法与语言：“语言学转向”在法哲学领域的反应；

⑧实践理性与法律论证理论：实践哲学的复兴带来了法律论证理论在 1970 年代之后的逐渐兴起。[56]

虽然对于这些议题，赫格特多有提及，但并没有细致讨论。不过，上面的有些论题在今天已经很少有人提及了，因为当前阶段的德语法哲学与上面所总结的情况似乎已经有所不同。根据埃里克·希尔根多夫（Eric Hilgendorf）2005 年的研究，1990 年以来德语法哲学的多样性似乎在不断衰减：①有关法律科学的研究以及法哲学与社会科学方法的科际合作已经不再流行；②有关法律修辞学以及卢曼的系统理论很少有作品出版；③民主德国的法哲学以及马克思主义法哲学似乎也无法提起法哲学家们的兴趣；④对于法律逻辑学的关注同样没有任何增长。他甚至断言，德国法理论的复兴从 1985 年就终止了。[57]

克拉特却认为，虽然德语法哲学的多样性在消失，但并不代表大好局面戛然而止了，毋宁说，德语法哲学的诸多流派正在走向综合。[58] 而诺依曼则

---

〔56〕 参见舒国滢：《战后德国法哲学的发展路向》，载《比较法研究》1995 年第 4 期。

〔57〕 See Eric Hilgendorf, *Die Renaissance der Rechtstheorie zwischen 1965 und 1985*, Würzburg, 2005, 35 ff.

〔58〕 See Matthias Klatt, "Contemporary Legal Philosophy in Germany", *ARSP*, Vol. 93, No. 4, 2007, p. 524.

提出，这体现了“法哲学‘庞大’学派之间的争执退场，而与之相对应的是，个别实质问题正在增长的意义”。[59] 从此可见，德国学者如今已经失去了在宏大问题上讨论的热情，转而就一些更为个别的、实质的问题展开讨论，这只能算是宏大法学流派之分立界限的模糊，而不能算上法哲学的失落。

实际上，与其他国家相比，在今天的德国，法哲学的发展依然呈现出不断繁荣发展的势头。国际法哲学与社会哲学协会（IVR）德国分会共有400多个成员，占了整个IVR会员的20%。德国的法学院教育为那些有志从事法哲学研究的学生们提供了很好的环境和机遇，也为那些专注于法哲学研究的学者们提供了超过100个席位。当然，德国的法哲学教席有一个非常突出的特点，那便是几乎所有的教席都是通过法哲学与某门教义学科相合并的方式提供的。[60] 目前，德语法哲学著作（主要是博士论文）主要收录在两大系列丛书之中：一是拉尔夫·德莱尔（Ralf Dreier）与罗伯特·阿列克西编辑出版的“法哲学与法理论研究”丛书（*Studien zur Rechtsphi-*

---

〔59〕［德］乌尔弗里德·诺伊曼：《德国法哲学讨论之现状》，张青波译，载郑永流主编：《法哲学与法社会学论丛》2013年卷（总第18卷），法律出版社2013年版，第1页。

〔60〕 See Matthias Klatt, “Contemporary Legal Philosophy in Germany”, *ARSP*, Vol. 93, No. 4, 2007, p. 522-523.

losophie und Rechtstheorie）；二是《法理论研究》（*Schriften zur Rechtstheorie*）。目前德国的专业法哲学期刊有四本：《法理论》（*Rechtstheorie*, 1969年创刊）、《法哲学与社会哲学档案》[*Archiv für Rechts-und Sozialphilosophie*（*ARSP*），1907年创刊]、《法与伦理学年刊》（*Jahrbuch für Recht und Ethik*, 1993年创刊）以及《法哲学杂志》（*Zeitschrift für Rechtsphilosophie*, 2003年创刊）。

六

正如前述，由于创作时间的原因，《当代德语法哲学》并没有完整呈现1990年代以来德语法哲学的最新进展。在克拉特看来，1990年代之后的德语法哲学主要集中于以下三个主要议题的论辩：①法律论证的结构；②作为法律方法的衡量以及法体系的结构；③拉德布鲁赫公式以及柏林墙射手案。[61] 而在诺依曼看来，当代德语法哲学对于实质问题的讨论主要沿着如下几个主线：①法实证主义与法道德主义（自然法）；②商谈理论；③系统论，主要是卢

〔61〕 See Matthias Klatt, "Contemporary Legal Philosophy in Germany", *ARSP*, Vol. 93, No. 4, 2007, p. 525-538.

曼的理论；④诸如批判理性主义、分析法理论、诠释学等其他理论；⑤法律论证理论。[62] 在这里我们将以其他文献为基础,[63] 尝试对当前德语法哲学正在进行的讨论予以简要介绍。

(一) 法律论证理论的讨论

法律论证理论的兴起是在1970年代末期，其间有两个标志性事件：1978年国际法哲学与社会法哲学大会德国分会年会以“法律与论证”作为主题；1979年《法理论》杂志增刊第1辑的标题为“法学中的诠释与论证”。虽然赫格特并没有使用专门的章节介绍这一理论，但1990年代之前的相关讨论他都有涉及。宽泛来讲，法律论证理论至少有修辞学、论题学、逻辑学以及商谈理论等多种路径。菲韦格的《论题学与法学》出版于1974年，推动了修辞学、论题学的研究。阿列克西的《法律论证理论》(1978年）则是商谈理论与法律论证理论最重要的代表作。1980年代初期，阿列克西与芬兰法学家奥利

---

〔62〕 参见［德］乌尔弗里德·诺伊曼：《德国法哲学讨论之现状》，张青波译，载郑永流主编：《法哲学与法社会学论丛》2013年卷（总第18卷），法律出版社2013年版，第3～13页。

〔63〕 除了克拉特的《德国当代法哲学》之外，其他值得信赖的材料是诺依曼的《德国法哲学讨论之现状》，以及哈索·霍夫曼的《20世纪后半叶德语法哲学与法理论的发展》，三篇文章都是德国学者为外国读者提供的介绍性材料。

斯·阿尔尼奥以及瑞典法学家亚历山大·佩彻尼克合作发表的《法律论证的基础》一文先后以英文版（1981 年）和德文版（1983 年）面世[64]，代表着法律论证理论在世界范围的传播和讨论。科赫与吕斯曼的《法律证立理论》以及诺依曼的《法律论证学》,[65] 则进一步推进了法律论证理论的研究。

法律论证理论涉及的第一个主题是：**涵摄与逻辑在法律论证中的作用**。这种论辩主要发生在阿图尔·考夫曼所代表的法律诠释学派与阿列克西所代表的分析学派之间。法律诠释学的一大洞见便是发现了“前理解”在法律裁决中的作用，法律解释是一种带有前见的理解，法律推理离不开主体的主观立场，自然而然，形式逻辑在其中所能起到的作用便是比较有限的了。[66] 虽然阿列克西承认主观的前见、态度甚至偏见都可能影响到法律裁决的过程，

---

〔64〕 See Aulius Aarnio, Robert Alexy and Aleksander Peczenik, “The Foundation of Legal Reasoning”, *Rechtstheorie*, 12, 1981; Aulius Aarnio, Robert Alexy and Aleksander Peczenik, “Grundlagen der juristischen Argumentation”, in W. Krawietz/R. Alexy (Hg.), *Metatheorie juristischer Argumentation*, Berlin, 1983, 9-87.

〔65〕 See Hans - Joachim Koch and Helmut Rüβmann, *Juristische Begründungslehre*, Munich: Beck, 1982; Ulfrid Neuman, *Juristische Argumentationslehre*, Darmstadt: WGB, 1986; [德] 乌尔弗里德·诺依曼：《法律论证学》，张青波译，法律出版社 2014 年版。

〔66〕 例如，[德] 阿图尔·考夫曼：《法律获取的程序——一种理性分析》，雷磊译，中国政法大学出版社 2015 年版。

但却坚持认为，这并不能否定逻辑在法律证成中的作用。法的发现和法的证成是两个性质不同的过程，法的发现是结论得以确定的过程，个人的法感、直觉、动机、意志和偏好等心理和事实要素都可能在其中发挥作用；法的证成则是法律决定获得正当化的过程，在其中客观的论述、逻辑的法则、理性的商谈将起到关键作用。〔67〕因此，诠释学以及自由法运动与现实主义者对于前者的认识是妥当的。不过，无论法的发现是多么偶然、任意和非理性，但在法的证成这一层面上，法律决定都必须通过诉诸法律依据而得到理性之证成。〔68〕而逻辑便是最为重要的理性工具。虽然考夫曼认为，法律判断的形成依赖于一种类推，即大小前提之间的某种等置，而非涵摄。〔69〕但在阿列克西看来，"类推也可以表述为一个有效的逻辑推论。"〔70〕

实际上，分析进路与诠释进路似乎一直在进行

---

〔67〕 参见焦宝乾：《法的发现与法的证立》，载《法学研究》2005年第5期；Jerzy Wróblewski，"Legal Decision and Its Justification"，*Logique et Analyse*，Vol. 14，No. 53-54，1971，p. 412.

〔68〕 参见（台）黄舒芃：《变迁社会中的法学方法》，元照出版公司2009年版，第26~27页。

〔69〕 所谓推论模式与等置模式的讨论，也可参见郑永流：《法律判断形成的模式》，载《法学研究》2004年第1期。

〔70〕 ［德］罗伯特·阿列克西：《法律论证理论——作为法律证立理论的理性论辩理论》，舒国滢译，中国法制出版社2002年版，第345页。

着某种融合。《法律论证的基础》一文就明确表示："分析立场与诠释学立场区分的柔化，由此导向一种分析诠释学的概念"。〔71〕这一点实际上也得到诠释学派的认可。正如考夫曼所讲，"没有诠释学的分析学是空洞的，没有分析学的诠释学是盲目的。"〔72〕

这一讨论涉及的第二个主题是：**法律论证的客观性**。关于这一主题的论辩发生在分析学派与结构化法理论（Strukturierende Rechtslehre）之间，前者支持了法律论证的客观性，后者对此表示反对。对于弗里德里希·米勒（Friedrich Müller）的结构化法理论，汉语法学圈的研究尚少，赫格特也只在一个注释里谈及了米勒对于法官如何造法的研究。〔73〕米勒试图解构许多法学方法论的传统预设，其中之一便是法律论证的客观性，或者"唯一正解命题"。从语言学的角度出发，米勒认为，法律规范的内容不能简单地从文本表述中推导出来，而是解释者通过

---

〔71〕［芬兰］奥利斯·阿尔尼奥、［德］罗伯特·阿列克西、［瑞典］亚历山大·佩彻尼克：《法律论证的基础》，冯威译，载舒国滢主编：《法理：法哲学、法学方法论与人工智能》（第2卷），商务印书馆2018年版，第13页。

〔72〕Arthur Kaufmann, "Problemgeschichte der Rechtsphilosophie", in Arthur Kaufmann (ed.), *Einführung in Rechtsphilosophie und Rechtstheorie der Gegenwart*, Heidelberg, 1994, 106.

〔73〕See James E. Herget, *Contemporary German Legal Philosophy*, University of Pennsylvania Press, 1996, p. 115, n. 27.

一种规范具体化的过程一步一步建构出来的。因此，法律规范不是法律推理的起点，而是终点。〔74〕从这一点来看，米勒的理论应该能够得到英美世界的同情和理解，但很显然，结构化法理论在很大程度上依然被低估了。

第三个主题是：**词义界限原则**。在德国，解释要受到词义界限（Wortlautgrenze）原则的束缚，语义构成了法律解释的外部界限，一旦超过词义的外部界限，就属于法律续造的范围。可以说，词义界限刻画了法的解释与法的续造的区别。〔75〕而结构化法理论解构了这一原则，例如，米勒认为，“并不存在带有客观意义内容或任何不可置疑之命题的魔法语言……解释总是用一个新的文本代替之前的文本……”〔76〕一旦不再承认法律的词义界限，那么法律文本就无法对裁判者构成有效的约束。

（二）法律原则理论的讨论

其中最为重要的主题是：**作为法律方法的衡量**

---

〔74〕 See Friedrich Müller, *Strukturierende Rechtslehre*, 2nd. ed., Berlin, 1994; Friedrich Müller, “Basic Questions of Constitutional Concretization”, *Rutgers Law Journal* 31(2), 2000, pp. 325-344.

〔75〕 See Matthias Klatt, *Making the Law Explici*: *The Normativity of Legal Argumentation*, Hart Publishing, 2008, pp. 3-6.

〔76〕 Friedrich Müller, “Observations on the role of precedent in modern continental European Law from the perspective of ‘Structuring Legal Theory’”, *Stellenbosch Law Review* 11(3), 2000, p. 435.

以及法体系的结构。

法律原则作为一种独立的规范范畴之所以为多数法学家所接受，应该得益于美国法学家罗纳德·德沃金，他提出了一个较为完整的原则理论。但在这之前，作为理论范畴的法律原则在德国就已经有人进行了讨论。近些年来阿列克西极大丰富了原则理论的内容。从 2000 年开始，他通过一系列作品系统建构了一种原则的权衡（balancing）理论。这一理论发端于他的教授资格论文《基本权利论》（1985 年），[77] 在阿列克西看来，基本权是一种原则，而原则是一种有别于规则的规范类型，它们之间的区别是一种质的（类型的）区分。首先，原则是最佳化命令，其所表述的价值和理念要求在相对于法律与事实可能的范围内得到最大程度的实现，而规则是确定性命令，它要么被实现要么不被实现。其次，原则的适用方式是权衡，而规则的适用方式是涵摄，后者所依循的是形式逻辑规则，而权衡则依赖于比例原则以及他后来提出的重力公式。

对于权衡理论，学界有不少反对意见。例如，哈贝马斯就认为，对于原则的衡量并没有理性的标

〔77〕 See Robert Alexy, *Theorie der Grundrechte*, Suhrkamp Verlag, 1986; Robert Alexy, *A Theroy of Constitutional Rights*, trans. by Julian Rivers, Oxford University Press, 2002.

准："因为这种排序缺少合理标准，所以权衡的工作或者是任意地进行的，或者是根据熟悉的标准和序列而非反思地进行的。"〔78〕然而，依据比例原则与重力公式，阿列克西表明权衡可以建立在商谈理性之上。也有人认为，基本权应当是保护性权利，而阿列克西的理论导致了过多的基本权，使得权利从立法滑向了司法，完全损害了民主政治原则。阿列克西认为，这是对他的理论的一种误解，只有在宪法允许的空间下，权衡才能发生。〔79〕

（三）法实证主义与自然法理论

法实证主义与自然法理论之争一直是法概念论的核心议题。在自然法的复兴已经落幕许久，即在二战结束25年之后，一种关注实在法的理论，即法实证主义在德国获得新生，但该理论最初所围绕的却并非汉斯·凯尔森，而与英国人哈特所著的《法律的概念》更紧密相关。〔80〕诺伯特·霍斯特（Norbert Hoerster）是哈特理论的追随者，也是德国当代

---

〔78〕［德］哈贝马斯：《在事实与规范之间：关于法律和民主法治国的商谈理论》（修订译本），童世骏译，生活·读书·新知三联书店2014年版，第320页。

〔79〕See Robert Alexy, *A Theroy of Constitutional Rights*, trans. by Julian Rivers, Oxford University Press, 2002, p. 431.

〔80〕See Hasso Hofmann, "The Development of German-Language Legal Philosophy and Legal Theory in the Second Half of the 20th Century", p. 309.

法律实证主义的代表人物之一。[81] 不过，阿列克西的反实证主义立场也引来了许多关注，他以正确性论据、原则论据与不正义论据，试图证成法律与道德之间具有概念上与规范性的必然联结。[82]

诺依曼认为，这一争论在当代德国具有两个鲜明的特点：第一，这种争论所涉及的不再是一个本体论问题（即实在法之上是否存在另外一种更高的规范秩序），而是一种语义学问题或者规范性问题（即内容不正确的法律是否还应当被视为有拘束力的法规范）；第二，法哲学问题在法院的实践中具有相当的重要性，可能会直接影响法院的判决，其中典型的便是拉德布鲁赫公式的适用问题。[83]

关于拉德布鲁赫公式的内容以及两次主要的运用，实际上赫格特都有相关的介绍。[84] 拉德布鲁赫在 1946 年就明确表述了后来被称为拉德布鲁赫公式的下述内容：

---

〔81〕 参见［德］诺伯特·霍斯特：《法是什么？——法哲学的基本问题》，雷磊译，中国政法大学出版社 2017 年版。

〔82〕 See Robert Alexy, *Begriff und Geltung des Rechts*, Verlag Karl Albe, 1992.

〔83〕［德］乌尔弗里德·诺伊曼：《德国法哲学讨论之现状》，张青波译，载郑永流主编：《法哲学与法社会学论丛》2013 年卷（总第 18 卷），法律出版社 2013 年版，第 4~5 页。

〔84〕 See James E. Herget, *Contemporary German Legal Philosophy*, University of Pennsylvania Press, 1996, pp. 3-5.

> 正义和法的安定性之间的冲突是可以得到解决的，只要实在的、通过命令和权力来保障的法也因而获得优先地位，即使其在内容上是不正义的，不合目的性的；除非实在法与正义的矛盾达到如此不能容忍的程度，以至于作为“非正确法”的法律必须向正义屈服。在法律的不法与内容虽不正当但仍属有效的法律这两种情况之间划出一条截然分明的界限，是不可能的，但最大限度明晰地做出另外一种划界还是有可能的：凡正义根本不被追求的地方，凡构成正义之核心的平等在实在法制定过程中有意地不被承认的地方，法律不仅仅是“非正当法”，它甚至根本上就缺乏法的性质。[85]

拉德布鲁赫公式的第一次讨论与对纳粹统治的反思以及自然法的复兴相关，第二次运用则主要来自柏林墙射手案，有些东德人试图翻越柏林墙逃往西德，东德的边境守卫在警告后进行了射杀，对于这种射杀行为，究竟应当如何评价？守卫者确实有

〔85〕［德］古斯塔夫·拉德布鲁赫：《法律的不法和超法律的法》，舒国滢译，载雷磊编：《拉德布鲁赫公式》，中国政法大学出版社 2015 年版，第 10 页。

东德实在法的依据，但这是否属于极端的不正义，又如何判断它是否达到了不能容忍的程度呢？第二次讨论和战后自然法的复兴那一次并不一样，它们涉及更为细微的问题。其中一个非常有趣的问题便是，对于拉德布鲁赫公式的适用，是否涉及溯及既往地否定原有实在法的效力？这种隐蔽地溯及既往地惩罚过去行为的情形更加让人担心。不过，阿列克西认为，“运用拉德布鲁赫公式并没有回溯性地改变法律状况，而只是确认了行为当时的法律状况是怎么样的。”〔86〕

（四）实质法律问题的讨论

近年来德语法哲学越来越重视对法律、政治、道德的实质问题的讨论。例如，帮助他人死亡（安乐死、堕胎等），人类遗传基因学和生物药物（人出生之前的状态及胚胎、受精卵的地位、干细胞研究等），例外情形中的个人基本权问题（即个人根本的基本权在例外情形是否必须退让于公共的安全利益）。〔87〕其中涉及人的尊严问题、人之于国家与社

〔86〕［德］罗伯特·阿列克西：《柏林墙射手案：论法、道德与可罚性之关系》，雷磊译，载雷磊编：《拉德布鲁赫公式》，中国政法大学出版社2015年版，第438页。

〔87〕［德］乌尔弗里德·诺伊曼：《德国法哲学讨论之现状》，张青波译，载郑永流主编：《法哲学与法社会学论丛》2013年卷（总第18卷），法律出版社2013年版，第1~2、13~14页。

会的地位等。

对于实质问题的讨论，一方面推动了法哲学与道德哲学、政治哲学之间的关联，因为这些问题显然涉及更深层次的道德和政策问题；另一方面又推动了法哲学与法教义学之间的交叉研究，例如人的尊严问题、紧急状态的问题，不仅是一个法哲学问题，更是一个宪法学问题。想想中国目前因为“基因编辑婴儿”引出的伦理和法律难题，以及人工智能和科技发展带来的社会和法律问题，我们似乎就能明白这种转向的重要价值。

七

《当代德语法哲学》中另一个有趣的地方在于赫格特对德语法哲学的评价。

（一）法哲学的任务：德美对照

在赫格特看来，法哲学主要有两大任务：说明法律和评价法律，前者是要描述法律是什么以及它与其他社会现象有什么关联，而后者主要是对法律进行证成或批判。

1. **为法律确立正当性**。在德语世界，有些人（哈贝马斯、阿列克西等）想要为法律确定一个终极证成根据，也有些人（马克思主义者等）致力于对法律的批判。在美国，与前者相对应的是约翰·罗尔斯、罗伯特·诺奇克以及法与经济学学派的作品，与后者对应的是法律批判主义、批判种族运动、女性主义等诸多流派的研究。

2. **为法律提供一种分析框架**。有些德语哲学家致力于对法律是什么（法体系或法律秩序的理念包含着什么内容）进行界定和说明。这一进路有众多的追随者，主要是分析法学与论证理论，诸如科赫、吕斯曼、德尔夫·布赫瓦尔德、罗伯特·瓦尔特、魏因贝格尔以及阿列克西等。这种分析进路在美国并没有获得太多支持，即使它在英国处于主导地位。

3. **对法律论证进行分析**。修辞学理论试图表明的是，修辞是如何在司法决策中处于中心位置并为实践者和法官提供指引的。这种进路与许多美国法哲学家的活动很接近，诸如詹姆斯·博伊德·怀特、罗纳德·德沃金、斯坦利·菲什、梅尔文·艾森伯格等人。

4. **与其他知识领域的概念整合**。在德语世界，它的代表人物是阿尔伯特、卢曼和魏因贝格尔等人，他们试图建立一种能把法律与其他社会现象关联在一起的学术框架。虽然赫格特没有明确提及美国与之相对应的部分，但我们认为，在美国以这种目标为导向的学术活动应该更多，诸如法与经济学、法与进化心理学等学派。

（二）法哲学的风格：德美比较

赫格特对德美法哲学进行了比较。在他看来，"德国人更加关注于法律秩序的逻辑分析、法律的结构与实质，而美国人主要关心的是过程，尤其是对于上诉法院的决策的说明……"〔88〕一方面，根据德国传统的法概念，法律必然来源于某个核心的权威，这就排除了法院根据正义或其他目的"发明"法律的可能性，也必然要求了法体系的统一性或单一性，同时又进一步要求法律问题必须有唯一正确答案，这些观念彼此都是密切相连的。但它们在美国都不属于流行的法律观念。

另一方面，根据德国的学术传统，法学往往被当作是一种科学来进行研究，即所谓的法律科学。而在美国往往没有这样的说法。这是由于两国对知识学科的分类不同所导致的，德国人习惯上区分自然科学和精神科学，法学是精神科学，而根据美国人的分法，学术科目包括自然科学、社会科学和人文学科，法学与人文学科更近。

最后，赫格特将德美法哲学之间的比较总结为

---

〔88〕 See James E. Herget, *Contemporary German Legal Philosophy*, University of Pennsylvania Press, 1996, p. 106.

如下这个表格：[89]

德　国	美　国
高度抽象的理论	低程度的抽象
关注法律秩序	关注法律过程
理性是被要求的	理性的怀疑论
体系的必要性	体系不重要
寻找“特定解决方案”	寻找好的论据
法院适用法律	法院创造法律
学术（科学）导向	实践导向
国家政策的实施 作为法院的主要功能	案件的解决 作为法院的主要功能

（三）德美分立的原因

赫格特还谈及了英美传统与德语传统之所以出现思想分立的历史原因。在他看来，这首先来源于哲学传统的差异。这种分立我们已经太熟悉了，康德、黑格尔、海德格尔、狄尔泰、胡塞尔等德国哲学家与皮尔斯、詹姆斯、杜威以及威拉德·蒯因、唐纳德·戴维森以及理查德·罗蒂等美国哲学家，

〔89〕 See James E. Herget, *Contemporary German Legal Philosophy*, University of Pennsylvania Press, 1996, p. 120.

他们的哲学风格显然有着极大的差异，这不可避免地会影响到法哲学的研究。不过，赫格特也提醒到："一般哲学传统中的这种分析，不应该被过度夸大，因为法哲学在很大的程度上有其自身的生命。"〔90〕况且现在来看，英美哲学和欧洲大陆的哲学已经有了越来越多的共同话题。例如，目前马克思和维特根斯坦在德美两个国家都有很大的影响力，而康德、黑格尔等人对美国哲学的影响力越来越大，美国的逻辑经验主义哲学在德国亦不乏追随者。

另一个且更为重要的原因是与法律以及法学的发展历史相关的。德国法学受罗马法模式的影响，它的法学研究主要是在大学里由法学家们推动的，这种学院主义对德国法学风格影响巨大，象牙塔里的法学家更加推崇形式逻辑和理性分析，罗马法的体系化、理性化成为德国法学的典范。而英美的基础观念来自于不同的渊源。英国的法学教育和法学研究从一开始便与法律实践紧密相连，它们的权威素材来源于法院的实践，而法学研究又是致力于服务律师和司法实践的，因此，在英美法学研究中，法官以及他们作出的裁决所发挥的作用是决定性的，

---

〔90〕 See James E. Herget, *Contemporary German Legal Philosophy*, University of Pennsylvania Press, 1996, p. 109.

即使在美国有过兰德尔的法律科学化的努力，但至今这种关注实践的导向也依然是主流："理论毫无价值，结果代表一切"[91]。

八

1960年，受洛克菲勒基金会的资助，在意大利科莫湖畔的贝拉焦（Bellagio）召开了一次有关法律实证主义的会议，英美法学家与欧陆法学家战后第一次坐在一起就法理学领域共同感兴趣的主题进行探讨。[92] 在那样一个时代，两大法律传统之间的分立由此可见一斑。

《当代德语法哲学》创作于1990年代，在那个时期，两大传统之间的分立已经不像之前那样严重了。二战期间从德国和奥地利逃往英美世界的一批德语哲学家和法学家，例如，法兰克福学派的马克

---

〔91〕 See James E. Herget, *Contemporary German Legal Philosophy*, University of Pennsylvania Press, 1996, p. 113.

〔92〕 那时哈特的文章《实证主义与法与道德分离》以及丹麦法学家阿尔夫·罗斯的《论法与正义》一书的英文本面世不久。（参见 H. L. A Hart, "Positivism and the Separation of Law and Morals", *Harvard Law Review*, Vol. 71, No. 4, 1958; Alf Ross, *On Law and Justice*, University of California Press, 1959.）关于这次会议的报告，参见 Richard A. Falk and Samuel I. Shuman, "The Bellagio Conference on Legal Positivism", *Journal of Legal Education*, Vol. 14, No. 2, 1961-1962, pp. 213-228.

斯·霍克海默、西奥多·阿多诺、弗里德里希·波洛克、波普尔、凯尔森。这些人的很多理念都成了两大传统的共同财富。例如，凯尔森的纯粹法理论不仅成为德语法哲学的典范，而且也为英美世界所熟知。在那个时期，哈特和德沃金等人已经成为德语法哲学讨论中不可或缺的人物，而康特洛维奇、卡尔·恩吉施等人也开始在英语期刊上发表文章。

又是二十多年过去了。德国学者德莱尔在1995年就曾断言，当前阶段的德语法哲学呈现出三种趋势：国际交流日益频繁；聚焦于法律—伦理问题；重回经典。〔93〕而在克拉特看来，直到21世纪之后这种趋势依然在继续。〔94〕在今天，两大法系的法学家聚在一起讨论问题，已经完全成为平常之事。年轻一代的德语法哲学家，开始在英美大学里求学或授课，并有许多人在坚持使用英文写作。虽然德国和美国、大陆法系与英美法系之间的差异依然很大，例如，两个传统的法学家往往只关注彼此有交集的

〔93〕 See Ralf Dreier, "Deutsche Rechtsphilosophie in der zweiten Hälfte des 20. Jahrhunderts", 223.

〔94〕 See Matthias Klatt, "Contemporary Legal Philosophy in Germany", *ARSP*, Vol. 93, No. 4, 2007, p. 524.

话题，而不太关注彼此独特的那些研究领域，[95] 但是，越来越多的共同话题，越来越频繁的学术交流，使得两者之间的分立已经变得越来越模糊了。也许正如西班牙法学家霍尔迪·费勒·贝尔特伦和乔瓦尼·巴蒂斯塔·拉蒂所说的那样，“贝拉焦精神的复兴”正在发生。[96]

---

〔95〕 例如，阿列克西的法律商谈理论在英美世界受到了冷遇，但他有关法概念与法效力（包括拉德布鲁赫公式）的讨论以及宪法权利理论却受到了相当多的关注。See Julian Rivers，“The reception of Robert Alexy's work in Anglo-American jurisprudence”，*Jurisprudence*，https：//doi. org/10. 1080/20403313. 2018. 1519943，最后访问时间：2018 年 12 月 18 日。

〔96〕 See Jordi Ferrer Beltrán and Giovanni Battista Ratti，“Legal Defeasibility：An Introduction”，in Jordi Ferrer Beltrán and Giovanni Battista Ratti（eds.），*The Logic of Legal Requirements：Essays on Defeasibility*，Oxford University Press，2012，pp. 6-7.

第1章 历史导论

对于有关社会秩序的那些长久难题——对立理念之间是相互竞争的——绝无法由那些不能理解这些理念之力量的人来解决。这是古人的智慧，长久来看，当属于某种理念的时刻来临时，没有什么东西比它更有力量。 1

——费利克斯·S. 柯恩（Felix S. Cohen）〔1〕

有时候，理念（ideas）似乎不知从什么地方就突然展现在我们的脑海里。但理论（theories）却有所不同，它们是在某个传统或思维图式中得到发展的。理论并不完全来自于某位伟大思想家的大脑；相反，它是精神遗产的产物，常常要经过相当多的讨论才能成熟。因此，对于理解某种特定的法哲学

〔1〕 Preface to Felix S. Cohen and Morris R. Cohen, eds., *Readings in Jurisprudence and Legal Philosophy*（Boston：Little Brown，1951），v.

来说，了解这些信息——有关它是如何产生的以及哪些智识问题推动了它的发展的信息——即使不是必然的，也是有帮助的。因此，在这一章里，我们将为 1945 年至今以来德语法哲学的发展，给出一个简明的概览。

自然法的复兴：1945—1960

在纳粹这段经历之后，学术世界里到处弥漫着这样的极大担忧，即要为此一问题提供答案：它究竟是如何发生的？这种歪曲的、不正义的纳粹法律体系如何才能得到解释？这样的错误在未来如何才能得以避免？对于战后大概第一个十年的时间里，学术作品中所表达的常规看法是，法实证主义——它在纳粹统治时期是占主导地位的法哲学——要为那时的法官和法律如此容易地被腐蚀掉担负责任。
2 实证主义，就其大部分版本来说，都坚持法与道德的分离；法拥有独立于其道德内容的有效性。按照这种观点，对于正确与错误或者好与坏的关注，并不处于法学家的领地之中；法学家的工作是对权威的法律戒令（precepts）进行阐释、概念化以及说明。因此，那个时候人们认为，正是法官、律师以及法学家对于探究法律之道德的这种不情不愿，使得纳粹很容易就掌控了整个法律体系，且也使得通过法律体系的修改以适应纳粹的邪恶目标更加便宜。

伴随着实证主义显然日渐声名狼藉，以及对有规范性根据的法律理论的渴望与日俱增，主流的学术活动转向了自然法的复兴。这种复兴采用了三种路径：由罗马天主教学者们所发起的新托马斯主义（new Thomism），建立在“质料价值哲学”(material value philosophy）基础之上的世俗版的自然法，以及“拉德布鲁赫公式”(Radbruch Formula)。

自 13 世纪那位伟大的神学家创作了他的《神学大全》(*Summa Theologica*）以来，托马斯主义的自然法在各个学术圈中早已是耕耘已久。自 1945 年之后，作为一种将法的有效性建立在普遍道德原则之上的成熟哲学，对某些德国学者们具有巨大的吸引力。人们对于自然法的期望很高，自然法将为战后新的社会提供一种框架，它将为大大小小的各种道德和政治问题提供答案，它也将为对抗邪恶法律的建立提供防卫。甚至新的德国宪法法院，有时候也会对运用自然法作为裁决之证成理由而动心，而且这种趋势至今也没有完全停止。[2] 但是，随着时间渐渐

〔2〕 See Donald Kommers, *The Constitutional Jurisprudence of the Federal Republic of Germany* (Durham, N. C. : Duke Univ. Press, 1989), 54, 312，且引用的案例在此处。

过去，一切就变得很明显了，人们对于自然法的期望太高了。它们的解决方案没有起作用，或者并不能让人信服。有人认为，托马斯主义是不可接受的，因为它所要求的是，来自某种特定的形而上学以及特定的宗教假设的哲学支持。它是一种“忏悔”(confessional) 哲学。[3] 当然，在当代学术世界里，它依然有许多追随者。[4]

某种不会招致宗教上的反对意见的版本是，那种根据所谓“质料价值”哲学为基础的自然法，这种哲学最初由马克斯·舍勒（Max Scheler）提出，并由尼科莱·哈特曼（Nicolai Hartmann）进一步发
3 展。和托马斯主义一样，这种观点也断言了某种可以为人类所认识的先定的（pre-ordained）客观价值秩序。[5] 这种价值秩序为法的有效性提供基础，并且据推定也将引导立法以及司法的决策者获致正确的解决方案。但是，如同托马斯主义面临的情况一

---

〔3〕 典型作品有：Josef Fuchs，*Lex Naturae*：*Zur Theologie des Naturrechts*（Düsseldorf：Patmos，1955）. 有着稍小影响力的是某种同样类型的新教导向的作品，参见 Hermann Weinkauff，“Das Naturrecht in evangelischen Sicht”，*Zeitwende* 23（1951）：95. 对于这一时期探讨自然法问题的作品的汇编，参见 Werner Maihofer ed.，*Naturrecht oder Rechtspositivismus*（Darmstadt：Wissenschaftliche Buchgesellschaft，1962）.

〔4〕 参见 Kommers，前引脚注 2，第 48~60 页。

〔5〕 See Helmut Coing，*Grundzüge der Rechtsphilosophie*，2nd. ed.（Berlin，de Gruyter，1993），61，71，127-129，153-161，240-242，290-295.

样，随着时间的流逝，原则之普遍性的难题，处理相冲突价值的实践困难，以及先定秩序的形而上学基础，都使得人们对于这种哲学的热情逐渐消减了。除此之外，这种版本的自然法以及托马斯主义，对于两者的解释都以强调保障性（security）与稳定性（stability）的价值为目标，因此反而加强了权威主义，而不是增强了个体的权利。在 1950 年代，这两种自然法都从主流法哲学中消失了。[6]

另外一种解决法的道德难题的选择是由古斯塔夫·拉德布鲁赫（Gustav Radbruch）提供的，他是前希特勒（pre-Hitler）时期德国的著名政治家和学者。他的主要法哲学作品的第三版，在希特勒取得政权的前夕（1932 年）出版。1933 年，拉德布鲁赫因为他的政治观点而失去了海德堡大学的教授职务。他在德国经历了整个纳粹时期的严酷折磨，并在 1945 年重新回到他的教授职位。

拉德布鲁赫在战前的哲学是某种实证主义哲学。跟随康德，他承认事实世界与价值世界的区分。他后一问题的努力，似乎具有某种韦伯式（Weberian）的倾向。直接目的可以根据更为抽象的目标来获得

---

〔6〕 一个公认的批判是由汉斯·韦尔策尔（Hans Welzel）给出的。Hans Welzel, *Naturecht und materiale Gerechtigkeit*, 4th. ed.（Göttingen: Vanderhoeck and Ruprecht, 1990）.

证成，但因为经验实在与价值之间的这种根本性区别，这些终极目标之间的抵触，并不能被理性地解决。“应当”(Ought）不能从“是”(Is）中推导出来。对于拉德布鲁赫而言，法的概念与理念是由三种面向或背反构成的，每一种都与其他两种处于张力之中，它们是安定性（certainty)、合目的性（expediency）与正义（justice)。安定性，或者法的保障性，是其中最为重要的，而其他二者是次要的。法的主要功能是为所有的情境确立行为规则（建立法律秩序)，因此人们可以使他们的行为与这些规则保持一致，也就是他们能够准确地知道，他们以及其他人能做什么以及不能做什么。如果这一基本功能没有被满足，那就根本没有法律存在。〔7〕当然，法应当追求正义且应当完成那些社会的直接目标（合目的
4 性)，但并不总是这样的。当正义与合目的性被纳入法的理念之中，它们依然是部分上有待追求的理想；而法的保障性（security）是本质性的。

因为纳粹这段经历的原因，拉德布鲁赫改变了他的观点。他同样认为，实证主义法哲学成为纳粹政权的帮凶。他也同样关注有关未来的难题。许多

〔7〕这里拉德布鲁赫关于法律之基础要求的观念与富勒所讨论的“法律的道德”之间有重要的类似性。See Lon Fuller, *The Morality of Law* (New Haven, Conn.: Yale Univ. Press, 1964).

由纳粹在形式上制定的法律，在 1945 年以后，被溯及既往地宣告无效。这对于实证主义观念来讲是一个根本性的挑战。我们如何才能保持对法的尊重和忠诚，保持法治，但同时却又作出这样断言，即那些之前已经被选择的法律，由于它们的邪恶性，而不再是法律？拉德布鲁赫将这种冲突看作是发生在正义与法的保障性之间的冲突。他将他的三种背反的优先性进行了反转。最终，正义是最基本的面向；而实际上，法的保障性本身就是正义的要求，它虽然非常重要却不是根本性的。因此，正义可以与它自身之间发生冲突。因而这种难题提供了一个原则，用以决定在什么时候这种服从且妥当施行制定法的常规义务，必须让位于某种更高的正义的考量。拉德布鲁赫着重吸收学习了德国法上所谓“事物的本质”(The Nature of the Thing) 这个古老的概念，而且他将自己的原则表述如下：

> 受到适当立法与国家权力之保障的实在法规则获有优先地位，即使这个规则是不正义且违反了普遍福利的，除非对于正义的违反达到如此不能容忍的地步，以至于事实上成了“非

法的法律”(lawless law)，而必须向正义屈服。[8]

通过对上述原则［在后面的争辩中被称为“拉德布鲁赫公式”（Radbruch Formula）］中的“正义”这个术语的意义进行界定，拉德布鲁赫那时候就有意地转向了自然法的古老理念。他认识到，表述某种更高的法——依据实在法可以得到评估——这种在历史进程中所作出的努力，回应了一种正当化(legitimate）需求。通过以这三种背反为根据而对法律概念进行了重新构思，但这一次正义成为主要的要素，于是实在法本身被给予了本质性的道德因素。通过使用他的公式，我们可以决定法律何时不再具有常规的义务性——法律何时不再是法律。

拉德布鲁赫公式在学术圈一直被争辩了许多年。[9] 它对这样的学者具有吸引力，他们想要在保留实证主义进路的优点和好处的同时，也承认在极
5 端情境下正义的优先性。但是，和传统自然法理论的复兴一样，随着一些更新的哲学关注点吸引了学

〔8〕 Gustav Radbruch, “Gesetzliches Unrecht und übergesetzliches Recht”, in Gustav Radbruch, *Rechtsphilosophie*, 4th. ed. (Stuttgart: Koehler, 1950), 352.

〔9〕 它在1950年代末期所谓的哈特-富勒之争（Hart-Fuller debates）中也得到了英美世界的关注。See James Herget, *American Jurisprudence* 1870-1970: *A History* (Houston: Rice Univ. Press, 1990), 292-299. 且引用的渊源出自此处。

者们的注意力，对于拉德布鲁赫公式的兴趣在随后的几年中逐渐减了。

当下，对于最近这些年涉嫌杀害正在逃往西德的东德偷逃者的边境守卫以及其他人予以惩罚（柏林墙射手案）的道德性与合法性所进行的讨论，再一次激发了人们对于自然法以及拉德布鲁赫公式的新兴趣。[10] 正如在战后伊始的那些案件中一样，在1990 年代，德意志联邦共和国的当权者们也为这样的问题所困扰，即关于那些接受东德军事当权者的指令而对前东德的现行偷逃者进行杀害行为的问题。德国联邦最高法院（Bundesgerichtshof）最近的两个裁决已经指出了边境守卫者们的可惩罚性，并且提出了（至少）某种拉德布鲁赫式的证成。[11] 一些与纳粹刚刚结束那个时期所出现的一样的道德-法律问

---

〔10〕 关于这一主题最为广泛的作品似乎是：Frank Saliger，*Radoruchsche Formel und Rechtsstaat*（Heidelberg：C. F. Müller，1995）. See also，Michael Pawlik，“Strafrecht und Staatsunrecht”，*Goltdammers Archiv für Strafrecht* 10（1994），472；Helmut Lecheler，*Unrecht in Gesetzesform? Gedanken zur* “*Radoruch'schen Formel*”（Berlin：de Gruyter，1994）；Ralf Dreier，“Rechtsphilosophische Aspekte juristischer Vergangenheitsbewäl-tigung”，*Zeitschrift für Gesetzgelntng* 8（1993），300；Michael Pawlik，“Das positive Recht und seine Grenze”，*Rechtsphilosophische Heft* 2（1993），95；Robert Alexy，“Mauerschützen：Zurn Verhältnis von Recht，Moral und Strafbarkeit”，*Berichte der Joachim-Jungius-Gesellschaft* 3（1993），28；Klaus Lüderssen，*Der Staat geht unter-das Unrecht bleibt? Regierungskriminalität in der ehemaligen DDR*（Frankfurt：Suhrkamp，1992）.

〔11〕 对于这些裁决的说明参见 Pawlik，前引脚注 10。

题再次被提出来，而且理论家又再次开始对自然法或拉德布鲁赫公式的价值进行争辩。这个难题在理论上可以被解决吗？看起来有关实证主义-自然法的传统争辩得留在另一章中进行继续探讨了。

批判理论与马克思主义

另一种有意义的思想路线在德国战后早期逐渐得到了发展，即使它在某些方面是处于学术发展主流之外的，这便是大家所知的批判理论。[12] 1920 年代批判理论发端于法兰克福大学的社会研究所。当希特勒掌握权力之时，这个研究所的成员已经移民国外，大部分人移民到了美国，在那里他们继续自己的学术事业。1950 年，在这些理论家中，马克斯·霍克海默（Max Horkheimer）、西奥多·阿多诺（Theodor Adorno）以及弗里德里希·波洛克（Friedrich Pollock）回到德国，开始重建法兰克福的社会研究所。与 1950 年代和 1960 年代在德国兴起的那些新的
6 学术运动不同，他们的工作是早先数十年学术事业的一个延续。

---

〔12〕 关于批判理论，参见 Thomas B. Bottomore, *The Frankfurt School* (Chichester: Horwood, 1984); David Held, *Introduction to Critical Theory: Horkheimer to Habermas* (Berkeley: Univ. of California Press, 1980).

批判理论是一种新马克思主义的学术进路，它整合了哲学、社会学和心理学的诸多因素。它的主要原则性观点包括如下理念：在资本主义社会中的大部分人都受到社会系统的剥削和压迫；这种压迫被意识形态所掩盖，但通过社会体制以及思维方式的转型能够获得解放（liberation）。学者的任务是去揭露统治得以稳定不变的方式。这样的揭露，通过提高对于真正的社会现实的觉悟而导向解放。根据此种观点，法律服务于两种功能：它是统治与压迫的工具，同时它似乎也会使不公正的社会关系得以正当化。〔13〕

在 1970 年代早期，霍克海默和阿多诺依然在继续创作，而且在西德，这种马克思主义立场从恩斯特·布洛赫（Ernst Bloch）的作品中获得了新的支持。不过，在法兰克福有一位才华横溢的年轻学者，他的名字叫作尤尔根·哈贝马斯（Jürgen Habermas），他选择了批判理论这一主题，并给这一传统理论注入某些新的生命。哈贝马斯的早期作品反映了其对于统治、意识形态的掩饰性角色以及解放问题的关注。但是，在 1970 年代中期，他的思想开始转向语

〔13〕 当然这些理念也是美国批判法律研究运动的核心，它们很大一部分来自于德国批判理论。参见 Herget，前引脚注 9，第 276 页及以下。

言哲学，并且他最终放弃了，或者至少大幅度地修改了他的批判理论。语言哲学的发展将在后文进行讨论。

如果说批判理论的方向定位基本上是马克思主义进路的话，那么，一种更为传统的马克思列宁主义则在德意志民主共和国的学者的作品中得到了反映。1958 年，学者们和政府官员们在巴伯尔斯贝格（Babelsberg）召开了一次会议，据此一个官方的法哲学被确立了；从此之后，大部分东德学者都只是跟随着党的路线前进。[14] 而联邦德国的法学家们，尤其是在 1970 年代中期，对马克思主义观点表达了某些零散的兴趣，但这很明显是一种很小的运动。

存在主义法哲学

另一种且影响力更小一些的，与马克思主义思想有着某些相近性的，出现在战后早期的哲学主题，
7 也应当得到注意，这便是存在主义。在德国，正是受马丁·海德格尔（Martin Heidegger）以及卡尔·雅斯贝尔斯（Karl Jaspers）的强烈理论影响，维尔

〔14〕 See Karl Mollnau, "Die Babelsberger Konferenz oder: vom Beginn der Niedergangsjurisprudenz in der DDR", *Archiv für Rechts-und Sozialphilosophie*, Special Edition 44 (1991), 236.

纳·迈霍弗（Werner Maihofer）试图提出一种存在主义法哲学。[15] 这一工作处于诸多更为主流的学术运动的阴影之中，在法律世界中并没有多少跟随者。

转向方法

大约从 1960 年开始，对于法律体系的规范性基础的兴趣，被一种对于法律科学方法的新探究所取代。这可能部分上是因为我们已经感觉到，重建自然法理论的努力失败了，于是法哲学开始对有关自身的问题发问：对于法律的讨论应当如何进行？最有成效的方法是什么？对于这种自我检视来说，它的基础性思想来自于多种渊源之中。在德国，特奥多尔·菲韦格（Theodor Viehweg）对“论题学”（Topics）进行的开创性研究，已经开始被认真地对待，而且修辞学理论的“美因兹学派”（Mainz School）也已经成立了。[16] 卡尔·恩吉施（Karl En-

〔15〕 See Werner Maihofer, *Recht und Sein* (Frankfurt: V. Klostermann, 1954).

〔16〕 See Theodor Viehweg, *Topics and Law* (translated by Cole Durham, Frankfurt: Peter Lang, 1993). 德语原版：*Topik und Jurisprudenz* (1953).

gisch)[17] 以及乌尔里希·克卢格（Ulrich Klug)[18] 早先有关法律逻辑的重要作品，重新被发现并且出版了新的版本。受海德格尔影响的哲学家汉斯-格奥尔格·伽达默尔（Hans-Georg Gadamer)，也在1960年出版了他具有高度影响力的作品《真理与方法》(*Truth and Method*)，促进了法律诠释学学派的兴起。[19]

但是，来自德国之外的刺激因素，似乎才具有最为重要的影响力。在纳粹时期，一群理论家，包括弗里德里希·哈耶克（Friedrich Hayek)、卡尔·波普尔（Karl Popper）以及逻辑实证主义者的“维也纳学圈”(Vienna Circle)，从奥地利移民到了英国。在战后，他们继续他们的创作，并且开始使用英语或以英语译本来出版作品。路德维希·维特根斯坦(Ludwig Wittgenstein）在语言分析领域的研究，以及卡尔·波普尔在自然科学哲学中的成就，在英美世界中尤其具有影响力，而在1960年代后期，开始在

---

〔17〕 Karl Engisch, *Logische Studien zur Gesetzesanwendung* (Heidelberg: C. Winter, 1943).

〔18〕 Ulrich Klug, *Juristische Logik* (Berlin: Springer, 1951).

〔19〕 Hans-Georg Gadamer, *Truth and Method*, 2nd. rev. ed. (translated by Joel Weinsheimer and Donald Marshall, New York: Crossroads, 1989). 德语原版：*Wahrheit und Methode* (1960).

德国得到接受。[20] 除此之外，大不列颠的语言分析哲学传统——它可以追溯到伯特兰·罗素（Bertrand 8
Russell），且包括诸如 A. J. 艾耶尔（A. J. Ayer）、苏珊妮·兰格（Suzanne Langer）、约翰·L. 奥斯汀（John L. Austin）、G. E. M. 安斯康姆（G. E. M. Anscombe）以及吉尔伯特·赖尔（Gilbert Ryle）等这些学者的作品在内——在 1940 年代和 1950 年代，开始逐渐兴盛起来。[21] 应当强调的是，这些发展还都是发生在语言哲学和科学哲学领域，最初并没有对法学产生影响；事实上，语言哲学的这些发展对于法哲学的影响，只有在英国才刚刚得到实现。就此面向而言的开创性作品是，赫伯特·莱昂内尔·阿道弗斯·哈特（Herbert Lionel Adolphus Hart）的具有“统治力”

---

〔20〕 这些作者最为具有影响力的作品是：Karl Popper, *The Logic of Scientific Discovery*（New York: Basic Books, 1959），德语原版：*Logik der Forschung*（1935）；Karl Popper, *The open Society and Its Enemies*（Princeton, NJ.: Princeton Univ. Press, 1950）；Karl Popper, *Conjectures and Refutations: The Growth of Scientific Knowledge*（New York: Basic Books, 1963）. 在英国和德国都最为具有影响力的是维特根斯坦的后期作品：Ludwig Wittgenstein, *Philosophical Investigations*（in both English and German translated by Gertrude E. M. Anscombe, Oxford: Basil Blackwell, 1953）.

〔21〕 代表性的作品包括：Alfred J. Ayer, *Language, Truth and Logic*（London: Gollancz, 1946）；John L. Austin, *How to do Things with Words*（Cambridge, Mass.: Harvard Univ. Press, 1962）；Suzanne K. Langer, *Philosophy in a New Key*（Cambridge, Mass.: Harvard Univ. Press, 1942）；Gilbert Ryle, *The Concept of Mind*（New York: Barnes and Noble, 1949）；Gertrude E. M. Anscombe, *Intention*（Oxford: Basil Blackwell, 1957）.

的阐述，即《法律的概念》(*The Concept of Law*)，它出版于 1961 年。[22]

这种对方法论的关注，将德语法哲学带向了如今可以被看作是两种主要的“实证主义”方向：法律的社会科学（the social science of law）与法律分析(legal analysis)。后一范畴逐渐演化为法律诠释学、修辞学理论以及分析法学这些学派。这三种探究模式的主要关切在于，将一种理论方法阐释清楚，这种方法可以用来对诸如制定法的解释、法官对于法律的适用、法律的论辩、逻辑在法律中的使用、法律渊源问题以及法律的自主性等这样的法律现象进行理解和说明。这些探究模式，只是附带地关注一下正义、公共政策、道德或理想的法律体系等问题；它们指向的是法律说明与法律理解的方法。为了将这种区别阐释清楚，“法理论”(legal theory，*Rechtstheorie*）这个术语被人们用来描述这种新的学术，以与之前的“法哲学”(legal philosophy，*Rechtsphiloso-*

〔22〕 它的德语译本是在 1973 年出版的。哈特一个早期的重要作品是：H. L. A. Hart, “Definition and Theory in Jurisprudence”, *Law Quarterly Review* 70 (1954), 37.

phie）进行对比。[23] 在这一脉络中进行研究的学者，大多数将他们的作品当作是科学的。

另外，法律的社会科学拒绝了这种法律特有的方法，而是试图将自然科学与社会科学（“真正的科学”）的方法引入到法律领域中来。这里的主要影响来自于波普尔的作品，他的研究进路被汉斯·阿尔伯特（Hans Albert）继承，进入到社会科学和法学之中。[24] 这种经验导向的科学方法，即是众所周知的 9
批判理性主义（critical rationalism）。另一种社会学进路，即系统理论（systems theory），由尼克拉斯·卢曼（Niklas Luhmann）在美国社会学家塔尔科特·帕森斯（Talcott Parsons）的启发之下，以某种方式建立起来。[25] 系统理论也断言了社会科学的有效性（social-scientific validity）。这些社会科学学派与法律分析诸流派之间的竞争，一直持续到了现在，它们将在这本书的后面几章进行阐述，尽管其中某些议题似乎已经得到了解决。

---

〔23〕 一本新的叫作《法理论》（*Rechtstheorie*）的杂志在 1969 年创刊，用以发表这种新的学术作品。它的创刊人包括卡尔·恩吉施、H. L. A. 哈特、汉斯·凯尔森（Hans Kelsen）、乌尔里希·克卢格以及卡尔·波普尔。

〔24〕 对于德国科学哲学产生了同样重要影响力的是托马斯·库恩（Thomas Kuhn）的这一划时代作品：Thomas Kuhn，*The Structure of Scientific Revolutions*（Chicago：Univ. of Chicago Press，1962）.

〔25〕 1960 年至 1961 年，卢曼曾在哈佛大学接受帕特森的指导学习。

尤尔根·哈贝马斯的角色

正如前文所述，在1960年代以及1970年代期间，对今天的法哲学产生影响的重要学术进步，许多都是出现在这些社会学理论与哲学（有时候简单称为“社会理论”）的分立学科之中的。在这样的过程中，将其中的许多理念引介到德国哲学之中，并对它们进行综合且将它们进一步向前推进的一个关键性人物就是尤尔根·哈贝马斯。正如前文我们所指出的那样，哈贝马斯最初是受到了马丁·海德格尔的影响，作为法兰克福批判理论学派的一员，开始了他的学术生涯。正是这样，他在学术作品中首先与汉斯·阿尔伯特进行了争辩，后者是波普尔批判理性主义最重要的拥护者，其后又和尼克拉斯·卢曼进行了争辩，后者是系统理论的主要倡导者。〔26〕为了

〔26〕有关这一论辩早期部分的文章合集，参见Theodor Adorno et al.，eds.，*The Positivist Dispute in German Sociology*（translated by Glyn Adey and David Frisby，New York：Harper Torch books，1976）. 德语原版：*Der Positivismusstreit in der deutschen Soziologie*（1969）. 关于哈贝马斯与卢曼之争的相关文章，参见Jürgen Habermas and Niklas Luhmann，eds.，*Theorie der Gesellschaft oder Sozialtechnologie：Was leistet die Systernforschung?*（Frankfurt：Suhrkamp，1971）. See also，Franz Maciejewski，ed.，*Beiträge zur Habermas-Luhmann Diskussion*（Frankfurt：Suhrkamp，1973）and Franz Maciejewski，*Neue Beiträge zur Habermas-Luhmann Diskussion*（Frankfurt：Suhrkamp，1974）.

回应在这些学术交流过程中所遭遇到的批判，哈贝马斯对自己的观点进行了调整，并且对自己的立场进行了重新构思。如此一来，他就开始极度依赖于那些语言哲学理论家的思想。

在 1970 年代，两个关键的理念塑造了哈贝马斯的思想。第一个关键理念是以真理共识论（the consensus theory of truth）为大家周知的认识论进路。[27] 这种观点拒绝了那种更为古老的真之理念（至少可以追溯到亚里士多德），即陈述（或知识）与实在之间的符合性（correspondence）：一个陈述是真的，当 10
它与实际相符合的时候。它也拒绝了那种作为融贯的真之理念［可追溯到斯宾诺莎（Spinoza）以及莱布尼茨（Leibniz）］：一个陈述是真的，当它与我们知识的其他部分相一致时。与此相反，共识理论坚持认为，真的东西是当人们就某个命题产生争论时所能达成一致的东西。这里的“人们”是谁，以及理想论辩的条件有哪些，它们是哈贝马斯在 1970 年代后期以及 1980 年代，与他在法兰克福的同事卡尔-奥托·阿佩尔（Karl-Otto Apel）一起合作来努力解决的问题。

---

〔27〕 哈贝马斯第一次明确表达这种观点是在：“Wahrheitstheorien,” in *Wirklichkeit und Reflexion*, ed. Helmut Fahrenbach（Pfullingen：Neske, 1973），211.

哈贝马斯所推动的第二个关键理念是，社会科学哲学（或社会理论）必须建立在交往理论（theory of communication）的基础之上。在这个观念的发展过程中，哈贝马斯极度地依赖维特根斯坦、英国语言哲学理论家们（尤其是“言语行动”的理念）以及美国心理学家乔治·赫伯特·米德（George Herbert Mead）的工作。〔28〕哈贝马斯在他1981年出版的《交往行为理论》（*The Theory of Communicative Action*）的两卷本的专著中，已经几乎完全阐述清楚了这种社会科学哲学（或社会理论），这也被某些人认为是他的代表作。这本书是哈贝马斯对于批判理性主义以及系统理论的回应。

随后，哈贝马斯的注意力开始转向了道德证成理论。〔29〕通过将真理共识论与这一观念相结合，即将社会科学理论建立在语言的先验面向基础之上的观念，他明确表述了一种如今被称为商谈理论的哲学（将在下文第四章进行讨论），并且在1992年出

---

〔28〕米德的这一划时代作品是 *The Philosophy of the Act*（Chicago：Univ. of Chicago Press，1938）. See also Andrew Reck，*George Herbert Mead*：*Selected Writings*（Chicago：Univ. of Chicago Press，1964）.

〔29〕在这里哈贝马斯从美国发展心理学家劳伦斯·科尔贝格（Lawrence Kohlberg）那里借鉴了某些重要理念，参见 Lawrence Kohlberg，*Essays on Moral Development*（San Francisco：Harper and Row，2 vols.，1981-1984）.

版的《事实性与有效性》(*Facticity and Validity*)一书中,[30] 他最终将自己的理论与法律和统治关联在一起。在他的哲学历程中,哈贝马斯似乎从一种目标在于人类解放的马克思-黑格尔导向的批判理论,转向了目标在于道德价值和法律价值之普遍证成的康德导向的理论。可能更为奇妙的是,在做出这种引人注意的转变时,哈贝马斯却能够很显然地使他自己多年以来采用的那些主要的哲学立场保持不变,并将它们整合进一个新的综合之中。

法律分析以及科赫与吕斯曼的贡献

与此同时,其他学者还在继续开展多种不同类型 11
的法律分析。奥特马尔·巴尔韦格(Otmar Ballweg)与瓦尔德马·施雷肯贝格尔(Waldemar Schreckenberger)对修辞学理论做出了创新性贡献。[31] 罗伯特·阿列克西(Robert Alexy)——哲学家京特·帕齐希(Günther Patzig)与法学家拉尔夫·德莱尔(Ralf Dreier)在哥廷根的学生——将尤尔根·哈贝

〔30〕 Jürgen Habermas, *Between Facts and Norms: Contributions to a Discourse Theory of Law and Democracy* (translated by William Regh, Cambridge, Mass.: MIT Press, 1995). 德语原版: *Faktizität und Geltung* (1992).

〔31〕 参见第五章。

马斯的理念与某些逻辑论证的原则相结合，并表述了一种非常著名的法律商谈理论。[32] 卡尔·拉伦茨（Karl Larenz）与阿图尔·考夫曼（Arthur Kaufmann）扩大了法律诠释学的研究范围。[33] 马丁·克里勒（Martin Kriele）出版了对美国人产生影响并且获得了高度赞扬的《法律推导理论》（*Theory of Legal Derivation*）。[34] 1982年，伴随着汉斯-约阿希姆·科赫（Hans-Joachim Koch）与赫尔穆特·吕斯曼（Helmut Rüβmann）所著的《法律证立理论：法律科学基本问题导论》（*Theory of Legal Reasoning: An Introduction to Basic Problems of Legal Science*）的出版，一个里程碑到来了。[35] 尽管这部作品风格上像一本"教科书"——有意地让它可以为那些对法哲学的精微之处不甚熟悉的学生所阅读和理解——但它依然是一部吸收了多种学习领域且将之整合成一种新的进路的颇具穿透力的专著，在很短的时间内就成为经典。它探讨了1970年代晚期和1980年代具有德语法哲学

---

〔32〕 将在第四章讨论。

〔33〕 参见第二章的简要描述。

〔34〕 Martin Kriele, *Theorie der Rechtsgewinnung* (Berlin: Duncker and Humblot, 1967).

〔35〕 Hans-Joachim Koch and Helmut Rüβmann, *Juristische Begründungslehre: Eine Einführung in Grundprobleme der Rechtswissenschaft* (Munich: Beck, 1982).

特色的许多话题。

科赫与吕斯曼承认了语言哲学以及美国法理学对他们的思想所产生的影响。这两位学者也都是上诉法院的法官，这给予了他们某种不常有的关于司法决策的第一手信息。这本书的目标是，对司法裁决的好的根据是由什么构成的进行描述和说明。这可以分为三个次要的问题：第一，根据期望，给出法律理由的活动所要完成的任务是什么？第二，哪些困难阻碍了这些任务，或者对于它们的顺利实现来说存在着哪些界限？第三，为了克服这些困难，哪些进路是富有成效的？

科赫与吕斯曼确立了一种对于事实发现（fact-finding）的（对于德国来讲）新的关注，承认法官在放弃他们的义务时假设了特定的价值判断，并且探究了法官运用那些不可避免地被给予他们的裁量余地或自由裁量权的方式，以此扩展了更多分析法学的传统方式。除了使用了对于法律的传统逻辑分析之外，两位作者在处理解释和适用问题时，还采用了来自语言哲学的见解，而且他们还使用符号逻 12
辑以一种新的形式重构了法学三段论。他们也试着将元伦理学纳入到与实质化法律价值难题的关联之中，而且在处理以经验为基础的法律论据时他们有意地运用了科学理论、数学以及统计学。与大多数德国理论家不同，科赫与吕斯曼对个案投以了格外多的关注，而且他们也频繁地引入案例用来例证他们的论述。毫无疑问，他们的作品无法回应所有的难题，而且在某些领域还引起了争议。但是，它却为未来若干年的讨论定下了调子，且规定了对话的形式。

尽管今天的学术事业依然保持着丰富的多样性，包括新康德主义、新亚里士多德主义以及自然法理论，但我们从前文所述的简要历史来看，过去这几十年来的思想路线给定了大多数当代德语法哲学以特定的典型特点。首先，存在着这样一种关切，即对法律推理进行说明，并且为对其结果进行批判提供基础，或者作为另一种进路，对法律如何可以通过社会科学的方式得到说明提供证明。其次，存在一种对于域外理念——尤其是英国的（包括维特根斯坦的）语言哲学以及多种多样的美国哲学理念——的重大关注。最后，存在一种倾向，即避免对于形而上学基础或宗教基础的任何依赖。这些主题将在以下部分中得到研讨。

第2章　当代学说概览

对于那些在德国……声名显赫的学者来讲……政治性政府的对象［是］权利或正义的帝国在全球的扩展……这种权利或正义似乎并不是法律的创造物；它们似乎是先于所有的法律的；独立于所有的法律而存在；而且是所有法律和道德的标尺或检验标准……它是某种完全自在自为的东西。上帝法与其是相互一致的……因此，我无法理解它。 13

——约翰·奥斯丁（John Austin）〔1〕

在这一章中，我将对当前在德语哲学中正在进行的某些学术活动进行分类。这里将要给出的是，

〔1〕 John Austin, *The Province of Jurisprudence Determined* (London: J. Murray, 1832), lecture VI.（译文参考了［英］约翰·奥斯丁：《法理学的范围》，刘星译，中国法制出版社2002年版，第331页。——译者注）

对于这些不同思想路线的简略勾画，不加批判，不加评论。与后面几章对于其他观点的讨论相比，对这些观点的这种已经简化了的介绍，当然并不必然能反映出它们在历史上的重要性，以及它们所代表的阐述与学术的技巧与艺术，或者它们的内在价值。正如我们在前言所示，因为时间和篇幅的限制，我们不可能对在这一富有活力的领域中所正在进行的所有工作都给予完全的评价。全面讨论某一种法哲学，我所用的选择标准是：①它相对不太被美国法律圈子所熟悉；②它与其他学科的当代进步有关联；③它在某些方面具有德国特色。在下文的编目中所总结的这些观点就是并不完全符合其中一个或多个标准的。

分析法学

14 分析法学这个术语是较为宽泛的，且在某种程度上并不精确；因此，用它来命名那些学者们所进行的多样化的工作——他们有着共同的出发点，但却是以多种不同的方式作出努力的——在这里便是合适的。这种学术也可以被命名为“理性论证”“法律推理”“现代实证主义”“论证理论”“理性法律方法”或者其他类似的名称。在诺伯特·霍斯特

(Norbert Horster) 的作品中，它包含了经典实证主义与某种功利主义道德理论结合在一起的阐述。罗伯特·阿列克西的学术观点——在第四章我们还要进行讨论——也可以被归入到这个标题之下；但是，商谈功能在其学术进路中的独特性，使得它有必要在下面那章得到单独的探讨。与此类似，修辞学理论——在第五章进行讨论——也是紧密相关的；不过，修辞学理论的怀疑论倾向，以及它对于体系的完全拒斥，也要求对它进行单独考量。

那么，纵贯当代分析法学的共同主题是什么呢？那就是为司法裁决过程中经常引起我们关注的难题提供解决方案。法院的裁决能够被理性地证成吗？所有的理论家都承认，法官无法仅仅通过将一个案件的事实包摄在某一个法律规则之下来裁决案件，也就是说，经典的亚里士多德三段论无法为司法决策提供充分的说明。但是，这并不必然导致这样的结论，即司法裁判完全是任意的、主观的。事实上，它们是可预测的，而且法官本身也并不认为，他们是在任意地裁决。

在德国的思想中，裁决的证成这一问题是与论证的理性紧密相关的。因此，这些分析家努力要做的是，提供某种论证理论，或为裁决提供某种说明，它可以证明，司法决策在某种意义上可以是理性的、客观的且不受外在（不相关的）影响的。不同理论家所采纳的研究进路是不同的：某些理论家进入到有关法律渊源之有效性的问题之中；其他一些理论家则努力使用现代符号逻辑来重新建构形式论述的模型；也有另一些人努力对论述的类型进行分类，并提前进行排序。于是这些问题出现了：理性意味着什么，是否存在不同类型的理性，以及我们要求一个理性证成的裁决要符合什么样的标准。正如某位学者所指出的那样："法律理性的三个领域处于中心位置：法律的推导，裁决的证成，以及概念与体系的建构。"〔2〕

这一理论工作的终极意义是政治性的。如果法院的裁决是任意的或主观的，就会产生一系列后果。首先，民主进程会被破坏，因为通过多数决过程制定的立法法案，并不能控制法律在具体个案中的适用。权力分立的原则也会被违反，因为法官进行的是立法。法治原则将成为虚幻。而且，司法进程中的公平理念（正当程序），同样被破坏了。于是，许多东西都会处于危机之中。但是，直觉和经验又告诉我们，司法决策通常并不是任意的。难题在于，

〔2〕 Delf Buchwald, *Der Begriff der rationalen juristischen Begründung: Zur Theorie der juridischen Vernunft* (Baden-Baden: Nomos, 1990), 21.

建构一种能够充分说明这种直觉的理论。

> 如果我们想要从某种有关理论理性和实践理性的一般的、综合的观念出发，系统性地建构一种理性法律证立的概念，那么，这就必须依赖于对这一观点的接受，即谈论“理性”“理由”“心灵”至少在特定领域中是完全**有意义的**。这样的研究可以证明，此种直觉究竟是不是对某种乐观的却不可实现的希望的表达。[3]

对于这种类型的研究，一个好的范例是由一位哥廷根的年轻学者——即德尔夫·布赫瓦尔德（Delf Buchwald），他是哲学家京特·帕齐希与法学家拉尔夫·德莱尔在哥廷根的学生，这两位老师都在哥廷根（与罗伯特·阿列克西是同一师承）。布赫瓦尔德提出了一种两个层面的理性证成理论。一个司法裁决要被理性地证成，就必须符合“核心（core）证成”和“表面（cover）证成”的要求。

核心证成指的是构成当前判决的那些语句的有序集合。在布赫瓦尔德的理论中，这些语句必须符合四个要求：必须是逻辑推出的；必须以法体系中的至少一个规范为前提；对于事实的描述必须符合

〔3〕 *Id.*，20.

可以使规范被适用的那些条件；并且，所有的前提对于案件的裁决来说都必须是充分且必要的。表面证成是与支持这一裁决的那些论据的有序集合相关联的。表面证成的要求是：论据必须是逻辑地（演绎地）推出的；被运用的每一个规范都能在道德上得到证成（正当性）；经验事实以及因果原则是真的且获得充分信息支持的；论据必须与作为整体的法律体系是相容的或融贯的。当然，这些特定的要求，还有待进一步的阐释和分析。

简单来说，布赫瓦尔德试图说明的是，在什么样的条件下，我们才能说一个司法裁决已经被理性证成了。它必须是被内在证成的，这通过对于适当
16 规范的选择和使用以及它的逻辑适用达至；而且它必须是被外在证成的，这通过与有效法律内容之间的一致性，与正义之基础性要求之间的相容性，以及与有着充分根据的经验法则以及对事实之正确描述之间的融贯性达至。非常可惜的是，布赫瓦尔德的讨论偏于抽象，有时候我们很难跟得上他的思路。但是，为了努力应对这种难题，在那本书的附录中，他对出现特定法律案件中的法律证立给出了一步一

步的说明。[4]

正如文后的参考文献所示，通过上述类型的分析展现出来的法律裁决之理性的方式，也为其他一些学者所追求。

人类学法学

人类学是一门社会科学；因此，人类学哲学也被推定是一门科学哲学。然而，有关法律人类学的研究很容易就会导向对有关这个世界上不同文化中的规范之普遍性（universality）的探究，对不同社会之间的价值进行关联和评价的难题以及是否能够从社会实践或者其他被经验观察的现象中推导出义务的问题的探究。这些都导向了我们界定人类学法学的学术工作。有两位理论家尤其应当得到我们的关注，即恩斯特-约阿希姆·兰珀（Ernst-Joachim Lampe）与托马斯·伦奇（Thomas Rentsch）。

兰珀建构了某种形式的人类学法学，他称之为“基因法理论”（genetic legal theory）。该理论研究的

〔4〕 *Id.*, 331. 也可参见布赫瓦尔德用英语发表的近作，此文讨论的是法律决策中的融贯性理念：Delf Buchwald, “Statutory Interpretation in the Focus of Legal Justification: An Essay in Coherentist Hermeneutics”, *Univ. of Toledo Law Review* 25 (1994), 735.

对象是，那些创造了法律、确定了法律以及与法律互动的历史因素、生物因素、文化因素。这一理论回答的问题是："为什么法律是这样的"。兰珀使用了人类学家、心理学家以及历史学家的许多经验性成果，以对一步一步形成法律的那些东西的最初发展进行重构。与多数理性主义哲学家不同，他的观点是，当前的法律体系并不是在特定时间、特定地点创制的，而是生物演化和文化演化的持续过程的结果，这种演化在史前时期的迷雾之中就开始了。这种演化的最后一大步便是，法律从某种更为一般化的、更分散的宗教-伦理规范体系中得以区分出来。

兰珀的理论带来的一个后果便是，由于法律演化的这种方式，法律便与特定"人类学常量"(anthropological constants) 之保持紧密联系在一起了。存在着这样的人类之基础需求，它们贯穿人类的史前时期以及各个历史时期而保持不变。这些需求包括对于自我保存、安全保障、家庭以及社会互动的需
17 求等诸如此类的东西。每一个不能满足这些需求的法律体系，其自身就将走向消亡。

> 每一种法律，无论在过去、在现在还是在未来，都必须建立在人类的本质性特点之上，

> 而且必须依此来安排自己的规范。一种不这样去做的法律，例如没有按照人类是一种自繁殖的个体性存在这一假设为基础而运作的法律，它将是非理性的，并且因此是非法律的（unlawful）。[5]

实际上，可以这样认为，人类学常量与现代宪法所保护的基本权利之间存在着某种关联。虽然许多思想者都从人类学中汲取了一种价值相对主义的世界观，但是，兰珀采纳的却是一种更为一元化的观点，几乎是一种自然法的观点，它强调的是，所有的人类和文化所展现出的基本的相似性。[6] 根据这种观点，义务的力量或者法律的合法性（假设它满足了人类之基础需求），是从演化性需求中推导出来的。

在某种程度上伦奇的研究进路是有所不同的。虽然他所接受的，既不是法律人的训练，也不是人类学家的训练，但是，他却提出了一种“先验人类

---

〔5〕 Ernst-Joachim Lampe, “Rechtsanthropologie heute”, in *Archiv für Rechts-und Sozialphilosophie*, Special Edition 44 (1991), 222, 232.

〔6〕 兰珀使用的是“消极自然法”的概念，它在某种程度上与 H. L. A. 哈特的“最低限度的自然法”是类似的。See H. L. A. Hart, *The Concept of Law* (Oxford: Clarendon Press, 1961), 189-194. See also Philip Selznick, “Sociology and Natural Law”, *Natural Law Forum* 6 (1961), 90-94.

学”(transcendental anthropology)，它为法理论带来了诸多重要的分支。他强调的也是，人类经验之间的相似性和统一性，而非多样性。跟随着海德格尔与维特根斯坦的思想路线，伦奇提出了一种用于理解社会生活的新的认识论进路。根据他的观点，人类是基于直接生活经验来建构他们的理解的。知识的起点是日常生活世界［伦奇称之为初级（primary）世界］，在这样的世界中，我们发现我们自己一直努力在事实和价值的语境中满足有限的目标。尽管科学和哲学在努力寻求真理，但知识的最终确定却还是要回到初级世界。科学分析是从这个世界抽象出来的，而且，在抽象过程中失去了某些东西。其中一个重要的事情便是，事实与价值的不可分割性。人类的基本经验是，对象和过程都是在与多重目标与多类满足的关系之中得到理解的。

我们是出生并成长在某个特定的初级世界中的，这使得我们学会了特定的行动方式和说话方式。这些生活的形式并不是可选择的，而是由共同体决定的。通过对海德格尔的“存在性”(existentials)观念进行扩展，伦奇称这些形式为“相互存在性”(inter-
18 existentials)。例子是家庭、爱情、性爱、工作、宗教、美学以及法律等——所有这些有着文化印记的生活形式，人类围绕着它们调适了其对于成功生活的想象。

语言在这些相互存在性之间居间调和，并对之进行了加强。在这一语境中，应当与存在是无法分离的。一种道德的基础，且因此也是对法律进行批判的一种基础，就在这种调适人们的行为以满足普遍生活形式之需求之中被找到了。伦奇主张，一种批判的法哲学，必须建立在他的先验人类学的基础之上。

> 法律起源于初级世界的前法律共同体中的实践生活，且关涉的是那些人类交往的相互存在性，由此它们可以揭示出对于道德宪章的分析。判决的法律权力必须回溯至此，以便在初级世界中得到保持。[7]

亚里士多德理论

亚里士多德持续数个世纪的影响力，可能比任何其他的哲学家都更大。在今天，美国、大不列颠以及其他国家也包括德国的新亚里士多德主义者，还在继续挖掘斯塔吉拉人（Stagirite）* 的这些哲学巨

〔7〕 Thomas Rentsch, *Die Konstitution der Moralität* (Frankfurt: Suhrkamp, 1990).

* 亚里士多德出生于斯塔吉拉，于是斯塔吉拉人成为亚里士多德的别称。——译者注

著，以发现新的宝藏。当前对于古希腊思想的兴趣，似乎来源于这种想法：启蒙哲学以及后启蒙哲学无法在一般层面上对正义、统治以及社会生活，提供一种令人满意的说明。当然，与这些问题相关联的是，对法律之强制性权力的证成。就道德与正义这些方面而言，许多新亚里士多德主义者断言，片面地适应于对自然科学的说明的启蒙哲学将会导致文化相对主义，而存在主义以及“后现代”哲学又会导致完全的主观主义。

摆脱这些困难的方式，便是回归到亚里士多德的目的论导向思维。这位哲学家建立了一种以目的为基础的说明方法。通过将这种方法与价值世界相关联，人类行动的原则或行为的规则，就可以从人类的总体目的或目标中推导出来。这便是幸福或者好的（good）生活。这种好的生活只有通过美德的实践才能获得。这些美德，是由诸如勇敢、节欲、慷慨、友善、对沉思生活的追求以及正义构成的。那些有着作为有德之人的习惯或性情，并且得到了家庭以及国家（对亚里士多德来说是城邦）之支持的人们，就能获得好的生活。什么是正确的（right）要依赖于什么可以导向好的生活，也就是好的优先于正确的决定。

尽管对于亚里士多德进路的这种简短描述，可

能像是主张一种个体主义哲学，但并非如此。国家
以及它创造的法律，对个体的好的生活以及共同体 19
的好的生活的取得，都是必要的。人类本质上是社会性的，如果没有有组织的社会的支持，就无法实现个体的潜能。国家因为也是本质性的。实际上，在有着稳固基础的国家中，对于统治活动的参与，也是好的生活的一部分。

正义是最为重要的一种美德，而且亚里士多德也作出了他的那种对分配正义（distributive justice）与矫正正义（corrective justice）的经典区分。矫正正义是由对错误的矫正，或者对那些遭受伤害之人的恢复所构成的，而且它是作为审判原则进行运作的。分配正义的原则是，将那些社会财产授予那些应当得到它们的人。这并不是一种平等主义原则，而是建立在功过之上的原则。

亚里士多德也认识到了惯例法（conventional law）与自然法之间的区别。前者是地方性的，且是某一特定范围内的人们所特有的，而后者对于所有的人类来讲都是共同的。这是因为所有的人类的共同的本质——共同的需求、共同的目标。当然，古典时期、中世纪时期以及现代时期的后续哲学家们已经对这种理念进行了详尽的阐述。

大部分具有亚里士多德风格的当代德语作品，

都被当作是政治哲学作品，且因此它们在某种意义上并不属于本书的关注要点。例如，阿尔诺·巴鲁齐（Arno Baruzzi）写了好几本书，它们对康德-黑格尔式的作为且只作为自主（autonomy）的自由之理念进行了抨击，并提出了一种亚里士多德式的理念作为替代选择。他与罗伯特·施佩曼（Robert Spaemann），都对通过进化理论对价值进行的证成（例如尼克拉斯·卢曼）持批判态度，并提出了一种以目的论为基础的进路取而代之。

黑格尔理论

格奥尔格·威廉·弗里德里希·黑格尔（Georg Wilhelm Friedrich Hegel）是19世纪哲学领域中的巨人，他和康德可能是德国历史上最具影响力的两位哲学家。[8] 他建立了一种综合的理论图式，其中也包括了法哲学。因为他的作品具有极高层次的抽象性，而且极为形而上学，所以他对于律师、法官甚至是法学教授都没能产生直接的影响。但是，他的某些理念是非常有力的，而且黑格尔对于人类学、

〔8〕 当然，假如我们考虑到马克思是一个接受过充分训练的法哲学家，这里也必须加上卡尔·马克思（Karl Marx）。

历史学以及法律理论的间接影响也是实质性的。自这位大师于 1831 年去世之后，在德国也出现了新黑格尔主义者。

正如前文所说，黑格尔的法理论是深奥的、理 20
论化的，而且它在某种程度上是依赖于他的其他哲学面向的。在本章的短小篇幅中，不可能公允地对一切内容作出全面说明，因此我们必须满足于只在这里提及它的一些突出性特征。〔9〕这种法哲学的主题问题是权利的理念，也就是权利的概念以及这个概念的现实化。而权利是意志自由的实现，意志自由是从康德哲学中继承而来的一个关键观念。个体能够意识到他们自己，并且能够意识到他们实践其自由的能力。这就构成了人格（personality）。当然，任何一个社会中的人们都是相互依赖的，而且他们必须在互动中承认彼此的人格。每个人天生就能够拥有权利（这就是抽象权利），但是，当这种抽象的权利被客体化为某种被普遍承认且被意志化（通过国家得以实行）的东西时，它就成为实在法。这种

〔9〕关于这一理论的某些重要面向，美国的当代观点，参见 Fred Dallmayr，"Rethinking the Hegelian State"，*Cardozo Law Review* 11（1989），1337. See also Andrew Arato，"A Reconstruction of Hegel's Theory of Civil Society"，*Cardozo Law Review* 11（1989），1363，and Terry Pinkard，*Democratic Liberalism and Social Union*（Philadelphia：Temple Univ. Press，1987）.

实在法是普遍的权利概念被适用于某一历史语境中的特定对象和特定个人而得到的结果。从这些起点可以逻辑推导出法律的三个主要范畴：财产、合同和错误（犯罪-侵权）。实在法，尤其是更为具体的那些规则，是建立在一个国家的特定精神或特点之上的，而且要求国家创立某种司法机制以使其具体化。

权利（在更广泛的形而上学意义上的法律）因此成为一个综合的整体，一个从权利或自由的理念推导而出的秩序或原则集，它们统辖着社会中私人之间的关系，以此他们的自由才能得到保障并实现最大化。这些原则和关系，因为社会不同而有所不同，并将因为不同的社会和文化环境而随着时间而改变。整个法律结构本质上是自发性的且合逻辑的；在最高层次的辩证过程中，感觉、情绪、态度或利益都没有任何作用。共同的道德是主观的，且是与权利不同的。权利是客观的秩序，它并不是被发明的，而是有着先决的逻辑结构的。尽管这种法律秩序是建立在个体自由的原则之上，但这种自由只有在特定的人类关系的语境中才能得到实现。在这里，共同道德、情绪感觉、传统以及其他社会关系的要素这些事项就变得重要了。这些公共考量意味着，当个体自由所主张的实践与法律秩序相背离时，后者必然优先。个体的意志从属于国家的基础秩序。

从今天的思维立场来看，我们似乎可以挑选出 21
来三个由黑格尔带给法理学的重要贡献。在法律理论的领域中，与他的前辈们（以及他的某些后辈们）不同，黑格尔承认历史发展对于法律的重要性；尽管他有关历史发展（作为精神理念的展开）之特定理论的大部分内容都被投以质疑，但他已经对法律演进的现象予以了直接的关注。他的哲学（这一块是从孟德斯鸠那里借鉴来的）也指出，法律的形式、正当性以及实效性，只能在其与某一特定社会中存在的其他文化现象的关系中，才能得到理解和评价。最后，他还提供了对于18世纪极端个体主义的反对意见，并且将共同体和合作的重要性摆在前面。

黑格尔风格的德国法哲学在当前所作出的努力，是以一种更加可接受的方式来重新表述黑格尔的理念，以便能够在一个更不那么形而上学导向的世界里思考，是将他的某些见解适用于已经发生改变的现代条件之中。如今我们生活在一个福利国家中，然而政府的理论证成（“民主理论”）依然依赖于个体主义的政治哲学家。尽管在他所处的时期，私法已经比公法更为显著，但黑格尔的理念似乎也提出了某种方式来对最低限度的社会条件与权利进行证成。[10] 在个体权利与共同体福祉之间产生的张力的另一些方面，似乎也可以由他的思想来予以例证。某些学者已经在他有关财产、合同的见解以及关于伦理共同体的理念中发现了有价值的想法。[11] 黑格尔以马克思主义的形式所产生的影响，将在下文中进行简要的讨论。

诠释学

诠释学（hermeneutics）［来自于希腊语 Hermes（赫尔墨斯），即信使之神］这个术语，在过去数个世纪，最早是被圣经学者用来描述对于圣经经文的批判性解释。随后，它被文学解释领域所继承，并最终进入到有文本解释需要的所有领域之中。在德国，在马丁·海德格尔和汉斯-格奥尔格·伽达默尔的努力下，这种解释进路被提升为一种完全的哲学，叫作“普遍诠释学”。伽达默尔最为重要的作品《真理与方法》（*Wahrheit und Methode*）出版于 1960 年，

---

〔10〕 See Ludwig Siep, “Verfassung, Grundrechte und soziales Wohl in Hegels Philosophie des Rechts”, in *Archiv für Rechts- und Sozialphilosophie*, Special Edition 44 (1991), 361.

〔11〕 See Wolfgang Schild, “Rechtswissenschaft oder Jurisprudenz”, in *Archiv für Rechts-und Sozialphilosophie*, Special Edition 44 (1991), 328.

它对于德国的法律理论家产生了实质性的影响。最早将这种新的进路适用于法律领域的学者是约瑟
夫·埃塞尔（Josef Esser），他 1970 年完成的作品 22
《法律发现中的前理解与方法选择：司法裁决实践中的理性原则》(Pre-understanding and Choicc of Method in Legal Interpretation：Principles of Rationality in the Practice of Judicial Decision)〔12〕如今已经成为经典。

理解法律诠释学的关键在于这样的理念，即每一个解释者都拥有某种独一无二的视域，也就是从他们或她们自身的视角来看事物。某人的视域是由其已经知道、感知、感觉到的东西所决定的，即由已经在其心灵之中的东西所决定的。这也是教育、社会化以及其所有经验的产物。一个对法律进行解释的法官，会把这所有内容都用以形成他或她自身独特的视域。这位法官对法律文本进行处理，是通过在心里对它进行询问，与它“游戏”，在文本与他或她自身的视角之间往返流转（*hin- und herwenden des Blicks*）。因为对于这一问题的回答是被寻求而得的（通常与有待考量的某一特定情境相关），所以，对于它的意义，法官持开放态度。当这个心理过程

〔12〕 *Vorverständnis und Methodenwahl in der Rechtsfindung*：*Rationalitätsgrundlagen richterlicher Entscheidungspraxis* (Frankfurt：Athenäum，1970).

得以贯彻落实时，法官的视域得到了扩展（这一领域中先前的思维方式得到了修正），而且文本的解释得到了确定，它是法官所认为的应得的真正解释。其中存在某种契合；理解得以获取。

这种观点的后果之一是，对某个文本并不存在一个单一的、权威的、“真的”解释。这种解释总是解释者与文本互动的产物，每一个解释者都会带来完成任务的不同知识、不同背景（不同视域）。这并不意味着，对于某一文本进行不同解释的人们不能达成合意。至少在某些情况中，这样的合意可以通过对话的方式来达至，在这样的对话中，我们自己的立场（以及其他人的立场）所具有的那些预设会被揭露、质疑和重述。这是一种理性论辩的形式。当然，这样的合意并不意味着，在某种绝对的或普遍的意义上达成一致的解释是客观的。更进一步，从这种视角来看，不说我们也会知道，一个在某时已经达至的解释，在其后的时间里，因为在这期间所取得的新知识或新理解，可能会变成错误的。

虽然没有任何两个人的视域是相同的，但许多文本都没有带来严肃的解释难题，因为在解释者之间存在视域上的类似性。法官都是通过完全相同的方式进行训练的，而且通常都有着相似的社会背景和智识背景。因此，许多文本都有一个“平义”（plain meaning)。

正如埃塞尔以及其他人所主张的那样，在德语法哲学中，这种伽达默尔式的观点为相当多的人所接受。它带来了对这些问题的探讨：法律的理性论证是如何进行的，不同的解释之间是如何最终调和的。对于某些人来讲，它是一种基础的框架或起点， 23
从这里出发来探究法律的理性。除了阿图尔·考夫曼的作品可能是一个例外，在法学学者之中，当代的讨论很少涉及诠释学解释这个哲学概念本身；相反，对这一问题的看法，隐含在某些求索理性论证难题的学者的作品之中。这将在第四章和第七章中进行讨论，也可以参见下文关于“综合法学”的讨论。

综合法学

在今天的德国有着某种共识，即如果某些不同的传统进路可以被整合成为一种综合性的方法，这将对于法官以及法学的其他学习者都大有裨益。[13]

---

〔13〕 美国人关于努力进行这种研究的号召，参见 Harold Berman, “Toward an Integrative Jurisprudence: Politics, Morality, History”, *California Law Review* 76 (1988), 779. Jerome Hall, “Integrative Jurisprudence”, in *Interpretations of Modem Legal Philosophy*, ed. Paul Sayre (New York: Oxford Univ. Press, 1947).

沿着这些路线不断前进的先驱是温弗里德·布鲁格(Winfried Brugger)。布鲁格的出发点是法律解释的难题;在这一方面,他的目标和罗纳德·德沃金(Ronald Dworkin)以及其他那些沿着美国法律现实主义传统前进的学者们是类似的。这种挑战是要提出一种能够对法律决策如何运作进行描述、同时也对它应该如何工作进行规定的理论。

布鲁格的起点是一个关于人类文化的命题集合,它们或多或少都是已经由人类学充分确立的。在生活中,我们必须作出选择,所根据的是我们自身对于我们是谁的理解;这反过来又取决于我们所感知的那种现象。我们有时间感,因此,我们能理解历史以及未来可能的发展。我们的文化赋予了我们特定的观念理想,而且我们反过来还会对这些理想进行修正;当然,我们也清楚我们的基本需求。布鲁格将这些现象(phenomenological)因素定位为四个维度的图式,可以称之为"人类学十字阵"。在垂直维度上,十字阵的顶端是我们的理想、文化价值以及目标;底端是我们的生物学需求以及自我的利益。在水平维度上,在向后的方向上有我们的历史以及过去的经验,在向前的方向是那些当前有待实现的可预见、可寻求的目标。我们可以根据我们对于这两个维度的"阅读"来对我们自身进行界定。

在布鲁格看来，对于法律的解释与对于自身的
解释有着相同的特点。对于法律是什么或应该是什
么进行界定，我们所参考的同样是这四个方面。上 24
述两种情况都是在这种结构化的语境中作出判断的。
为了充分地完成工作，解释者必须作出必要的反思
性步骤——向前、向后、向上以及向下。

> 向上的论据依赖于政治共同体的明显的或隐含的宪法理想，诸如“所有人的正义”。向下的论据建立在我们所感知的紧急需求与利益之上。或者，将这一点粗略来说，向下看，我们所想要的，就是重要的；向上看，我们能够正当地期望或作出的且应当期望或作出的，就是有着最重要分量的。这些视角与法律解释的向后以及向前的关系紧密缠绕在一起。文本的以及语境的意义，总是表达了关于语词自身所构成的一部分过去的经验；过去的经验时常展现在语词的意义之中。但是，过去的经验并不必然决定且限制它们的本质。语词拥有开放的意义；真实世界或理想世界的当代发展会对它们过去的意图产生影响，因此对于这些语词的传统理解可能会被确认、拓宽或缩窄。那么，这些新的言语惯习就又适时地成为这些语词意义

> 的现代“传统”的一部分。这就是向前看的视角，在其中当前的目标与目的成为诉诸的主要根源。[14]

布鲁格主张，这些传统的思想流派所关注的只是法律的一个面向。例如，自然法类型的理论家主要关注的是“向上”或理想的方面；人类学、社会学以及利益衡量理论主要是“向下”看的；一般来说，历史理论是定位于时间面向的；实证主义理论通过历史语言的分析总是关注“向后”的方向；而功利主义、实用主义以及“法律与经济学”理论主要关注的是“向前”的方向。

布鲁格看到了对法哲学以及实际的法律决策之间的关系进行重塑的需要，他的进路在本质上是一种诠释学进路，与罗纳德·德沃金有某些相似之处。[15] 从他的这种进路出发，不同法学流派的观点应该被整合，以便使得它们对于法官和立法者来讲是有价值的。他的四个方向的模型是建立这样一种综合法学的第一步。

---

〔14〕 Winfried Brugger, “Legal Interpretation, Schools of Jurisprudence, and Anthropology”, *American Jour. Comparative Law* 42 (1994), 395, 415.

〔15〕 See Ronald Dworkin, *Law's Empire* (Cambridge, Mass.: Harvard Univ. Press, 1986), 45-86.

康德理论

康德对于德语哲学思想有着非常重要的影响力。这部分上可能是因为，德国人常常会把康德思想当 25
作是启蒙理论的顶峰。也就是说，历史上可归属于洛克（Locke）、莱布尼茨或者其他人的理念，都融入了康德理论之中，并且后者给出了比前者更成熟精致的表达。康德在道德哲学领域的核心理念，即有关行动规准（maxims）的可普遍化（universalizability）的理念，似乎依然能够满足某些德语思想中的这种需求，即对义务进行证成以及对道德进行终极奠基，而这也是对法律进行批判的基础。当前对于复兴康德思想的兴趣，看起来是因为对在今天被认为是广为传播的道德相对主义以及道德“理性”理论的犬儒主义（cynicism）的不满意所激发的。

康德理论的起点〔16〕是自由的理念。与其他由本能控制的动物不同，人类拥有有意识的行动选择或自由意志的能力。若没有自由意志，我们根本无法想象我们自身。当然，人类也同样有着对诸如食物、

---

〔16〕 关于康德法学的一个在某些程度上有点长但却也简洁的阐述，参见 Winfried Brugger，“Grundlinien der kantischen Rechtsphilosophie”，*Juristenzeitung* 19（1991），893.

住所、身体安全诸如此类的自然需求。这些自然需求一直被扩展与修改，但文化（作为“第二性的人类本质”）也带来了对于包括伴侣、艺术表现、宽容、爱以及正义等在内的其他东西的渴望。对于这些需要和兴趣的满足依赖于社会合作。社会合作是通过社会规范的运作实现的。因为人类这种动物所拥有的自由意志以及理性能力，个体可以根据特定经验规则而行为，或者根据更为一般性的规准而行动。在道德领域中，我们能够为我们自身而立法。根据康德的观点，这样的规准应当是可普遍化的，也就是说，它们必须能够与每一个人的自由相一致。一个个体可以任意地选择这些能带来某种渴望的生活形式的行为规准；但是，这些主观的规准必须受到限制，它们必须与寻求其自身生活形式的其他人的规准保持普遍的一致。这种受限制的自由能力是“实践意志”，是个体的创立法则与激发行动的权威。〔17〕

法律的概念补足了这种道德理论。法律回应的是在经验社会世界中受到威胁的相互损害难题。因此，与法律相关联的，并不是内在的态度或美德，

〔17〕 对于韦伯式的工具理性与实践理性的对照，以及亚里士多德伦理学与康德道德理论的对照，一个很好的讨论，参见 Jürgen Habermas, *Faktizität und Geltung* (Frankfurt: Suhrkamp, 1992), 542-562.

而是可能危害其他人的外在行动。相应地，法律并不会对这种意志施以强制，也不会对道德情操进行规制，而是要控制行为的合法性。因为法律的目的在于人类行动的限制和合作，法律能够也应当决定 26
和保障人类彼此之间外在关系中同等的自由。使用康德的术语，法律可以被当作是这些条件的经典，以这些条件为依据，某人的选择与其他人的选择，可以根据一般的自由法律而被整合在一起。实在法体系必须根据这种道德原则进行建构。以另一种方式来说，法律使普遍自由、平等、相互义务的那些条件得到实现。

自私地追求其自身利益的个体们，大概可以理解这一点，即个体行动选择的作出，是通过对于自由领域的相互保障带来的。这种实用的论辩层面被整合进康德的思想路线之中。法律所具有的调整对自由的普遍保障以及尊重平等的能力，使得法律主体能够负责任地理解和行动。对于合理的人来讲，法律强制力并不必然是一种麻烦。如果某人将法律的目的当作是某人自身内在的目的，并将出于尊重而赖此行动，那么，对于陌生人的义务就成了自我义务；强制变成了共识。

避免来自于其他人强制的自由原则，最终同等地归属于每一个人；于是平等的法律来自于自由的法律，它并不依赖于身份、能力、权力或贫富，而是有赖于人类的理性能力，人们可以为自身确定目标，可以理性地行动以实现这些目标，也可以负责地行动以限制他们的行为。理性的平等能力是道德和法律平等的基础。

康德的法律概念以及尊重每一个人的自由与平等的理念，带来了这样的问题，即如何设计制度才能让这些原则发挥作用。康德分析性地区分了自然状态和文明状态。在假设的自然状态中，对自然法的可能性——它对私人个体之关系进行统辖——是以条件形式呈现的，但只有在文明状态中，所谓我的和你的才通过官方组织和公共的法律进行确定和保障。虽然可以对抗其他个体的个体权利在逻辑上是早于国家的法律组织的，但个体权利的履行却需要后者。一个有组织的法律体系因此成为一种必然。

康德式的道德以及他的作为补充的法律观点，可能最好被用于对既有的宪法秩序或议会的立法进行评价。〔18〕当然，最高的原则并不能通过它们自身来决定法律体系的特定规则和细节。但是，这样的原则，应该在法律秩序的基础要素中被反映出来，

---

〔18〕 康德提出了一种四层次的模式，与罗尔斯（Rawls）的理论本质上是类似的。See John Rawls, *A Theory of justice* (Cambridge, Mass.: Harvard Univ. Press, 1971), 195-201.

因此使得对实在法的批判性反思成为可能。

在法哲学中，某些新康德主义的学者，试图将 27
康德的理念与当代环境相关联，尤其将之作为普遍人权之主张的证成理由。[19] 另一些学者会使用康德的思想方向，去解决诸如民法、刑法以及国际法等特定实在法领域中的难题。[20] 还与一些作品，试图根据当代的需要和理念，对康德进行重新解释或“复兴”。在这方面，新康德主义的主张者中，最突出的可能是奥特弗里德·霍夫（Otfried Höffe）。霍夫所采取的立场是这样的：为我们提供我们对人类本质之理解的社会科学，无法对法律原则进行正当化。在他的观点中，这些科学必须得到建立在康德观念基础之上的某种法律定言律令的补充，这样的律令提供了超越人类需求和利益的义务基础。他主张某种结合了形而上学和人类学的法律伦理学。

---

〔19〕 See Martin Kriele, “Die demokratische Weltrevolution: Warum sich die Freiheit durchsetzt”, *Archiv für Rechts- und Sozialphilosophie*, Special Edition 44 (1991): 201.

〔20〕 讨论参见 Kristian Kuhl, “Rehabilitierung und Aktualisierung des kantischen Vernunftrechts”, *Archiv für Rechts- und Sozialphilosophie*, Special Edition 44 (1991), 212, 219.

新凯尔森主义

汉斯·凯尔森是德语法哲学的代表学者。这位有着持续影响力的奥地利人，在19世纪的头二十年里，已经发表了他的某些主要理念，并且直到1960年代还在继续对他的理论进行改进。他提出了一种“纯粹”法理论，正如其名，这一理论认为，实在法本身不受经验数据的影响，没有背负自然法或其他任何道德理论的负担，而且也没有受到社会学、经济学或其他社会科学的沾染。

凯尔森的研究进路，在很大程度上，受到了新康德哲学的影响。它是抽象的，要求严密的逻辑，而且它提供的是关于作为自主规范体的法律秩序的一种全面观点。正因此，对于受过德语传统教育的法学家来说，它很具有且依然具有非常强的吸引力。在维也纳大学有一个以凯尔森命名的法哲学研究所，而且在许多学者那里，依然继续以这位大师的风格进行研究。美国学者斯坦利·鲍尔森（Stanley Paulson）也创作了许多有关凯尔森的作品，许多日本和拉丁美洲的学者也是一样。凯尔森式的学术研究，其目的在于以一种尽可能清晰、易于分析且能够避免与诸如道德理论或社会学等相关领域的非法律话语相混淆的方式，为我们理解实在法律体系提供一个理论框架。尤其是，凯尔森拒绝了有关法律有效性依赖于道德的任何观念（自然法思想的一个核心 28
主题)，也拒绝了法律规范能够被还原为事实的任何观念（某种类型的实证主义)。

根据这些目标，凯尔森为法理学设定了一个有限的任务。他将他的理论，也推定地将其他相竞争的法哲学理论，看作是一种科学。正是这样，他的理论有意所为的是，将混沌还原为体系化的知识；它只处理知识，而不管意志或理想的模型。这种纯粹理论是一种有关法是什么的科学，而不是有关法应当是什么的科学；后一种任务应该留给政治科学、道德哲学或者宗教学。与诸多自然科学不同，法理论的对象是规范及其关系。规范的存在与有效性是同一回事。某一法律体系的所有规范的终极有效性，都是建立在一个基本规范（*Grundnorm*）基础之上的。这个基本规范，不必如同在哈特的理论中（终极承认规则）那样需要接受经验的验证，而是根据康德的先验路径必须被预设的。这一理论与诸多特殊法律体系的关联，是可能性与现实性之间的那种关联。这种理论是形式的，这种理论家本质上是一个逻辑分析者。凯尔森的理论或者某些与它相类似的理论，成为许多这样的理论家的工作基础，这些理论家正如在上文“分析法学”部分所讨论的那样，对法律的理性进行探究，读者可以参考这些内容进行进一步的讨论。

凯尔森最后一本但并未完成的作品即《规范的一般理论》（*The General Theory of Norms*）在 1979 年以德语出版，并在 1991 年被翻译成英语。〔21〕在这本书中，凯尔森似乎推翻了他之前建构的那种理论的很多内容。与他早期的观念相反，法律规范被认为是某种意志行为的意义，而不是某种预设或假设，那个基本规范成为一种拟制（fiction），实际上是假的（不符合现实）。他也开始怀疑逻辑在法律中的作用。〔22〕他的理论的这些变化给既有的凯尔森研究者提供了更多的研究素材。

社群主义、女性主义、马克思主义以及法与经济学

这种不太可能的四项分组，之所以在这里被组合在一起，是因为它们中的任何一个都不太有与当

〔21〕 Hans Kelsen, *The General Theory of Norms* (translated by Michael Hartney, Oxford: Clarendon Press, 1991). 德语原版：*Allgemeine Theorie der Normen* (1979).

〔22〕 See Stanley Paulson, “Kelsen’s Legal Theory: The Final Round”, *Oxford Jour. Legal Studies* 12 (1992), 265.

前德国景象相关的内容可供言说。某些文献看起来讨论的是社群主义是什么或者被预设是什么。美国人阿拉斯戴尔·麦金太尔（Alasdair MacIntyre）的作品已经得到了哲学家以及少部分法学家的关注。[23] 29
在上文所讨论过的人类学法学以及新黑格尔主义的标题之下，可以找到对于社群主义某种导向的其他讨论。

女性主义法学，或者如今在美利坚合众国不以这个名字进行的那些讨论，在德国依然没有找到它们的家园（在某种程度上除了批判理论或马克思主义的某些修正版本之外）。很多文章似乎对法律进行了批判——由于它在特定领域中没能带来性别上的平等——但它们却不是以这种理论的方式进行批判的。美国女性主义法学主角们，尤其是凯瑟琳·麦金农（Catherine McKinnon）以及卡罗尔·吉利根（Carol Gilligan），其一些作品已经成为某些评论的对象。

当然，马克思主义法哲学在德意志民主共和国一度繁荣；但是一般来说，在西德人看来，它们是意在支持共产主义政权之合法性的意识形态学说。

---

〔23〕尤其是 Alasdair MacIntyre，*Whose justice? Which Rationality?*（Notre Dame，Ind.：Notre Dame Univ. Press，1988）.

自从统一之后，在西方马克思主义法学剩下的主张者们已经很少有人追随了，尽管某些人依然在推出有关这种旧有理论的某种修正的、弱化的版本。

法与经济学在德国已经慢慢生根。有一小部分学者开始探究法律的经济分析，某些作品也已经被创作出来。但是，德国的法学专业，尤其是法学院，依然在抵制这项运动。这要归因于德国所具有的自主性法学学科的长久传统，也就是说，法律在本质上是独立于经济考量的那种观念。在美国，自从罗斯科·庞德（Roscoe Pound）提出了他的社会学法学之后，来自社会科学的诸多理念和理论，一旦它们具有可适用性时，就会在法学圈子里受到广泛的欢迎。这反映出有关法律的某种工具性观念，即法律且尤其是特殊的法律，是服务于特殊的社会目标的。这样的一种观念，恰好与德语传统是背道而驰的，后者强调的是带有必然的逻辑关联的某种独立的、抽象的法律秩序。法与经济学的学术理念在美国所获得的广泛的（但一定不是普遍的）接受，也反映了在法学专业中对于美国法律现实主义者所提出的这种命题的广泛接受，即规则与学说并不能决定疑难案件；因此，在学说失败的地方，基于显见的经济后果而作出的决定是一种可接受的选择。目前为止，只有很少一部分德国学者愿意追随这种导向。

第3章　批判理性主义

批判理性主义并不是我们时代的发明，而是某种思想的风格，即处于历史中的人类在许多时代都会忘记它的缺陷。 30

——彼得·施韦尔特纳 (Peter Schwerdtner)〔1〕

背　景

批判理性主义是一种哲学观点，它通常与汉斯·阿尔伯特（1921—）的名字关联在一起。批判理性主义的另一个当代的主要主张者是莱因荷德·齐佩利乌斯（Reinhold Zippelius），尽管他的作品并不主

〔1〕 Peter Schwerdtner, "Rechtswissenschaft und kritischer Rationalismus," *Rechtstheorie* 2 (1971), 224.

要关注于法学的这一领域。在下文的讨论中，我们将主要讨论的是阿尔伯特的观点。在他作为美国战俘的短暂时期之后，阿尔伯特于 1940 年代晚期以及 1950 年代初期在科隆大学（University of Cologne）接受教育。尽管他的背景是社会学，但他的主要工作都是在科学方法或科学哲学领域，尤其是与社会科学相关联的内容。在其学术生涯的早期，阿尔伯特似乎受到了维克托·克拉夫特（Viktor Kraft）、胡戈·丁勒（Hugo Dingler）以及西奥多·盖格尔（Theodore Geiger）的理念的影响；但是，当他接触到卡尔·波普尔的作品时，他就转到了波普尔的思想路径上来。与大多数社会学理论家一样，阿尔伯特也从马克斯·韦伯（Max Weber）那里获得了某种实质性的智识洞见。

波普尔是 1930 年代从奥地利移民到英国的众多哲学家之一。但是，与这些哲学家的大多数人不同，波普尔重点关注的并不是语言或形式逻辑。他以其
31 他学者包括某些重要的英国理论家的工作为基础，[2]
推出了一种在欧洲和美国都非常具有影响力的自然

---

〔2〕 这包括诺曼·坎贝尔（Norman Campbell）、约翰·斯图亚特·密尔（John Stuart Mill）以及威廉·休厄尔（William Whewell）。See John Losee, *A Historical Introduction to the Philosophy of Science*, 2nd. ed. (Oxford: Oxford Univ. Press, 1980).

科学哲学。波普尔主张，他的研究进路也可以适用于自然科学以外的领域。这就是汉斯·阿尔伯特所着重努力的地方。阿尔伯特实现了波普尔的理论在社会科学尤其是法律领域中的应用。他因此从科学哲学的背景转向了法哲学的主题。

阿尔伯特出版了23本书以及许多论文，而且即便他在曼海姆大学（University of Mannheim）退休之后，依然非常活跃，并在海德堡生活、写作。他影响力最大的两部作品是《实践理性论》（*A Treatise on Practical Reason*，1968，1991年第5版）以及《理性实践论》（*A Treatise on Rational Practice*，1978）。阿尔伯特是德国1960年代晚期以及1970年代所谓的“实证主义”之争的主要参与者，他与尤尔根·哈贝马斯以及其他人开展了一次范围广泛的争辩。[3]

目　标

在本书的语境中，我们只能给出有关批判理性主义的一个有限的梗概，这种哲学进路，既可以被当作是一种认识论，也可以被当作是一种“方法”，

〔3〕 参见前文第一章的内容。

这是一个经常被阿尔伯特所使用的术语。〔4〕它是对科学方法运作的方式进行解释以及对科学说明进行说明的一种努力。它并不试图提供法律解释的某种特定技术，也不试图像分析法学所做的那样，对法律的意义或法律体系的不同构成成分进行分析。它也不像自然法学思想那样，要努力为道德理论、政治理论或法律理论提供某种基础或根基。但是，批判理性主义却为道德决定以及法律决定应当如何被作出提供了一种说明。

> 我的出发点是这样的一种命题，科学可以
> 解释并分析作为社会事实的法律，且因此这也
> 32 可以在获得理论支持的启蒙运动中被发现。于
> 是，存在一种作为真正科学的法律科学，且更
> 确定地来说，是作为通常的那种真正科学。〔5〕

---

〔4〕 下面的讨论主要是建立在汉斯·阿尔伯特这些作品之上的：*Rechtswissenschaft als Realwissenschaft*：*Das Recht als soziale Tatsache und die Aufgabe der Jurisprudenz*（Baden-Baden：Nomos，1993）；*Traktat über rationale Praxis*（Tübingen：Mohr，1978）；“Critical Rationalism：The Problem of Method in Social Sciences and Law”，*Ratio Juris* 1（1988），1；“Erkenntnis，Recht und soziale Ordnung”，*Archiv für Rechts- und Sozialphilosophie*，Special Edition 44（1991），16；“Erkenntnis und Recht”，in *Rechtsphilosophie oder Rechtsthemie*，ed. Gerd Roellecke（Darmstadt：Wissenschaftliche Buchgesellschaft，1988）.

〔5〕 Hans Albert，*Rechtswissenschaft als Realwissenschaft*，前引脚注4.

批判理性主义通过某种方式对美国的读者产生了吸引力，其他的德语理论很少能做到这一点。波普尔从英国传统的科学哲学中借用了很多东西；事实上，他被许多他的批评者们称为“粗糙的经验主义者”。在美国，主流的社会学家都倾向于同意这样一种经验导向的社会科学观念。〔6〕除此之外，批判理性主义还为言论自由提供了某种颇具吸引力的理论根基，这是许多美国宪法理论家所一直努力寻找的东西。〔7〕波普尔和阿尔伯特的作品，在部分上被认为是对于马克斯·韦伯所做的这种努力——即对社会科学如何以及应当如何工作进行说明——的一种进一步的扩展。

主要的理念

正如阿尔伯特所做的扩展那样，波普尔式的理论本身所关注的是通过科学方法解决问题的活动。它采用的是实在论者的真理符合论，也就是说，有

---

〔6〕 See Richard Lempert, “The Autonomy of Law: Two Visions Compared”, in *Autopoietic Law: A New Approach to Law and Society*, ed. Gunther Teubner (Berlin: de Gruyter, 1988).

〔7〕 阿尔伯特强调了避免教条主义的必要性。正如文章下面所表述的，真理是通过以一种批判精神的主动探究而逐渐获得的——一种与霍姆斯（Holmes）的“理念的市场”(marketplace of ideas) 类似的理念。

关实在的陈述拥有一个真值；当它们实际上与实在相符合时，它们是真的。这些陈述可能是简单的描述性语句，或者更为抽象的命题，或者普遍化的自然“法则”。当然，科学的典型陈述所假设的是原因与结果的作用方式，且它们处理的是事实世界的问题，而不是形而上学的、精神的或超自然的实体，尽管科学命题本身并不是事实，而是科学家所建构的假设或理论。它们是有关实在的抽象陈述或“法则”，其拥有的是说明性与预测性力量。根据阿尔伯特的说法，这种关涉对实在进行描述的命题的商谈，是唯一一种理性商谈；因此，他拒绝了某些哲学对于实践理性与思辨理性（speculative reason）之间的区分，也拒绝了科学说明与诠释学理解之间的区分。

对阿尔伯特的哲学进行评论的一个起点是，它对于启蒙运动的两种哲学传统即理性主义与经验主义的批判。通过“明希豪森三重困境”(Münchhausen Trilemma)，阿尔伯特提出了他对于之前的这些观点的批判。任何一个科学陈述都可以通过询问“为什么”来进行挑战。也就是说，对这个陈述或命题的
33 理由、基础或根基进行探究。这个基础将是另外一个陈述或陈述集合，第一个陈述可以从中演绎推出。而这个新的陈述也可以被质疑。这一过程可以持续进行下去，直到导致了三种后果（即明希豪森三重

困境）中的其中一种。第一种可能是无限的递归且无法确立最终的根基。第二种可能是循环证成，即带有这样的起证实作用的命题，它是证成链条中前面已经使用过的命题，而这显然是不能让人满意的。[8] 最后一种可能是这种证实的链条必须被截断。阿尔伯特将截断这种论证链条的基础界定为“教条”（dogmatic）。这种教条的闭环可能通过宗教学说、政治意识形态以及其他方式来完成。在某种程度上，任何一种探究的领域都是被教条化的，它们无法追求真理，而且实际上传播的可能就是错误而已。[9]

源自于笛卡尔（Descartes）的理性主义传统，[10] 将不可怀疑的最终证立基础建立在内省（introspection）或直觉之上，建立在对于不证自明的真理的反思之上，这些真理直接为心灵所知：“我思故我在”。源自于培根（Bacon）的经验主义传统，[11] 将绝对的确定性建立在事实之上，建立在感觉感知的原始数据之上。这两种哲学都试图对特定知识的确立进

---

〔8〕 不过，可以参见第六章尼克拉斯·卢曼的观念。

〔9〕 关于哈贝马斯的商谈伦理学（第四章）没能逃脱明希豪森三重困境，一个有活力且有说服力的论证，参见 William Fusfield，“Can Jürgen Habermas’‘Begründungsprogram’Escape Hans Albert’s *Münchhausen Trilemma*?”，*Rhetorik* 8（1989），73.

〔10〕 经典的理性主义者包括笛卡尔、斯宾诺莎、莱布尼茨与康德。

〔11〕 主要的经验主义者包括培根、洛克、贝克莱（Berkeley）与休谟（Hume）。

行说明，尤其是在自然科学中所积累起来的那种知识。

但是，在这样的过程中，变得很明显的是，在确定性之墙上有着诸多裂缝。我们的直觉，以及通过内在反思取得的自知（self-knowledge），最终被证明是不可靠的。心理学已经表明，与其说我们创造了确定性，不如说自我反思反而带来了错觉。同样地，感觉的坚硬事实，最终被证明比期望的更加柔软。这些感觉可能是来自于欺骗的，但并没有什么方法可以提前确定这种情况何时可能发生。

> 科学的进步，既非通过借助演绎法从不证自明的直觉推导可靠真理，亦非使用归纳法从不证自明的知觉推导此类真理；而毋宁是通过思辨与理性论证，通过建构与批判。[12]

34 而且，真的（确定的）知识的两个坚如磐石的根基，因此都变得不可靠了。明希豪森三重困境再次出现。

---

〔12〕 Hans Albert，*Treatise on Critical Reason*（translated by Mary Varney Rorty，Princeton，NJ.：Princeton Univ. Press，1985），62. 德语原版：*Traktat über kritische Vernunft*（1968）.［译文参考了［德］汉斯·阿尔伯特：《批判理性论》（增订第5版），朱更生译，浙江大学出版社2016年版，第46页。有改动。——译者注］

阿尔伯特断言道，只要我们要求确定性是知识的一种属性，那么明希豪森三重困境就无法通过非教条的方式予以解决。在这里，我们获得了批判理性主义的一个重要原则：我们永远无法得到确定的知识。有时候，这一原则被阿尔伯特称为一以贯之的可谬论（consistent fallibilism）原则。每一个命题，每一个科学法则，每一个理论，都是可被怀疑的。但是，这并不意味着，就不存在诸如真理这样的东西；相反，它只是意味着，我们所拥有的知识都是暂定的、可被修正的。但我们可以知道，某个命题或理论暂时是真的，即我们的陈述与实在相符合。这就是批判理性主义的第二大原则。一个有关实在的命题、陈述或理论是真的，如果它可以被理性地批判，且被证明比其他相竞争的理论更好。换句话说，理论“A”比理论“B”更好（更真），如果在接受批判和试验时它比“B”更好，即它能说明更多的特定事例，拥有更好的预测性价值，更加符合其他的科学知识，能说明更多的事实性变量，且拥有更少的例外。〔13〕当然，也可能是这样的，理论“B”能够解释理论“A”所不能解释的某些事情。因此，

〔13〕当然，在某些情况下，哪一种理论更好的问题本身就是难解之题。

一个与之相竞争的理论可能也非完全“不是真实的”。实际上，批判理性主义要求了理论的多元主义；根据这个观点，通过这种诸多选择之间的批判和比较的过程，我们的知识会逐渐增加，且会变得更加精确。如果不存在这样的比较，某个理论可能只能得到较弱的支撑。知识的获取是某种必须被主动追求的东西；知识不是被我们被动吸收的。当然，根据这种观点，我们不会，也不能预期，对于一种任何时间都为真的（且因此确定的）绝对理论的建构。没有任何科学的命题是免于批判的。因此，明希豪森三重困境可以通过放弃确定性作为知识的特点而得以避免。并不存在最终的证实或终极的根基；所有的一切都是向未来的批判开放的。〔14〕

> 这种具体体现在批判性检验原则之上理性（rationality）的新概念，它与经典学说是不同的，这主要体现在，它并不必递归至任何一种教条，而且不允许把哪类解决问题之道——把形而上学或科学理论，把伦理学体系、历史性命题或者实践性的进而也是政治性的建议——

〔14〕 这就是批判理性主义用之以攻击尤尔根·哈贝马斯、卡尔-奥托·阿佩尔以及其他学者的商谈理论基础。由阿尔伯特的一位追随者提出的对商谈理论的更为广泛的批评，参见 Herbert Keuth, *Erkenntnis oder Entscheidung: Zur Kritik der kritischen Theorie* (Tübingen: Mohr, 1993).

> 教条化。与此同时，这也拒绝了所有支持上诉 35
> 法院绝无错误的主张，而支持某种完全的可缪主义。[15]

我们可能会问，某个理论是如何被批判的？对于大部分理论来讲，这依赖于此一特定学科的程序与准则，但是一般来说，科学家所试图做的是，从某个理论或命题中演绎出结论，而这个理论或命题是可以被证伪的。就事实问题而言，一个富有成效的假设可以产生诸多推论，它们可以在经验上被验证——这通常是通过实验。当这些推论在经验上被证实的时候，这个理论就获得了支持；当它被证伪的时候，它就不可能是真的，而且必须被修改或抛弃。

有时候我们也会承认这一点，即对于理论的证实或证伪来说，那些从科学理论中演绎得来的事实，它们本身就是通过——至少部分上通过——这个理论来决定的。[16] 没有某种理论的话，科学家并不知道所要寻找的是什么事实。根据阿尔伯特的观点，

〔15〕 参见 Albert，前引脚注 12，第 47 页。[译文参考了［德］汉斯·阿尔伯特：《批判理性论》（增订第 5 版），朱更生译，浙江大学出版社 2016 年版，第 35 页。有改动。——译者注]

〔16〕 See Thomas Kuhn, *The Structure of Scientific Revolutions* (Chicago: Univ. of Chicago Press, 1962).

对于这一点的承认所强调的是，可选择的理论也必须被科学家作为批判性工作的一部分而予以考虑。

> 这种批判性检验的方法论……不仅把寻找相反事实，而且把寻找可选择的理论观念，视为必要之事，以促进对于竞争性坐标系以及新的难题解决方案的建构和使用。〔17〕

阿尔伯特同意，科学事业会关涉到在没有理性基础的情况中作出决策。例如，被研究的是什么？研究的领域是如何得到限定的？被主张的是什么样的假设？为什么某种理论被接受为比另一种理论更好？〔18〕 因此，在科学以及其他领域中，适用批判理性主义方法的决定，是这种方法本身无法证成的决定。方法本身既非真的也非假的，而是多多少少有用的。

> 认识过程掺杂了规定、评价与决断，似乎是一种观察，只需清晰说出，就肯定得到公认。

---

〔17〕 参见 Albert，前引脚注 12，第 68 页。[译文参考了［德］汉斯·阿尔伯特：《批判理性论》（增订第 5 版），朱更生译，浙江大学出版社 2016 年版，第 51~52 页。有改动。——译者注]

〔18〕 参见第三章，“Erkenntnis und Entscheidung”，in Hans Albert, *Traktat über kritische Vernurift*, 5th. expanded ed.（Tübingen: Mohr, 1991）.

> 我们选择我们的难题，对这些难题的解决方案进行评价，并且决定这些已有解决方案中的哪一个是优于其他方案的，这一过程肯定摆脱不了明确具有评价性质的组成部分。[19]

虽然这些考量可能会使得有些人认为，科学事 36
业本身就是建立在一个不牢靠的基础之上的，根本不能要求客观性，但是，阿尔伯特指出，这样的一个结论是建立在终极证实（final substantiation）的谬误之上的，也就是建立在一种对于绝对确实性的要求之上。

毫无疑问，对于自然科学中发生的那些事情，批判理性主义是一个有趣且有说服力的说明，但当我们试图将之适用于道德或法律行为时，就会出现一些新的问题。例如，规范的理念就提出了许多重要难题，而规范是人类行动的一个重要的面向。[20]规范是规定性陈述，是有关应当是什么的陈述。法律规则、道德原则以及正义标准都是规范。很显然，

---

〔19〕 参见 Albert，前引脚注12，第77~78页。[译文参考了［德］汉斯·阿尔伯特：《批判理性论》(增订第5版)，朱更生译，浙江大学出版社2016年版，第59页。有改动。——译者注]

〔20〕 此处所使用的“规范”术语是在最广泛的意义上使用的，作为任意一种标准，通过它某些东西可以得到评价。这与此术语的德语用法是一致的。

应当是什么与能够是什么是相当不同的事情。规范，至少就其自身来讲，并不是事实；它们既不能真也不能假。那么，批判理性主义，既然它处理的必须是“真实”世界、事实的世界，又如何能够说明规范呢？

这里有两种可能，它们都得到了阿尔伯特的赞同。在某一个特定社会中的规范性行为可以成为一种事实问题，〔21〕也就是，一个观察者可以感知到，在特定环境中的人们遵守规范、表达规范、服从规范以及采取行动去实施规范。从这种观点来看，规范是事实，如同意见、意图、动机、宗教信仰以及其他的与某个既定社会相关的能被观察到的现象一样。在社会科学的世界中，规范以及规范体系是那个必须被说明的巨大的行为复合体的一部分。不过，即使对于规范的描述以及对于规范与行为之关系的描述，能够提供让我们深受启发的关于社会的知识，它也依然无法提供对于这些规范本身的评价。从这种视角来看，某个规范的“有效性”，只能够通过行为来进行描述——它被服从、被承认、被实施、被背离等的行为。以这样一种观察者的视角来看，从

〔21〕在这方面，阿尔伯特通常追随马克斯·韦伯。参见他在这里的讨论：Albert，前引脚注18，第75页。

有关行为的陈述中无法推导出任何的“应当”；而这里并没有内在观点。

但是，根据阿尔伯特的想法，这里还有第二种处理规范的方式，通过这种方式，规范能够得到评价，实践决定能够被作出，而且附带来说，在这个过程中社会科学的方法和结果扮演着一个重要的角色。阿尔伯特将这种规范评价的进路称为“社会技术”(social technology)。它在部分上是对杰里米·边沁（Jeremy Bentham）首先提出的那些方法的重新锻造。边沁要求对任何特定立法政策的结果进行评价，由此决定它们的优劣。阿尔伯特并不赞同将边沁的快乐-痛苦的功利主义计算方法来作为评价的标准， 37
相反他主张的是一种实用性进路，这与许多年前美国哲学家威廉·詹姆斯（William James）所提出的进路很相似。[22] 社会科学方法能够用来决定诸多可选择的法律规范或政策的后果。当然，这样的后果是事实。这些可选择的后果，可以通过作为研究假设而提出的标准来进行测度。根据拉特利奇·瓦伊宁(Rutledge Vining）的术语体系，阿尔伯特将这些作为假设提出的标准称为“表现特征”(performance

〔22〕 See William James, *Pragmatism: A New Name far an Old Way of Thinking* (New York: Longmans Green, 1907); *The Will to Believe* (New York: Longmans Green, 1897).

characteristics)。[23] 在其他地方，阿尔伯特使用的是“目标-机制”。因此，规范被以一种纯粹工具性的方式说明且评价了。如果规范“A”推出的那些后果与规范“B”相比，能够更好地满足标准“X”和“Y”，那么规范“A”比规范“B”更好，在这里“X”和“Y”是作为研究假设（表现特征）提出的。

这些假设是如何产生的呢？在理论上来说，任何一种表现特征都可以被提出来——贫困的减少、生活方式的选择自由、防止犯罪的保障以及对资源的保护。作为一种实践之事，在许多情况中，这些标准看起来都不会引起什么争议，至少在一个特殊的群体中不会。例如（我的例子，而不是他的），如果某个立法机关考虑在特定情境下对高速公路设置速度限制，那么，多种可选择的速度限制的后果，可以通过如下这些考量来进行评估：①高速公路事故可能发生的数量（以及死亡人数、受伤人数以及估计的损害）；②根据建设和维护费用的不同而对道路的影响；③司机对于完成不同距离的路程所花费时间的满意度；④对于环境的影响；⑤对于商务活动的影响；以及⑥对于燃油费用的影响。当这些计

〔23〕“Leistungsmerkmale.” See Albert, *Traktat über rationale Praxis*, 前引脚注4，第84页。

算完成之后，我们就可以知道，这些不同的表现特征能够被满足的程度。那么，根据这些考量就能够作出决定了。原则上来看，这些决定将是理性的且是客观的。每一个政策的作出者或立法者，都将知道能够得到的是什么，或者不能得到的是什么。这是在科学协助下的理性决策。

即使看起来这种“社会技术”似乎能够处理诸如高速公路速度限制这样相当简单的问题，但是，它要想去证成诸如禁止杀人的禁令或者言论自由的权利这样更为基础的规范，似乎就是不充分的了。不过，至少有两个理由表明，阿尔伯特的立场看起来是这样的，即同样的过程必须被采用，只是对诸如言论自由权利这样更为复杂的规范进行评估是更加困难的。第一，表现特征或者标准并不是显而易
见的，而是有争议的；第二，从对言论自由规范的 38
接受而推出的所有后果，以及从它的诸多替代选项中推出的所有后果，都是很难查探的。但是，批判理性主义所要求的是，为了对言论自由的价值有一个全面的理解，那些没有明确表述的假设以及推测而出的后果，必须被公开，必须被检验。这个任务是困难的，但这并不意味着它是一种错的进路。

阿尔伯特主张，就主要的表现特征或者社会目标的设置而言，我们应当使用我们社会传统上一贯

支持的理念或目标作为出发点，诸如人身保障、个人自由以及经济福利等。我们能够利用在我们的社会生活中已经获得认可的资源；没有任何理由去忽视这些从过去经验中所学到的东西，尽管这样的经验在部分上是归功于历史的偶然事件的。同时，这些理念必须一直保持对于批判的开放，而且必须随着未来经验所阐明的东西而不断修正。

这种对于规范的评价（社会技术），也被当作是在法律决策中应当遵循的方法。〔24〕为了法律决定的达成，无论是立法决定、司法决定还是行政决定，假设的目标就要得到促进，而且可选择的方式即法律规范，必须根据它们能够如何更好地获得这个被预设的目标而得到评价。这些规范或者这个规范体系，当其能够最好地完成这项工作时，就会被选择，且予以适用。这样的目标总是向批判、修正或替代保持开放的，也是建立在理性批判的基础之上的。

> 这样一种应用科学，只能够指明行动的诸多可能性，且因此指明通过特定方式的使用以实现特定目标或目标组合的诸多可能性……它

〔24〕在阿尔伯特的方法与罗斯科·庞德（Roscoe Pound）的方法之间有紧密的相似性，后者依赖于威廉·詹姆斯的理念。相关的讨论参见 James Herget, *American jurisprudence* 1870－1970: *A History* (Houston: Rice Univ. Press, 1990), 164－170.

可以根据以特定价值为基础而形成的标准，而对多种体系的效果进行分析。当然，它不能为某一个社会秩序提供经典证成理念那种意义上的正当性。如果我们接受了这种批判理性主义的立场，那么，这种证成必须为对有关难题之可选择解决方案的比较性评价所取代。[25]

批判和回应

针对批判理性主义，已经提出了许多反对意见。第一种反对意见涉及的是，社会学或行为视角的规范之属性。这种将规范作为事实的研究进路，尽管提供了潜在的评价数据，但却无法回答从这一社会活动的参与者视角所提出的义务问题，诸如：我应 39
当做什么？我是否有义务遵循这一规则？我为什么要缴纳税金？根据批判理性主义的观点，所有的科学陈述都必须有真值。因此，科学陈述是**有关**（about）规范的；但它们不能是规范性陈述本身。

这一观点是批判理性主义遭遇攻击的来源，也是对批判理性主义者所提出来的其他观点进行批判

〔25〕 Albert，“Critical Rationalism：The Problem of Method in Social Sciences and Law”，前引脚注 4，第 17 页。

的基础。传统的自然法理论和法实证主义两种理论都将法律看作是一个规范体系。“有效性”(意指的是一个规范是否符合另一种标准）这个问题在两种理论中都处于核心位置。〔26〕根据这些视角，法学学者关注的是，根据某种更高的标准来识别哪一个规范是有效的，在特定案件中这些规范将如何进行解释。这些问题并不是事实问题，而是法律或道德问题。传统法学的支持者们指出，批判理性主义并没有为运用规范的理性商谈留出空间。因此，它无法说明法律论证的整体，也因此无法为法律实践提供帮助，因为在法律实践中大多数智识性问题都是有关法律论证与法律解释的问题。除此之外，自然法的主张者还坚持认为，批判理性主义无法处理规范就意味着它无法解释法律的规范性以及法律义务的意义。

另外，根据阿尔伯特的观点，对于规范科学的这种坚持所蕴含的是，存在着这样一种实在或世界，它与为科学所知的那种实在或世界不同，是由诸如规范与价值等实体所构成的。当然，在那个世界中，某种有效“存在”的规范，并不能被予以科学研究，后者只适用于有真假的陈述。阿尔伯特将它称为

〔26〕阿尔伯特以及其他人用来表示有效性的德语术语通常是“*Geltung*”，尽管偶尔也会使用“*Gültigkeit*”。

"价值-柏拉图主义"（value-Platonism），并且完全拒绝了这个观点。他指出，这些思维方式关涉的总是对于知识部分的教条化，且因此使其免于批判。根据实证主义的观点，法律体系的终极有效性必须是"被预设的"〔27〕或"被接受的"〔28〕。这意味着终极有效性的问题无法被回答。为了创造这样的规范
世界，某个教条便是必然的。〔29〕根据自然法思想， 40
法律体系的终极有效性依赖于终极的道德原则（自然法），这些原则是实在法的基础。自然法既不是通过宗教教条被预设的，也不是以触犯自然主义谬误而从事实中推导出来的。对于法律体系的终极证立以及规范性的意义而言，这些都是纯粹形而上学的理念，在现实中没有任何基础。当然，正如不存在各种物理科学理论的终极证立那样，也并不存在规

---

〔27〕凯尔森的观点，参见 Hans Kelsen，*The Pure Theory of Law*（translated by Max Knight，Berkeley：Univ. of California Press，1967），45-46.

〔28〕哈特的观点，参见 H. L. A. Hart，*The Concept of Law*（Oxford：Clarendon Press，1961），chap. 6.

〔29〕有一种努力试图将批判理性主义的认识论移植到凯尔森"纯粹法理论"之上，参见 Rudolf Thienel，*Kritischer Rationalismus und Jurisprudenz*（Vienna：Österreichischer Staatsdruckerei，1991）. 尽管没有直接回应蒂内尔（Thienel）的命题，但阿尔伯特在这里给出了相关的观点：Hans Albert，"Zur Kritik der reinen Jurisprudenz"，*Internationales Jahrlmch für Rechtsphilosophie und Gesetzgelmng*（1992），343. 也可参见 Albert，*Rechtswissenschaft als Realwissenschaft*，前引脚注 4。

范命题的终极证立。根据阿尔伯特的观点，自然法与规范实证主义（分析法学）都是复归了更古老的思维方式，它们与科学方法是完全不兼容的。

虽然阿尔伯特反对价值-柏拉图主义的论证是有说服力的，但它并不必然能够回答这种指控，即批判理性主义无法充分地处理规范解释的难题。这种难题是法哲学的一个核心难题，也是律师们和法官们在日常实践中所遭遇到的实践难题。它似乎关涉的是对语言的逻辑分析以及对司法决策的诠释学研究，而根据批判理性主义的观点，它们都不是“科学的”。当然，这可能也就意味着，解释活动并不是科学。

但是，罗伯特·瓦尔特（Robert Walter）认为，阿尔伯特并没有认识到，现代实证主义（根据瓦尔特的想法，它是一种凯尔森类型的纯粹法理论）事实上并不符合批判理性主义的要求。〔30〕实证主义作出了一个假设（被预设的基础规范），它与指引人类行为的规范关联在一起。根据瓦尔特的观点，从实质上来看，它与任何其他的科学假设都没有什么区别；它是价值无涉的，也是可验证的，而且这种科

---

〔30〕 See Robert Walter, “Bermerkungen zu Albert, zur Kritik der reinen Jurisprudenz”, *Internationales Jahrlmch für Rechtsphilosophie und Gesetzgelmng* (1992), 359.

学的命题是有关规范的，而不是规范本身，因此是能有真值的。[31] 所以，实证主义［或者德语词典中的法教义学（legal dogmatics）］并不“纯粹”像阿尔伯特所主张的那样是一门实践科学；相反：

> 因为它是建立在一个假设之上的，因而它给出的并不是行动的指令，而且在某种程度上它也不是一门实践科学……法教义学帮助了实践者，这一点并不能夺走它的科学性。许多科学都能够服务实践；但它们并没有因此而失去它们的科学性。[32]

但是，可能会有人有疑问，当标签从凯尔森式的“预设”转变为科学的“假设”，是否在事实上改变了这种理论的本质。

批判理性主义的第二种反对意见所针对的是阿 41
尔伯特处理规范的另一种方式，即预设表现特征并工具性地对规范进行评价的理念。毫无疑问，并不是任何一种标准或表现特征都能够被选择。我们能主张将“疾病的增加”作为寻找的标准吗？[33] 原则

〔31〕 *Id.*，361.

〔32〕 *Id.*，361-362.

〔33〕 这个难题与物理科学中有关何种假说可以被提出的问题是类似的。

上来看，这种标准的预设并不是任意的。不过，阿尔伯特却提出了某些建议，大幅削弱了这种反对意见。第一，正如前面已经提及的那样，我们不应当预期被主张的那些标准是有争议的，尤其是在某一特定的文化之中。这是因为在某一特定社会中许多价值都是被广泛共享的。〔34〕 第二，阿尔伯特主张，“可实现性”（realizability）的原则必须被遵守。通过这一点，他意指的是，以乌托邦作为目标并不是理性的，因此只有看起来可能被达到的目标，才能被考虑进来。它包括了这样的要求，即所有的成本和收益都必须被予以说明。它也意味着，在提出表现特征或目标时，我们并不是在一个干净的石板上写字；我们必须将历史带给我们的境况考虑在内，也就是，在我们当前的制度语境中运作。第三，人类种族的长久历史包含了许多社会控制的“经验”，它们表明某些政策比其他政策更好。在它们的发展过程中，人类文化已经设计出了诸多调整性（regulative）理念，它们看起来是成功的，而且可以作为适当的假设起作用，当然，它们总是可能被批判，并

〔34〕 一个类似的但可能在法律上是更为成熟的进路，是由迈尔斯·麦克道格尔（Myres McDougal）与哈罗德·拉斯韦尔（Harold Lasswell）在他们的《法律、科学与政策》（*Law, Science, and Policy*）中提出的。有关讨论参见 Herget，前引脚注 24，第 220~227 页。

且可能被修改或拒绝。[35] 因此，尽管原则上来说我们可以自由地确定任何我们认为是最好的目标，但实践中的选择却常常会是非常有限的。

一个针对社会技术进路的进一步的反对意见是，相竞争或相冲突的诸多标准或目标的难题。使用之前有关速度限制之立法的例子来说，这些多样的标准（驾驶员的满意度、安全性、燃料经济性等）彼此之间如何被衡量呢？很明显的是，无论哪种政策最终被作出，都将是对某些标准而非其他标准的选择或衡量，也就是说，任何特定目标的取得，都只能是以其他目标的牺牲作为代价的。阿尔伯特承认了这个难题，但却并没有给出非常有说服力的处理。[36] 根据推定，某一个特定难题的所有排列与组 42
合都要被予以评估，但是，哪一个是更好的解决方案，似乎依然是一个主观的、非理性的问题；并不存在一个显而易见的共同标准或刻度。事情可能会是这样的，归属于每一个目标的重量都可能是被假设的，正如这个目标本身也是假设的那样。

---

〔35〕 沿着这种思考路线，阿尔伯特所主张的是，避免暴力和压迫的个人安全、经济福利的最大化以及个体自由的最大化。参见 Albert, *Traktat über rationale Praxis*，前引脚注 4，第四、五、六章。

〔36〕 在某个地方阿尔伯特说道："当然，这些标准的选择和衡量是一个价值问题：它依赖于人们相信是与社会秩序的适当性之分析有关的那些标准。" 参见 Albert, "Critical Rationalism"，前引脚注 4，第 11 页。

正如阿尔伯特所规定的那样，在立法过程中对社会技术加以使用，这无疑并不是具有革命性的东西，事实上它可能描述的就是，在那些更好的立法行动中实际所发生的事情。但是，当我们试图将批判理性主义的方法用于司法裁决的作出，或者政府官员对于法律的适用时，它就变得问题更多了。适用不是立法。在特殊案件这个层面上，向法官开放的那些选择，是受到制定法严格限制的（主要的政策决定已经由立法主体作出，且通过法律规范的形式得以表达）。阿尔伯特承认，在许多案件中，立法者并没有对特殊事实情况作出决定；法官常常保留有某种程度的余地；在这一余地的区域中，同样的实用性进路依然可以被采纳，也就是说，对可选择的诸多裁决的后果予以确定，并根据被假设的表现特征对这些后果进行评估。

即使我们承认这种技术可能在某些情况下能够使用，但它对于实践有多大价值，依然是存疑的。一个最初的反对意见是，从制度上来讲，法官并没有良好的配置去做这种必要类型的决策。他们并没有独立的研究条件，他们不能做实验，他们也无法确定可选择决定的后果。另外，他们可以对社会科学家已经公开的发现进行利用。除此之外，法官根本无法在个体案件的语境中运用这整个新的调整性图式，而且他们也没有接受过社会科学家的训练。更进一步来说，正如罗纳德·德沃金（Ronald Dworkin）很久之前所指出的那样，[37] 法官并不是分两个步骤来裁决案件的，即首先确定没有可适用的官方规范，然后在其他地方寻找指引。他们努力适用的是他们所能理解的最佳的“法律”，即使这些官方的规范是含混的。尽管一般来说大家都会承认，在新型案件中法官会通过他们的裁决来创造法律，但他们并没有将他们的角色理解成法律创造者，拥有那种像立法者才有的立法自由。[38] 在当前主流的政治 43
体系中，他们的角色和权力在他处。或许阿尔伯特主张的是，法院的角色在西方文化中已经发生了改变，但这似乎在某种程度上依然是乌托邦，如果这种改变是可欲的。

这似乎就很清楚了，法官、行政官员以及律师所关注的主要是，对于立法法案、之前法院的裁决以及学者的论证进行解释，而且他们是从内在观点来做这项事务的。阿尔伯特对诠释学进路一直持有

---

〔37〕 Ronald Dworkin, *Taking Rights Seriously* (Cambridge, Mass.: Harvard Univ. Press, 1977), 31–39.

〔38〕 德沃金对阿尔伯特所主张的那种进路进行了界定和批判，但并没有特别提及他，而是作为“法律实用主义”提出的。Ronald Dworkin, *Law's Empire* (Cambridge, Mass.: Harvard Univ. Press, 1986), 151–175.

普遍的批判态度，他的根据就在于，这种进路背离了科学方法，且试图创造其自身的特殊类型的知识。[39] 即使他退一步承认，在法律实践中，诠释学"技艺"有着某种有限的角色，[40] 但依然很难看得出来，这又是如何与他的社会技术方法相容的。就这一点来看，美国那些"法律与经济学"学者的作品可能是有助益的。[41] 他们的作品非常接近阿尔伯特有关社会技术的理念；[42] 不过，他们对于法律改革更为重要的贡献是以立法建议的形式完成的，而非对于法院裁决的指导。在后一个舞台上，一般来说，他们的作品在理论上如同阿尔伯特的作品一样，也只能限制在这样的情况之中，即由于官方法律规范的不确定性或含混性，法官拥有相当可观的裁量余地。这两种进路都不能就有关既存法律的解释和适用的普遍难题提供太多指引。

但是，在对批判理性主义哲学进行评价时，我

---

〔39〕 参见 Albert, "Critical Rationalism"，前引脚注 4，第 6~9 页。

〔40〕 See Hans Albert, *Kritik der reinen Hermeneutik* (Tübingen: Mohr, 1994).

〔41〕 See generally, Richard Posner, *The Economic Analysis of Law*, 4th. ed. (Boston: Little Brown, 1992); Robert Cooter and Thomas Ulen, *Law and Economics* (New York: Harper Collins, 1988).

〔42〕 阿尔伯特已经指出了这种相似性，但却拒绝了那种观点，即"法律与经济学"与社会技术完全是相同的，这主要是建立在这样的根据之上的，即后者只有一种表现特征——福利最大化——会被使用，且这种表现特征不能被批判而只是被教条接受的。

们不应该停止在一个否定性的注解之上。正如这个名字所揭示的那样，它对于其他法哲学进行的批判向来是卓有成效的，它已经揭露了自然法、实证主义、批判理论（法兰克福学派）、诠释学以及商谈理论的方法和假设中所存在的一些严重缺陷。而且，它也在一个坚实的认识论基础上建立了法社会学这门科学，针对所有类型的批判非常有说服力地捍卫了它。因为它的客观性、实在性以及批判性特点，批判理性主义可能对自己作为唯一真的法律“科学”作出了看似合理的断言，即使这意味着，法官以及律师的实践是一种技艺，而不是科学的事业。

第4章　商谈理论

44 不同的研究者可以从完全对立的观点出发，但是研究过程将以一种外在于他们的力量，把他们引向相同的结论……这种注定最终要为所有研究者一致同意的意见，就是我们所说的真理。

——查尔斯·桑德斯·皮尔斯

(Charles Sanders Peirce)〔1〕

背　景

商谈理论发端于1970年代卡尔-奥托·阿佩尔

---

〔1〕 Charles Sanders Peirce, "How to Make Our Ideas Clear", in *Philosophical Writings of Peirce*, ed. Justus Buchler (New York: Dover, 1955). (译文参考了［美］皮尔斯：《如何使我们的观念清楚明白》，涂纪亮译，载涂纪亮编：《皮尔斯文选》，涂纪亮、周兆平译，社会科学文献出版社2006年版，第102页。引文中的“注定”原译文为“注意”，似为出版错误。——译者注)

与尤尔根·哈贝马斯的作品的出版。最初它是一种纯粹的哲学理论，试图通过一种程序性技术为真理与道德价值提供某种终极证立。但是，它对于法哲学有隐含的启示，这是显然的。这些隐含的启示被罗伯特·阿列克西抓住了，他的博士论文《法律论证理论》出版于1978年。[2] 从那个时候开始，在德语法哲学文献中，出现了相当多的有关商谈理论的讨论。[3] 之后阿列克西继续发表作品并且一直是这一理论的主要倡导者。[4]

为了理解商谈理论能够为法律做点什么，以及 45
它如何能够在法律领域中得到适用，这里为尤尔根·哈贝马斯早期的哲学工作提供一个简要的概览，[5] 将是很有助益的。正如第一章所主张的那样，读者应该对此保持警惕，即哈贝马斯的观点一直在

---

〔2〕 原著已经被翻译成了英语：Robert Alexy, *A Theory of Legal Argumentation* (translated by Ruth Adler and Neil MacCormick, Oxford: Clarendon Press, 1989). 它的德语第二版已经面世，增加了某些材料：Robert Alexy, *Theorie der juristischen Argumentation*, 2nd. ed. (1991).

〔3〕 法律商谈理论的其他主张者是奥利斯·阿尔尼奥（Aulis Aarnio）(芬兰)、阿德拉·科尔蒂纳（Adela Cortina）、克劳斯·京特（Klaus Günther）、马蒂亚斯·谢特纳（Mattias Kettner）、沃尔夫冈·库尔曼（Wolfgang Kuhlmann）以及亚历山大·佩策尼克（Alexsander Peczenik）。参见传记资料。

〔4〕 阿列克西最近出版的书是：Robert Alexy, *Recht, Vernunft, Diskurs: Studien zur Rechtsphilosophie* (Frankfurt: Suhrkamp, 1995) and *Begriff und Geltung des Rechts* (Freiburg: Alber, 1992).

〔5〕 也可参见第一章的讨论。

随着时间不断变化。最初他是马丁·海德格尔哲学的追随者，在1960年代，他加入了马克斯·霍克海默所领导的“批判理论”的新马克思主义学派（法兰克福学派）。[6] 在他与汉斯·阿尔伯特以及尼克拉斯·卢曼就有关“法律的社会科学”进行争辩的过程中，哈贝马斯开始从这种历史哲学中转移了出来；他重新考虑了自己的立场，并最终淡化了或者可能抛弃了这种马克思主义的历史哲学。1970年代早期，他得以与阿佩尔一起工作，而且他也受到了英国语言学理论、后期维特根斯坦以及美国人乔治·赫伯特·米德的理论的强烈影响，哈贝马斯的诸多努力带来了一种语言学转向，并最终以他的“交往行为理论”达到顶峰，一种用于社会研究和理解的哲学框架。接着，这又带来了“商谈理论”以及“商谈伦理学”，这是哈贝马斯一直研究到现在的理论。

目　标

商谈伦理学或实践商谈理论的一般性目标是，

---

〔6〕 关于法兰克福学派，参见 Thomas B. Bottomore, *The Frankfurt School* (Chichester: Horwood, 1984); David Held, *Introduction to Critical Theory: Horkheimer to Habermas* (Berkeley: Univ. of California Press, 1980).

为政治论证、道德论证以及法律论证提供某种证成。就此而言，商谈理论是对于古老的自然法的一种替代。但是，它与自然法是不同的，主要在于它采纳了一种不同的认识论进路：自然主义的论证被否定了，道德理念或法律理念的实质内容只是次要考虑的内容，而且终极证立是程序性的，也就是说，只有在商谈过程中，依靠合意出现的那些实质命题（或规范）才是有效的。[7] 除了规范性实践的终极证立之外，商谈理论所关注的还有这样的证立与道德判断以及法律判断的特定实践，包括立法和司法裁决中的法律决策之间的理性关联。它所努力寻求证明的是，法律在这个意义上是理性的，即特定的法律裁决可以通过导归到最初始的已证成起点这样的逻辑运作来获得支持。根据这种观点，立法规范与司法裁决都不是任意的。在商谈理论这个框架中，它们可以得到批判和评价。

根据阿列克西的说法，这种理论想要证明的是， 46
在法律中理性的裁决是如何被作出的。如果这种理论可以完全成功地产生效果，它就可以提供一个实践法律理性的法典。从一个被广泛分享的立场，即

〔7〕 这种对正义原则的程序性证立被约翰·罗尔斯（John Rawls）推向了成熟，他的理念在德国有着相当大的影响力，参见 John Rawls，*A Theory of Justice*（Cambridge，Mass.：Harvard Univ. Press，1971）.

（律师、法院以及学者作出的）法律论证会采纳法律之外的价值判断出发，这一理论所试图回答的是价值判断是否能够被理性地证成，它们是否是必然的，以及它们是如何与法律学说联系在一起的。尽管我们通常会假设相反的情况，如果法律结论（尤其是法院作出的那些结论）不是理性的，那么，它带来的结果实际上就让人很难堪了。〔8〕例如，法学教师以及他们的学生本身就很可笑了，法律实践成了某种运用魔法的实践，法律强制成了那种根据个人利益而进行的伪装的权力运作。因此，证明法律是理性的，尤其对于正义问题、政治实践的问题以及专业责任具有重要意义。

主要的理念

在他的商谈理论中，哈贝马斯提出了一种知识

〔8〕这种反理性的立场被批判法学家、法律现实主义者、自由法运动所采纳。关于自由法运动，参见 James Herget and Stephen Wallace, "The German Free Law Movement as the Source of American Legal Realism", *Virginia Law Review* 73 (1987), 399. 关于美国法律现实主义，参见 James Herget, *American jurisprudence* 1870 - 1970: *A History* (Houston: Rice Univ. Press, 1990) 147-227. 关于批判法律运动，参见 Mark Kelman, *A Guide to Critical Legal Studies* (Cambridge, Mass.: Harvard Univ. Press, 1987).

共识论。[9] 与汉斯·阿尔伯特以及其他人所坚持的知识符合论不同，在符合论中，真是陈述与客观实在之间的符合问题，对于哈贝马斯来说，真是通过所有人的合意来确定的。事实无法作为真的标准发挥作用，因为“事实”部分上是由这个世界中的东西所决定的，部分上是由语言来决定的，因此，事实是依赖语言的。哈贝马斯并没有否认独立于我们心灵之世界的实在性，它是真的“对象”。[10] 但是，真并不是由陈述与这个世界之间的某种符合来构成的；相反，陈述的真是依赖于通过商谈之共识所达成的对它的证成的可能性。这样的证成，在理论上来说，对这个世界上的所有人和所有的文化（包括未来若干世代）都是充分的。

这就将我们的注意力引向了“共识”与“商谈” 47
所意指的是什么。哈贝马斯提出了一种理想言谈情

---

〔9〕 这种理论至少可以追溯至美国人查尔斯·桑德斯·皮尔斯，正如哈贝马斯所承认的那样。

〔10〕 他实际上坚持认为存在着三个“世界”，参见 Jürgen Habermas, *The Theory of Communicative Action*, vol. 1 (translated by Thomas McCarthy, Boston: Beacon Press, 1984). 德语原版：*Theorie des kommunikativen Handels*, *Band I* (1981).

境，在这一情境中，所有的人都有权参加论辩。[11]任何断言都可以作为一个问题拿来进行考量。支持或者反驳这个命题的论证都可以被作出。断言的任何东西都是可批判的。但是，广义理解上的强迫是不被允许的。这种商谈的参与者必须诚实地、一致地行动；他们不能参与策略性行为；他们不能根据除了其论证的妥当性以外的基础，使用威胁、承诺或者其他方式试图说服其他人。在辩论中，参与者必须也能够将自己置于其他人的境地，使自己可以从他们的视角观察事物。任何人都可以在任何时间点引入任何相关的观点，争辩不存在任何时间的限制。[12]如果这些程序性的规则可以被小心谨慎地遵守，那么，由此而来的商谈，对于所探讨之命题或某个可选命题的真，可以最终达成一个共识。这样的共识意味着，这个命题在某种非文化性的相对意义上是真的。

尽管这种确定或说明真与知识的方法，最初可

---

〔11〕 这种理念似乎是对于沙伊姆·佩雷尔曼（Chaïm Perelman）的由所有理性且有学识的人类构成“普泛受众”理念的一种扩展。See Chaïm Perelman，“Fünf Vorlesungen über die Gerechtigkeit”，in *über die Gerechtigkeit*，ed. Chaïm Perelman（Munich：C. H. Beck，1967）.

〔12〕 哈贝马斯的理想言谈情境与约翰·罗尔斯正义理论中的“原初位置”（initial position）与“无知之幕”（veil of ignorance）之间有着强烈的相似性。参见 Rawls，前引脚注 7，第 136~142 页。

能会让人觉得有点怪异，但是它的巨大的吸引力在于这样的事实，即它既可以用于规范性领域之中，也可以用于描述性领域之中。它可以用来确定“应当是什么”，也无疑可以用来确定“是什么”。阿尔伯特乐意指出，当我们对规范性陈述的有效性进行考量时，真之符合论引导我们去寻找一个“应当”的平行世界，也就是说，我们可能被引导着认为，规范是有效的，当它们与这个柏拉图式应当世界中的“应当”相符合的时候，正如命题是真的，当它与真实世界中的事实相符合的时候。〔13〕根据哈贝马斯的理论，就不会出现虚假世界的难题。一个规范与一个描述性命题一样，都可以在理想言谈情境中被予以辩论，而且它的有效性可以被决定为正确的或不正确的。〔14〕这种处理诸规范的商谈被称为是语用商谈或（导向人类行动或决定的）实践商谈，它与理论商谈相对照，后者处理的是描述性命题的真。〔15〕

因为来自于不同文化、有着不同社会角色的人

---

〔13〕 参见第三章的讨论。

〔14〕 “Richtigkeit” 这一术语通常翻译成 “correctness”（正确性），尽管有时候可以被翻译成 “rightness”（公正性） 或者 “rectitude”（正直性）。

〔15〕 这种区分与康德、阿奎那（Aquinas）、亚里士多德以及其他人将理性分为“思辨理性”与“实践理性”的分类是相类似的。

48 们，有着不同的利益和价值，因此，可能有人会这样认为，这种发生在理想言谈情境中的商谈，也无疑会破碎成这些不同利益之间的相对立的断言。在这里，哈贝马斯引入了可普遍化原则。可普遍化是康德的定言命令（categorical imperative）的一个变体，或者也可以这样说，定言命令对于这种商谈的所有参与者都是可适用的，这就意味着，这些存在正确之可能性的规范，必须代表的是可普遍化的利益。一个能够获得所有人支持的规范，必然是这样的规范——每一个人都能够接受它的直接的以及间接的后果，因为它满足了每一个个体的需求。可接受性是其中的关键。

对于构成理性言谈情境的这些规则和程序，哈贝马斯支持它们的基础是什么呢？就这一点而言，我将只给出能够指明论证之方向的些许评论。[16] 哈贝马斯说，理性言谈情境的这些要求，是在所有的交往行为中都被预设的。当我们说话时，我们就进入了一个游戏，而且接受了这个游戏的规则。这些规则是有效的，因为它们的有效性是语言交往之可能性的条件之一。在这个意义上，它们是先验的。

〔16〕 下文将在对阿列克西的法律商谈理论以及对它的批判中，给出更完全的讨论。

对于用来调整关于规范之讨论的这些要求的证成，被阿佩尔称为“先验语用学”，被哈贝马斯称为“普遍语用学”。[17] 因此，商谈理论通过在语言交往的预设中寻找终极证立，而解决了明希豪森三重困境。[18]

必须承认，因为很多明显的原因，理想言谈情境是难以企及的。[19] 任何真实的言谈情境都因此是有瑕疵的。但是，根据它的支持者们的意见，理性言谈情境能够作为一个“调整性理念”来发挥作用，因此，能够作为对任何真实商谈进行塑造和批判的基础。哈贝马斯和阿列克西两个人都承认，理想商谈与真实商谈之间的区别。在真实商谈中，对于实践问题之解决方案的寻求，必须在有限的参与者、有限的缺少强迫、有限的言谈概念的清晰度、有限的经验资料、有限的角色换位的能力、有限的免于歧视以及有限的时间等诸多条件下进行。然而，理想的商谈是作为一个模型——真实言谈应当尽可能达到它——而发挥作用的。阿列克西进一步解释道： 49

〔17〕 阿佩尔与哈贝马斯的哲学进路之间有一系列的区别。因为篇幅所限，这里不能对它们进行讨论。对于二者的一个全面的批判（德语），参见 Herbert Keuth, *Erkenntnis oder Entscheidung*: *Zur Kritik der kritischen Theorie* (Tübingen: Mohr, 1993).

〔18〕 它就是阿尔伯特的悖论。参见第三章的讨论。

〔19〕 例如，有权参与这种商谈的人们还包括那些在未来出世的人。可否找到一个足够大的论辩空间也是一个难题。

> [商谈的] 这些要求可以把自己表达为理性讨论的规则。理性讨论的规则不仅仅像逻辑规则那样诉诸命题，而且还超越此点诉诸讲话者的行为。就这一点而言，它们可以被称作是“语用学规则”。遵守这些规则尽管不能保证一切结论有百分百的确实性，但依然可以把这些结论称为理性的结论。据此，理性与百分之百的确实性不应相等同。这一点突出表现了理性实践论辩理论之基础思想的特征。[20]

现在让我们再将注意力转移到商谈理论之于法律的适用上，这是罗伯特·阿列克西重要的贡献。[21]正如前文所述，阿列克西所试图证明的是，法律如何能够是理性的。但是，阿列克西所努力的并非仅仅是提供分析工具和逻辑工具，运用这些工具从既有条件到法律结论的论证就可以被解释和证成，这

---

〔20〕 Robert Alexy, *A Theory of Legal Argumentation*, 前引脚注 2, 第 179 页。(译文参考了［德］罗伯特·阿列克西:《法律论证理论:作为法律证立理论的理性论辩理论》, 舒国滢译, 中国法制出版社 2002 年版, 第 223~224 页。有改动。——译者注)

〔21〕 下面的讨论主要是建立在这些权威文献之上: Robert Alexy, *Theorie der juristischen Argumentation*, 2nd. ed. (Frankfurt: Suhrkamp, 1991); Robert Alexy, "A Discourse Theoretical Conception of Practical Reason", *Ratio Juris* 5 (1992), 210; Robert Alexy, "Idee und Struktur eines vernünftigen Rechtssystems", *Archiv für Rechts-und Sozialphilosophie*, Special Edition 44 (1991), 30.

大概也是在分析法学的一般领域中许多学者工作的一个主要部分。阿列克西更想寻求的是，去证明法律论证的前提本身也能够被证成。换句话说，存在法律规范的终极证立。因此，这又表明，法律商谈理论不仅能够证明法律可以是理性的，而且在这一过程中也界定了理性究竟意指的是什么。这种关于理性范围的广泛观点，是商谈理论与其他类型的分析法学之间存在深度分歧的标志。

阿列克西的出发点是要证明法律商谈是普遍实践商谈的一种特殊情形。首先，法律商谈要对法律的特殊规则和程序进行利用，它必须纠正普遍实践商谈的其中一个巨大缺陷，即它可能不会带来一个结论或合意。通过以某种方式对商谈程序进行制度化，以使其可以在一个合理的时间段内强制得出一个结论，如此法律体系就能够弥补普遍实践商谈的这个缺陷。更进一步来说，阿列克西指出法律讨论涉及的是实践问题，即什么是应当做的。当这些问题被讨论时，是与某种关于它们之正确性（公正性、正直性）的观点相关的，而且它们是在当前法律体系所特有的特定限制之下进行的。这并不意味着，这种商谈可以解释任何法律的事情。将法律作为事实的社会学研究或经济学研究并没有被包含在内，对法官、陪审员或者证人的心理进行的研究也不包

50 含在内。单单这一点，就在实质上将法社会学、法律与经济学以及诠释学理论与商谈理论区分开来。必须承认，许多“法律”活动，诸如逮捕罪犯、运营一个律师事务所或者作出一个特定案件之判决，都不直接涉及论证。在法庭审判的情形下也是这样，在这里无疑存在着某种交流的互换，但其中的讨论是如此的结构化，角色是如此的差异化，以至于它只能非常粗略地被界定为一种商谈。另外，所有的这些现象都与带有正确性主张的法律商谈有着间接的关联，而且如果不诉诸法律论证的话，它们很可能无法被理解。法律商谈理论的主张就是阐明法律生活的这一核心面向。

法律商谈的这些要求，如普遍实践商谈的那些要求一样，都可以表述成规则。阿列克西给出了一个 28 个规则的集合，并将其分为 7 个不同的组别。〔22〕 他总结性地将这些规则当作是两种不同类型：

> 与论证的结构直接相关的规则，在其中要

---

〔22〕 第一组规则是基本规则，包括要求一致性与诚实性的规则。第二组规则界定了说话者在商谈中的“权利”，包括参与论辩、对断言予以挑战、免于强制的权利。第三组规则是有关论证负担与衡量，一种更为技术性的类型。第四组规则确定了论证的形式。第五组规则涉及的是立场的证立。第六组规则是过度规则，即支配着商谈从实践类型转化为其他类型的规则。最后一组规则，支配内在证成与外在证成的规则。Alexy，*A Theory of Legal Argumentation*，前引脚注 2，第 297~302 页。

> 求的是：无矛盾性，在所使用谓词的一致性用法这个意义上的可普遍化，语言和概念的明晰性，所运用的相关经验性前提的真实性，论证的演绎完全性，后果的考量，优先性，角色交换或角色反转的假设，以及对道德确信的形成进行分析。〔23〕

在任何一个理性论证理论中，像这样的规则都极可能以这种或那种形式被找到。它们有助于保证所作出的论证是妥当的。但是，除了这些规则以外，商谈理论还会将另外一些仅仅与参与商谈相关的规则增添其中。它们的目的是保证论证的不偏不倚。

> 服务于这一特定目的的规则可以用“特定的商谈规则”来指称。最重要的有如下规则：
>
> （1）每一个能够表达自己观点的人都可以参加商谈。
>
> （2）①每一个人都可以对任何断言提出疑问。②每一个人都可以将任何断言引入到商谈之中。

〔23〕 Robert Alexy，“A Discourse-Theoretical Conception of Practical Reason”，前引脚注 21，第 210、214 页。［参考了张龑的译法，参见［德］罗伯特·阿列克西：论商讨理论中的实践理性概念，张龑译，载郑永流主编：《法哲学与法社会学论丛》（2016 年卷），法律出版社 2016 年版，第 86 页。——译者注］

> ③每一个人都可以表达他的或她的观点、愿望、需求。
>
> (3) 任何人都不能因为内在于或外在于商谈的强制力而被阻止行使其在 (1) 和 (2) 中所确定的权利。[24]

51 在商谈的过程中，通过遵循这些规则，规范的有效性或正确性可能会因为共识而达至。这样一个正确的规范拥有理想的道德有效性。

阿列克西将规范的证成分为两种类型。内部证成涉及的是对这一点的证明，即结论是从用来证成的前提推导而出的。从本质上来说这是应用逻辑的一种实践，阿列克西采用了现代符号逻辑作为工具，以便证明为了使内在证成是理性的而必须要满足的那些要求，这包括对假设的却没有明确表达的前提予以明确的表达。阿列克西说道：

> 在更为复杂的情形（案件）中，为了对法律判断进行证立，就需要……一系列的前提条件，这些前提条件不能够从制定法中引申出来。

[24] *Id.* [参考了张龑的译法，参见 [德] 罗伯特·阿列克西：论商讨理论中的实践理性概念，张龑译，载郑永流主编：《法哲学与法社会学论丛》(2016 年卷)，法律出版社 2016 年版，第 86 页。——译者注]

> 在许多情形（案件）中，初始规范并不是一个实在法规范。可演绎性的要求所产生的恰好是隐匿法律决断之创造因素的反面；那些不能从实在法中引申出来的前提完全充分地显露出来。[25]

外部证成涉及的是为论证的前提确立理性的基础。这些前提——无论是经验前提，还是法律前提，或者两者都不是的其他前提——都能够以多种不同方式进行证成。阿列克西提出了 6 组论证形式的分类：解释、教义学论证、判例、普遍实践推理、经验推理以及特定的法律论证形式。然后，他又分析了这些形式的论证各自应该如何被使用。

根据当前西方社会所逐渐形成的典型的统治结构，阿列克西认为，商谈理论可以在四个层面上被适用于法律领域。

> 第一步是建立在普遍实践商谈的程序之上的，第二步是关于官方法律创制的程序，第三步是法律学（juristic）商谈的程序，第四步是司法过程的程序。第二种和第四种程序，即官方

---

〔25〕 Alexy，*A Theory of Legal Argumentation*，前引脚注 2，第 228 页。（译文参考［德］罗伯特·阿列克西：《法律论证理论：作为法律证立理论的理性论辩理论》，舒国滢译，中国法制出版社 2002 年版，第 283 页。——译者注）

> 法律创制程序与司法过程程序，是制度化的……这种模型的意义就在于，这四种程序之必要性的分步建立的根据，也在于对于它们之间已经存在的关系的展现。[26]

在每一个层面上，实践商谈的这些原则都可以适用。为了得到理性的完全证成，我们应当从立法
52 前的层面（包括立宪前的层面）开始。在这里，统治程序与实质规范的正确性，将作为实际立法的准备事务来进行讨论。立法论证本身将遵循制度化的形式，以这些形式将特定的立法（以及宪法）条款提交讨论。在立法被制定之后，法律学商谈就会发生，也就是由学者和法律人就立法的意义和适用进行的商谈。最后，法院在特定案件中对他们的裁决进行证成的商谈，也是高度制度化的，这将最终完成商谈程序的适用。在这一过程中要进行验证的本质性要素并不仅仅是由规则构成的，还包括原则和程序。[27]

截至当前，我们的讨论还一直集中于罗伯特·阿列克西的作品，不过，尤尔根·哈贝马斯出版的

---

〔26〕 Robert Alexy, "Idee und Struktur eines vernünftigen Rechtssystems", 前引脚注21，第30、36页。

〔27〕 *Id.*, 43.

一本书《事实性与有效性》(*Facticity and Validity*)在这里也应当予以关注。[28] 显然是出于对这种批评的一种回应，即他的商谈理论与政治实践或法律实践不具有相关性，哈贝马斯通过这本书（以及其他作品）想要为基本人权、民主以及法治原则提供证成。尽管这本书属于政治哲学的范畴，一般来说它是我们在本书中所要努力避免涉及的内容，但考虑到阿列克西所作的补充性工作，这里将对这本书最为重要的论点依次给出简要的陈述。

哈贝马斯提出，现代政治理论主要集中于两个主题：自由主义与社会国家。这两个主题都是有缺陷的观念。自由主义，主要来源于约翰·洛克（John Locke）的理论，强调的是消极自由（人权以及对于市场经济的参与）；它退一步承认了政府的必然性以及对这些权利的某种程度上的侵害。民主或者通过多数决规则进行的自我统治，是一种优先选择的统治形式，因为它可以用来对因为过度的政府控制而对基本权利产生侵害的程度进行检验把关。当人权与政府以及法律的权威相冲突的时候，人权应当胜出。因此，民主过程的正当性从属于且来源于基本

---

[28] Jürgen Habermas, *Between Facts and Norms: Contributions to a Discourse Theory of Law and Democracy* (translated by William Rehg, Cambridge, Mass.: MIT Press, 1995). 德语原版：*Faktizität und Geltung* (1992).

权利的观念。但是，历史却显示，这一理论所主张的最小政府导致了这样的一个社会，其中有些人富有且有权势，而其他的人则贫穷而无助。在经济上来看，大鱼吃掉了小鱼。

另外，社会国家的理念则以其他方式解决了上述张力。每一个人类成员都享有的基本权利是一种积极的权利：通过政治过程获得自我实现，在这个过程中每一个人都是平等的且都能尊重他人的利益。这种通过民主过程获得的政治上的自我实现，带来
53 了一种宪法与法律制度，它不仅保障基本的自由权利，而且也保障工作的权利、休息时间的权利、住房的权利、身体健康的权利、安全的权利以及退休收入的权利。但是，如果个体的基本权利与这种制度的社会管控相冲突的时候，政府必然要胜出。因此，经济正义优先于个体权利。基本权利仅仅是法律创制的，而且是通过它们的民主来源才获得正当性的。但是历史显示，此理论所力促的这种社会国家，最好的情况也便是带来了某种让人窒息的家族式统治，而最糟糕的情况则会带来某种压迫式的威权统治。

那么，这里的难题便是：关于统治、人权与民主的这两大现代原则如何才能得以调和呢？哈贝马斯说，商谈理论能够提供答案。政治过程必须尽可

能接近理想言谈情境。如果它能够做到这种程度，那么，民主的自我实现与个体人权这两个理想都能够达到。在理想言谈情境中，所有的人参与的都是一种无私且公平的论辩，它本身就是对于民主政治过程的一种理想化。但是除此之外，这一过程的结果，以宪法规范和立法规范的形式展现，它们将能够保证对于人权的尊重，这是一个公正社会的必然要素。这是因为以如此方式得到的规范本身就是**正确的**。

实际上，哈贝马斯为这个古老难题带来了一个有趣的解决方案。[29] 作为通过商谈理论对宪法权利进行证成的一种有点不同的尝试，读者可以看一下阿列克西近期的一篇文章。[30] 在《事实性与有效性》一书中，哈贝马斯还讨论了政治学、法学以及社会学的许多其他面向的问题，但由于空间所限，这里我们就不能对其进行探讨了。[31]

---

〔29〕 这一论证在这里进一步继续：Jürgen Habermas，“Human Rights and Popular Sovereignty：The Liberal and Republican Versions”，*Ratio Juris* 7（1994），1；Robert Alexy，“Basic Rights and Democracy in Jürgen Habermas' Procedural Paradigm of Law”，*Ratio Juris* 7（1994），227.

〔30〕 Alexy，“A Discourse – Theoretical Conception of Practical Reason”，前引脚注 21。

〔31〕 尤其参见哈贝马斯对于女性主义的讨论。

批判与回应

在对法律商谈理论进行简短的概览之后，我们将指出在不同层面上反对它的一些主要的批判，并指出对这些批判所作出的回应。[32]

第一种主要的批判断言到，商谈理论家所赞同的那种理性观念，其本身在文化上仅仅是相对于西
54 方社会而言的。[33] 许多社会并没有在很广泛的程度上参与商谈所要求的那种论辩。社会功能的协调以及纠纷的解决，能够通过而且在某些社会中已经通过权威式的命令、诉诸（在西方意义上）非理性的权威或程序、建立在协商之上的第三方调解或者通过直接的谈判或协商完成了。在这些过程中，商谈意义上的论辩并不是必要的。实际上，在传统的远东文化中，人际之间的对抗被看作是负面的，论辩是某种应该被避免的事情。某些批判者也已经指出，英美普通法并不是理性的；这种说法无疑是符合部

〔32〕 参见 Herbert Keuth，前引脚注 17，有关对商谈的一般哲学理论［哈贝马斯、阿佩尔、库尔曼（Kuhlmann）］进行了具有洞察力和全面的批判。

〔33〕 这里所使用的“西方社会”或“西方文化”指涉的是从 16 世纪直到今日的开放发展的那种文化，它包括所有本质上保持有这种文化的社会，无论是否位于欧洲、美洲或者其他地方。

分事实的，尤其当理性所意指的是商谈理论对证成的彻底要求时。甚至在今天的西方社会中，论辩也常常会通过诉诸宗教权威、信念体系而被终结。商谈理论的“理性”是否可能正是另外一种这样的信念体系呢？

为了回应这种挑战，阿列克西将论辩称作是“最普遍的人类生活形式”，[34] 这就暗含着，所有的社会都会涉及它。尽管可以作出这样的主张，即一般而言，言谈是得到最广泛实践的人类活动，但它依然可以在经验上被人挑战，即“理性的”论辩是不是广泛到如此的程度。当然，这种论证并没有损害商谈理论作为一种西方传统尤其是法律传统的理性理论的那些主张。如果这种批判是正确的，那么，商谈理论家们，为了维护他们有关普遍性的主张，就必须表明，为什么用于维护生活事务的西方式的理性，要比其他社会中所使用的其他方式更为优越？

---

〔34〕 Alexy, “A Discourse-Theoretical Conception of Practical Reason”，前引脚注21，第220页及其以下。也可参见Alexy，*Theorie der juristischen Argumentation*，前引脚注21，第417页及其以下。

为什么“理性的”是更好的?[35]

55 对于商谈理论的第二种且相关的批判是，商谈规则的最终证立本身就是有缺陷的。[36] 对于这些规则的证立是这样才得以完成的，即通过将它们界定为是从言谈的“必然预设”中推导出来的。[37] 为了断言某些事情，有关断言如何作出以及如何能够作出的言谈规则就必然存在。我们不是在创造这些规则；相反，我们无法摆脱它们，是因为我们在学习它们，就像我们学习我们的自然语言一样，我们的

---

〔35〕 阿列克西在某个地方似乎承认了这种论证。“这些共相因为禁忌、传统或恐惧的存在在现实中很难显现出来。”很明显阿列克西所意指的是“禁忌、传统或恐惧”的消极含义。事实上，传统可以使不和与冲突（因此也包括论辩）减少到最低，它在社会中可以发挥非常积极的功能。他接着说道：“但是，只有当某一特定生活形式的参与者已经最终且完全丧失了提出这种问题的能力，即‘为什么?’的时候，此种共相才会完全地消失。正是因为这个原因，商谈规则界定的并不是某种特定的生活形式（文化），而是某种在无论任何一种生活形式中都具有有效性或相关性的东西，尽管这是在非常不同的程度上而言的。在这个意义上，商谈理论是为了人类现实之理性而具有的那些潜在特性的一个指征。”最后一句话可以这样释义：在这个意义上，商谈理论是非西方文化为获得西方式的“理性”特征而具有的那些潜在特性的一个指征。Alexy, “A Discourse-Theoretical Conception of Practical Reason”, 前引脚注21, 第221页。

〔36〕 也许并没有比康德的定言命令——一个在今天依然被许多哲学家所拒绝的命题的证立更为成功的了。

〔37〕 关于对哈贝马斯为其理论“进行证立”的努力所进行的一个有效批判，参见 William Fusfield, “Can Jürgen Habermas' ‘Begründungsprogram’ Escape Hans Albert's Münchhausen Trilemma?”, *Rhetarik* 8 (1989): 73.

自然语言就是超越任何个人或任何一组人的控制的。但是，这些预设能够带领我们走多远呢？

根据商谈理论的观念，断言是会提出隐含的真实性或正确性的宣称的“言语行动”(speech acts)。这种陈述是可以被质疑的；至少它们的基础并不清楚。但是，除此之外，也可以说“真实性或正确性的宣称随之附带着某种可证成性的隐含宣称”。[38]可证成性在这里所意指的是，作出用来支持所做论点的“理性”论据的意愿。当然，在经验上来说，这并不是大部分日常对话中出现的情形，也不是从某一断言的理念中逻辑推导出来的。可能更常见的情况是，某一断言所隐含的是对于教条或（对于那些持有真之符合论的人们）事实的诉诸；或者，实际上这种诉诸可能是一种假设或者暂时的立场，为了那些特殊的情况将它们作为有效的论据予以采纳(这是实用主义者可能主张的)。事实上，（某个命题或规范的）断言可以而且经常是在主观感觉和态度的基础上作出的。商谈理论所构想的通过这种理性论证所达到的证成，仅仅是一种要求而已，因为商谈理论家更喜欢这种证成。这是真的，即在西方法

〔38〕 Alexy，“A Discourse - Theoretical Conception of Practical Reason”，前引脚注21，第219页。

律思想的历史中，这种证成是传统的证成。但是，这样的思维一直被称为“法律主义”(legalism)，而且被批评过于狭隘了。[39] 对于理性论辩的坚持，似乎更多地取决于那些商谈理论家的偏好，而非任何被假设的语言规则。

也可以作出一个相似的论据来反对那些要求一致性的规则。在日常经验中，就其所主张以及相信的内容来讲，人类并不是一致的。这并不必然是因为愚蠢或者倔强或者缺少反思。我们的成长就是如此这般的，因此主观的态度与信念是根植于我们心
56 灵之中的。这些东西在特定语境中可能会相互冲突；但是，没有什么语言规则可以强迫我们放弃这些不相容的态度。[40]

在同样的论辩脉络下，我们也可以断言，可普遍化的原则包含了特定的西方价值。尽管我们的日常经验几乎完全地证明它是假的，但是，处在西方社会中的我们总是更可能认为，所有人都是平等的；它是我们信念体系的一部分。当我们面对着人类相异的那些无数方面时，我们就必须将这种主张限定

〔39〕 See Judith Shklar, *Legalism* (Cambridge, Mass.: Harvard Univ. Press, 1964).

〔40〕 这里之于日常经验的一个科学类比是，有关物理学中的光作为波或粒子的相抵触的图像。

在“道德平等”之上。定言命令和商谈理论的规则都坚持认为，这种道德的平等必须被遵循。不过，语言及其预设并没有为这一立场提供任何证成。两个人之间可以彼此相互说话，这一事实证明了某种特定的相互性，一种在任一个人身上都有的理解他人的能力，但从语言的用法中并没有蕴涵更多的内容。如果我们观察有文字记录的所有历史，我们就会发现，到目前为止，在大部分社会中，人们之间的不平等，不仅一直被保持着，而且在这个社会的思想中还获得了正当化，当然，这些社会也一直在通过语言交往对它们成员之间的活动进行协调。难道我们要假设这些社会中所存在的不平等是归因于语言的某种缺陷吗？历史也表明，（从上帝的视角来看）平等的理念是犹太基督教的教义，它被借用到西方社会的哲学话语与政治话语之中，而且是几乎没有批判地借用的。[41] 因此，很难接受商谈理论家们的这种立场：假设平等的可普遍化原则是由语言的预设所命令的。“那些志在表明正直标准之普遍效

〔41〕 事实上，这两种传统的民主政治理论和商谈理论所坚持的，不仅是假设某种道德平等，而且是每一个人都有平等的能力作出好的政治（与道德）决定。这种假设远远超越了对于每一个个体的平等道德价值的承认。一个貌似合理的可选方案是，道德决定与政治决定最好是被最聪明的人、最有经验的人、受过最好教育的人、最无偏见或无利害关系的人或者最忠诚于真理的人等诸如此类的人来作出。

力的努力，在今天已经不能让我们信服了。”〔42〕

上面提出的另一种形式的论据，可以根据“动机”(motivation) 予以表述。简单来说，商谈理论告诉我们，如果我们想要进行论证，那么，我们必须遵守那些导向成功的商谈规则。这好像是在告诉某人，如果他或她想要打网球的话，那么就必须遵守那些网球的规则。但是，如果某人不想打网球呢?我们很容易就能想到：在社会中享有某些优势地位(财富、权力或影响力) 的某个人或某群人，无法感
57 觉参与进对任一事情进行证成之商谈之中的需要。他们的交流，可能是由命令、威胁、恳求或者其他任何形式的可以被用来为他们的利益进行服务的策略性行为构成的。也可能是这样的，在特定社会中的弱势群体没有选择参与到商谈之中，是因为他们认为它没用。或者某一特定的宗教派别，可能会拒绝加入与外人进行的论辩，因为他们相信后者没有理解人类生存的真正基础。在所有的这些情况中，当事人都不想参加这个游戏。这种可能性已经使得阿列克西对商谈理论的主张进行了修改：“因此似乎是这样的，先验论据只能用来这样证成商谈规则的

〔42〕 Waldemar Schreckenberger, “Notizen über rhetorische Semiotik”, *Archiv für Rechts-und Sozialphilosophie*, Special Edition 44 (1991), 348, 350.

假设的有效性：无论在任何地方它们都是有效的，且在这个意义上商谈中存在着某种利益。"〔43〕他接着提供了一种实用性论证，任何一个人或一组人一直拒绝参与商谈，这通常并不符合他们的利益。

前面的这些批判，对商谈理论的先验或终极可证成面向进行了攻击。毫不奇怪，另一种不同类型的论点是由康德主义者提出来的，他们断言，商谈本身就是非常必要的。〔44〕如果某个个体接受了康德的定言命令："你要仅仅按照你同时也能够愿意它成为一条普遍法则的那个准则去行动"，那么这个个体也必须将其他人的利益考虑在内，也就是说，人们必须将自身置于所有其他人的位置之中。因为此一原因，这个"法则"是普遍的。在商谈理论之下，每一个商谈的参与者也都必须进行这种精神上的角色互换。但是，如果某人可以独自（独白式的）做到这一点的话，那么为什么还需要某种商谈呢？将这一论据向前再推一步，让我们假设商谈已经发生了，而且确认了一个规范的效力。如果某个个体后来想要知道商谈规则，包括有关角色互换的规则是

〔43〕 Alexy, "A Discourse - Theoretical Conception of Practical Reason", 前引脚注 21，第 221 页。

〔44〕 这便是阿列克西所讨论的恩斯特·图根德哈特（Ernst Tugendhat）的论证：Robert Alexy, *Theorie der juristischen Argumentation*, 前引脚注 21，第 404 页及其以下。

否被遵守了，那么这要如何才能予以确定呢？要么我们必须首先独白式地做康德主义者将会做的，要么我们就无法知道这种商谈是否被正确地引导了。如果是前者的话，那么为什么商谈是第一位呢？用更广泛的方式来讲，商谈理论究竟为康德式的道德增加了什么内容呢？

阿列克西以两种方式回应了这种反对意见。[45] 首先，他说道，为了对其他人的道德自主性给予完全的承认，将所有的商谈参与者都纳入进来是必要的。这并没有使这一问题变得更加清晰，即为什么康德主义进路不将这种自主性纳入考量。其次，阿
58 列克西说道，处于商谈中的人们常常有着必须予以权衡（balanced）的相冲突的利益。通过权衡，他大概意指的是，有关各方有意愿站在承认彼此双方的一部分利益的立场之上。因为并不存在可以用来测度这种“权衡”的客观标准，于是它在本质上就变成了一种合理妥协（reasonable compromise）的问题。一个个体独自努力去调和其他人的与之相冲突的利益，其并没有理性的指引，因此也无法开始进入或规划某种妥协。因此，根据阿列克西的观点，在这种情境中，为了提供达成妥协的机会，商谈是必要

〔45〕 *Id.*

的。这句话对上述反对意见的回答是有意义的，但它却提出了一个更为严重的问题，这个问题将在下一个批判的脉络中进行讨论。

这种反对意见断言的是，商谈理论曲解了正确性（公正性、正直性）的观念，且因此提供的是一种人为创造的理性概念。为什么应当由从商谈中得来的共识来决定正确性，而不是由明确的命令来决定？正如上文所述，共识可能涉及的是一种妥协，而妥协是谈判的结果，在那种符合某种标准的常规意义上不可能是公正的（正确的）。共识本身不可能是一种标准。当规范之间相互矛盾的可能性被考虑进来的话，这种反对意见就又获得了一些新的意义。阿列克西承认，商谈程序可能最终导致规范 N 和规范非 N 都是正确的（就此取得了共识）。〔46〕这似乎与任何一种正确性的观念都是相悖的。因此，这种论点便出现了，即正确性是为了符合上述理论的需要而人为界定的。阿列克西对此的回答是，这种正直性（正确性）作为一种“调整性理念”具有绝对的意义，而且唯一正确答案总是应当被寻求的，即使在现实的商谈中并不总是可以期望这一点。〔47〕除

---

〔46〕 Alexy, “Idee und Struktur eines vernünftigen Rechtssystems”, 前引脚注 21，第 34 页。

〔47〕 *Id.*

此之外，法律商谈还会利用制度性的限制来改善普遍实践商谈的缺陷，以使得相冲突规范的难题不太可能成功。但是，这种回答是不是充分的依然要打上问号，因为阿列克西要说的是，所有层面的法律商谈都可能不得不去诉诸普遍实践商谈的帮助。〔48〕相冲突规范的难题因此成为另一种反对商谈理论之论据的基础，或者更明确一点来说，成为修正商谈理论的基础。这种论据来自于克劳斯·京特，他坚持认为，在法律的适用中，商谈理论无法独立带来
59 结论。〔49〕他观察到，已经通过商谈理论获得正当化的多个“有效”规范，在特定语境中会陷入冲突之中。这种“相碰撞规范”的难题所要求的是另一种程序技术，他称之为“适用商谈”(application discourse)。适用商谈所寻求的是，在那些有效的规范中，发现调整某一个案件的“妥当”(appropriate) 规范。发现妥当性的主要方法便是采用一种融贯性理论，根据这个理论，诸多可能的规范要通盘考量进

---

〔48〕 Alexy, *Theorie der juristischen Argumentation*, 前引脚注 2, 第 291 页。

〔49〕 See Klaus Günther, *The Sense of Appropriateness* (translated by John Farrell, Albany: State Univ. of New York Press, 1993). 德语原版: *Der Sinn Jür Angemessenheit: Anwendungsdiskurse in Moral und Recht* (1988). See also Klaus Günther, "Critical Remarks on Robert Alexy's 'special Case' Thesis", *Ratio Juris* 6 (1993), 143, and Alexy's reply thereto in "Justification and Application of Norms", *Ratio Juris* 6 (1993), 157.

行评价，而且那个被发现具有妥当性的规范是与其他的那些公认的文化规范最为融贯的。当然，上述内容仅仅是对京特理论的一个极为简短的概览性描述。但是，这是非常有意义的，即京特发现，我们有必要从那种通过商谈达成共识以完成证成的方法，转向到另一种关于融贯性的方法上来。根据他的这种观点，作为一个实践理论，法律商谈理论整体上崩溃了，除非其获得适用商谈的补充，后一种商谈很显然并没有涉及共识或商谈理论的那些规则。

最后，我们将来到实证主义（分析法学）与商谈理论之间的重要争辩之中。〔50〕这里应当指出的是，阿列克西的目标和实证主义的目标有着很大一部分相互一致的区域。两者都想要使法律成为理性的，两者都关切法律过程中的任意性，而且两者都寻求运用逻辑分析和语言分析来阐释和说明法律裁决。但是，实证主义者将他们的活动限定在实在法体系之上，而阿列克西将商谈适用于从个别的法律裁决一直到道德原则的最终根据之中。阿列克西对实证主义作出了两个重要的批判。第一，他认为，实证

---

〔50〕 这个问题是阿列克西这本书的主要议题，参见 Alexy，*Begriff und Geltung des Rechts*，前引脚注 4。

主义没有提供对法律体系“进行证立”的方式。[51]因此，法律成为某种自由漂浮的规范体系，规范的效力只能是被假设的——一种非理性的立场。第二，他主张，一个充分的法概念必须包括正确性的属性，因此，也就要求法与道德之间的某种必然关联。

当然，证立的问题只是对于那些感觉有必要去寻找像阿基米德支点那样的智识上的保证（intellectual security）的人，才是一个难题。很少有人愿意认真地就网球规则是如何“被证立的”进行发问。然而，同样的智识难题还是会涉及。对于实证主义者而言，[52]有关证立难题的答案，之于网球规则来说，和之于法体系是一样的。这些规范结构（法律规则与网球规则）已经在历史中给予我们了；它们是我
60 们所继承的文化的一部分。这并不是说，我们不能通过集体的努力去改变网球规则或法体系，也不是说，我们不能通过我们所希望的某种标准对它们进行评价。但是，改变这种游戏的规则和发明一种新的游戏之间存在着某种重要的区别。不能要求我们去重新改造所有的法律规则；它们就在我们的面前

〔51〕 阿列克西将其最多的注意力投在凯尔森版本的实证主义之上。凯尔森本人说，基础规范必须是“被预设的”。

〔52〕 至少对于 H. L. A. 哈特的实证主义版本来说，参见 H. L. A. Hart, *The Concept of Law* (Oxford: Clarendon Press, 1961).

而且必须——希望是理性地——予以处理。处理它们的难题，或者更明确地说，是理解和使用它们的难题，与那些我们在日常生活中所遇到的无数的关于其他规范体系的问题一样，并不必然要涉及终极证立的问题。

当然，有着对法律体系“进行证立”的诸多方式。自然法理论坚持这一点。阿列克西与哈贝马斯的带有康德主义特征的研究进路，也同样要求这一点；但这是因为他们坚持认为，法律中存在某种道德要素。因此，证立问题以及法与道德的分离问题是相互缠绕在一起的。它便成了一个有关谁的定义更有用的问题。

阿列克西主张，法的概念不仅应当被界定为是包括正确性观念的，而且除此之外它无法以其他的方式被充分地界定。跟随拉尔夫·德莱尔的观点，他的重要证明是通过给出一系列关于不正义的法律的例子建构的，这些例子证明，一个不合法的法律是不可能合法的（a non legal law cannot be legal）。这似乎涉及一种语义的混淆，这种混淆可以追溯到对于不同定义的使用之上。尤其是阿列克西所使用的那个例子——在一群盗匪中，非法律如何才能成为法律（how non-law can become law）——似乎就显现出了一种根本的混淆。他声称，强制性命令可以变成法律，如果正确性因素被增添其中的话，也就是说，这样的命令就带有“合法性”(legality)，如果那些发布它们的人，以及那些它们所要对之施予强力的人中的一部分，都认为它们是正确的。但是，人们对于法律的态度，实际上是一个经验性问题，是由心理学或社会学所处理的问题。毫无疑问，正如H. L. A. 哈特所主张的那样，法体系中的许多规则都已经被那些在其中行事的人内化了。这和网球规则已经被参与这一游戏的运动员所内化了是一样的。对于网球运动员而言，承认这一点是可能的，即这些规则可以运作地非常好以至于这个游戏是值得参与的，即使没有将道德正确性的观念引入到这一游戏之中。内化并没有带来任何将道德规则与法律规则或网球规则进行区分的理性难题。

阿列克西还采纳了罗纳德·德沃金的论据，即实证主义者无法说明法律中的原则（与规则相对立)，因此给出的是一个不完全的说明。对实证主义来讲，这是一个重大的反对意见。

但是，阿列克西给出的是一个与德沃金不同的解释。对于德沃金来讲，在司法裁决中使用的原则，属于特定社会中的规约性政治道德及其法律传统。对于阿列克西而言，这些原则必须负有真正的道德效力，也就是说它们必须是道德上正确的。在法律

规则的正确性与道德规则的正确性之间并没有任何
区别。对于阿列克西来说，法律正确性意指的就是 61
道德正确性。他主张，当某个法官在他的裁决论证中使用了某个原则的话，那么对于这个原则他就做出了一个正确性宣称。正确性宣称蕴含着可证立性（能够被证实）的宣称。〔53〕这就将我们带到商谈的证立过程之中，并终极地（且理想地）带往绝对的道德立场之上。作为比较，实证主义者通常将这些法外原则看作是从规约性道德之中得来的。〔54〕

阿列克西坚持认为，以一种忽略正确性要素的方式对法律进行界定，这是不可接受的。这样做的理由很简单。和他的那些自然法先驱们一样，他认为，法律应当是在道德上证立的，这一点是关键的。因此他坚持一种包括正直性且因此能说明正义性的法律概念。所以，阿列克西的理论已经不仅仅是一种关于理性的理论了，它也是一种正义理论。

那么，对于商谈理论，我们将要发表什么样的看法呢？很明显，它是一种理想的商谈理论，因为它是不可能的，又只是一种充满了雄心壮志的模型

---

〔53〕参见Alexy，前引脚注4，第132页。

〔54〕为了对法实证主义进行辩护，而对阿列克西攻击的反驳，参见Norbert Hoerster，“Zur Verteidigung der rechtspositivistischen Trennungsthese”，*Archiv für Rechts-und Sozialphilosophie* 37（1990），27.

而已；实际上截至目前，它依然停留在抽象的、乌托邦的王国之中，以至于它并没有为那些法哲学问题提供任何有用的答案。现实的商谈理论处于理想的商谈理论的阴影之中，而且在这个意义上，它没有满足理想商谈理论的那些要求，因此它失去了自己的力量和正当性。但是，尽管已经提出了许多反对它的意见，不少读者还是感觉到，诸如阿列克西所表述的那些法律商谈规则，依然有着相当重要的意义。它们似乎认真理解了法律的理性难题。他写下了一个公平论辩的法典，尽管它的基础是有问题的。他的主张似乎在更为传统的分析框架或修辞学框架中是有用的；但是，整体来说，这个理论想做的实在太多了。正如前面所指出的那样，最终证明，它既是一种正义的理论，也是一种理性的理论，正是这一面向似乎成为这一理论的最弱一环。正如早先的自然法理论那样，它所要求的是一种在道德向度上成为让人信服的理论的信念跳跃。

很久以来我们就已经知道，一个很乐意对某些问题进行论辩的合议庭与一个独任的法官，哪个更容易得出更好的决定。法律商谈理论是否能够告诉我们比这更多的东西呢？

第5章　修辞学理论

瞧，在今天哲学以言语怀疑论结束的地方，修辞学 62
已经开始了。

——奥特马尔·巴尔韦格〔1〕

背　景

在德语法哲学中，这里被命名为修辞学理论的当代运动，开始于1953年特奥多尔·菲韦格《论题学与法学》（*Topics and Law*）的出版。自从那个时候，许多学者就开始探讨菲韦格的观点，并且开始

〔1〕 Otmar Ballweg, "Semiotik und Rhetorik", in *Rhetorische Rechtstheorie*, ed. Otmar Ballweg and Thomas Seibert (Freiburg: Alber, 1982), 31.

扩大这一主题。尤其要指出，在美因兹大学，围绕着菲韦格以及后来的奥特马尔·巴尔韦格与彼得·施耐德（Peter Schneider），一个小的思想“流派”建立起来了。

修辞学曾为古希腊的智辩学派（Sophists）所实践。在亚里士多德的《修辞学》（*Rhetoric*）和《论题篇》（*Topics*）中，曾经在哲学上对它进行过分析，罗马法学家西塞罗（Cicero）又进一步进行了调整和简化。修辞学理念为许多中世纪的学者继续求索，并在18世纪早期由詹巴蒂斯塔·维柯（Giambattista Vico）再次复苏。19世纪末，弗里德里希·尼采（Friedrich Nietsche）的作品也同样反映着某些类似的观念。当前的思想受到了符号学（semiotics），尤其是查尔斯·威廉·莫里斯（Charles William Morris）作品的影响，而且在19世纪中期，修辞学又被语言学家沙伊姆·佩雷尔曼和诺姆·乔姆斯基（Noam Chomsky）进一步推进；早期的批判——已经证明对德国的辩论起到了有价值的作用——是由弗朗茨·维亚克尔（Franz Wieacker）和约瑟夫·埃塞尔提供的。接下来的讨论主要是建立在奥特马尔·巴尔韦格[2]、沃尔夫冈·加斯特（Wolfgang Gast）[3]以及菲韦格[4]本人的作品之上的。

目　标 63

修辞学理论本质上是一种怀疑论者的理论。这种怀疑论者是指这样的一批人，他们拒绝接受那些以不变的道德原则来支持法律之“终极证立”的抽象性论据，或者否认法律商谈可以通过经由论辩所锻造的共识而被证明是“理性的”，或者否认可以通过符号逻辑的技巧对法律的确定性进行严格证明。简而言之，这种怀疑论者是那些认为法律不能被转变为道德或几何学的人。[5] 支持这样一种立场的论据在于，历史显示那样去做的人都失败了。

> 法律修辞学理论……所主张的首先是，对法律论证过程的每一次参与都持有一种怀疑论

---

〔2〕 Ballweg，前引脚注1.

〔3〕 Wolfgang Gast, *Juristische Rhetorik: Auslegung. Begründung, Subsumption*, 2nd. ed.（Heidelberg: Decker, 1992）.

〔4〕 Theodor Viehweg, *Topics and Law*（translated by Cole Durham, Frankfurt: 1993）. 德语原版: *Topik und Jurisprudenz*（1953）.

〔5〕 See Heino Garrn, "Zur rechtspraktischen Bedeutung einer Theorie der juristischen Rhetorik", *Archiv für Rechts-und Sozialphilosophie*, Special Edition 44（1991）, 96, 102.

> 的基本态度。这样一种怀疑论的基本态度，在实践修辞条件的意义被满足的所有地方都可能遇到。但是，在这里，怀疑论并不意味着……也放弃了对于实践的影响。相反，人们认为，从相反的推动力来行进的怀疑论，似乎很适合对实践产生有用的影响。〔6〕

我们的怀疑论者因此并不是一个完全的怀疑论者。他们可以拒绝将法律转变为一种体系或者使它变成科学的或者将它“建立”在客观正义原则基础之上的那些多样化的努力，但他们依然承认法律在社会中存在，依然承认一种非常真实的且可以教习的实践一直在继续——这需要智识的技巧，依然承认法律实践者可以运用理论家的帮助——这些理论家将他们在做着什么以及他们应当如何去做展现给他们。修辞学理论拒绝了更为宏大的道德和科学，而是去努力实现后面的那些目标；它的进路是去对法律辩论进行说明，即它是如何利用各种论据和观点的数据库带来合意和决定的，也就是说，如何能够事实地创造法律。法律修辞学理论的基础性根据在于法律的实践。它是一种关于实践的理论。它的

---

〔6〕 *Id.*, 101.

目标在于报告律师们和法官们的工作。

因此，为法律寻找一个道德基础并不是修辞学理论的对象，实际上探究法律与道德的关系也不是它的对象。自然法理论，或者将法律的终极证立建立在道德之上的理论，因而在这里并不相关。我们也不应该期望，它会探究科学方法之于法律的适用。修辞学家关注的只是修辞学方法。这就排除了对于法律之行为面向的考虑。虽然修辞学理论只关注从其自身视角对于法律语言的分析，但是它却并不寻求从实证主义或者分析法学的立场去分析术语与概念，修辞学理论认为这是从根本上就误入歧途的。 64

主要的理念

那么，修辞学理论的主张又是什么呢？第一项构成要素则是情境思维的理念。情境围绕着一个难题，在法律修辞学理论中，则是围绕着一个法律难题。修辞学的起点往往是分歧或疑问。这里有一个难题所意指的便是，关于在这一特定情境中法律是什么，存在着或者可能存在着观点的分歧。修辞学家承认，毋庸置疑地存在这样的情境，在其中，关于法律是什么并没有任何合理的分歧。[7] 这一点仅仅意味着，每一个对此事项发表观点的人都达成了相同的意见。如果某人被要求说明在某个点上法律是什么，那么这个人将给出理由，也就是给出一种论据且其他人同意这个论据是强有力的。但是，如果在某些情境中，需要法律人的专业意见来表明法律是什么，那么这个事项就或多或少是存有疑问的。这种具体的难题情境才是修辞学实践得以开展的起点。“这里提出来的最重要的要点是，［修辞学］是特定的思维艺术，它总是以一个难题为导向的。”[8]

第二项构成要素是论题或者论据编目（catalogs of arguments）的观念，为了寻求使他人的意见与自己的意见相一致的方式，修辞学家要求助于它们。这些编目可能具有不同层次的一般性（generality）；它们可能包括道德的、法律的或政治的规范与价值；它们也可能包括程序的考量或者诉诸一致性、历史或正义。它们为有关特定情境的论证供应前提。这里重要的是这样的事实，在不同的论题之间并不存在必然的逻辑关联。这个编目可能是一个杂货包。当然，并不是所有的东西都可以用来作为法律论证

〔7〕 参见 Gast，前引脚注 3，第 4 页。

〔8〕 Viehweg，前引脚注 4，第 9 页。

的基础；不过，除了在制定法和先例中所能找到的正式的法律素材之外，依然还有一系列论题可供法律人使用。

这就提出了一个有关法律的道德或法律“基础”的问题。由对于相关论据的一种利益导向的选择所支持的法律，如何才能是正当的呢？修辞学家会径直指出，这样的问题蕴含着修辞学理论所拒斥的那类思维。它假设存在一种对法律裁决进行正当化的终极原则或程序。这样的思考路线，可以基于很多理由而被拒绝，其中最为显著的理由是，法律理论家想要证明这种假设的（或者根据推测建构的）终极原则与法律决策的日常运作之间存在关联的努力，在过去都失败了。但是，修辞学理论承认，对于逻 65
辑的运用假定了某些出发点，论证的实效性将部分依赖于那些初始前提的说服力。是什么使得它们具有说服力的呢？一旦我们拒绝终极原则之必要性的假设，对此的回答就非常简单。

正如亚里士多德很久之前就已经指出的那样，法律论证的起点在于某个社会在某一既定时间被当作是不证自明的那些真理。[9] 这里所使用的“真理”，意指的是有关事实（本体论命题）是什么以及应当是什么（规范命题）的两种解释。这些真理可能在历史上来说是偶尔发生的，但在既定的时间内，社会上的大部分人都毫无疑问地接受它们；因此，它们才适合用来作为论证的基础。当然，在适用于某一法律难题之解决的地方，任何真理本身可能也会被挑战、被争辩。法律论证的研究，正如它所实践的那样，确认了这样的观点。终极证成永远无法寻求；而论证的坚固基础在任何地方都可以找到。

第三个紧密关联的构成要素是这样的理念，即法律是一种关于意见的问题，尤其是关于法律共同体的意见。写在书本上的制定法（在外行人眼中的“法律”）无法自我施行，也无法为每一个语境提供毫不含混的且万古不变的意义。那种意义是必须使用法律的人们所提供的；因此，对于法律是什么来

---

〔9〕 Garrn，前引脚注5，第106页。亚里士多德将这些自证的命题描述为那些“在一切人或多数人或贤哲们看来真实，亦即要么在贤哲们看来真实，要么在全体人或多数人或最负盛名者或最受尊重者看来真实的”的命题。Viehweg，前引脚注4，第9页。（译文参考了［德］特奥多尔·菲韦格：《论题学与法学：论法学的基础研究》，舒国滢译，法律出版社2012年版，第14页。——译者注）

讲，律师和法官的意见优先于正式渊源。〔10〕“实在
法总体上看是一系列有实际效果的观点。”〔11〕这种
观点有着某些有趣的意涵。它意味着，抽象意义上
的法律没有意味着其他太多的内容；这又进一步意
味着，在具体的情境中法律可能是未决的，当其中
有着看起来负载着同等说服力量的相互竞争的论据
时，它依然是未决的，因为在法律共同体中就这一
事项没有任何被普遍接受的意见。〔12〕一个进一步的 66
后果是，法律“现实”并不等于官方正式的法律，
它也不等于“法院要做”的事情。〔13〕后者更为接
近，但却不能从法官与律师的多数基本**意见**中推
出来。

就此而言，我们应该注意到这一点，修辞学家的这种主张，即修辞学的观点是与某些假设相抵触的，这些假设位于我们讨论法律所使用的语言之中。

---

〔10〕读者将会注意到这种视角与美国法律现实主义者的视角之间具有相似性，这并不是完全偶然的。See Bernd Oppermann, *Die Reception des nordamerikanischen Rechtsrealismus durch die deutsche Topikdiskussion*, doctoral dissertation, Frankfurt University (1985).

〔11〕Gast，前引脚注 3，第 5 页。

〔12〕在普通法中，遵循先例（*stare decisis*）的学说（作为额外的一个理由或论证）用来在具体情境中对某种法律意见进行确定或给予权威；但是，普通法的学生们都知道先例常常不能对未来的法院裁决进行限制。

〔13〕See Katherina Sobota, *Sachlichkeit: Rhetorische Kunst der Juristen* (Frankfurt: Peter Lang, 1990), 20-21.

第一个这样的假设是，存在一种真的或正确的法律版本，但它可能只有在某些情况中才能被认识清楚。这是这样一种理念，即“法律”必须被法院无偏私地发现和适用，不能受到主观观念的影响，不能运用不融贯的政治论据，不能注入特定组群的道德。对于修辞学家而言，法律论证为特定的法律难题提供了多种多样的可选择的解决方案；这些方案拥有不同程度的似真性。某些解决方案看起来比其他方案更好，但没有任何一种方案可以被标注为唯一正确版本，或被鉴别为唯一正确版本。被相关受众所接受的那个版本是权威的（“真的”“真实的”）。另一个假设是，某个提供法律意见的人——某位法官或者法律专家——被期待为其受众提供真正的启发；他被期待说出真理。作为与实在相符合的陈述这个意义上的“真理”，或者逻辑地建立在体系公理之上的规范，是不可能得到的，因为法律世界的实在是意见的实在。[14] 使用德语常用的术语来说，意见不具有真理性（truth-capable，*wahrheitsfähig*）。意见的妥当性是由论辩来支持的。

将这些因素考虑进来的话，我们就能以一种简

---

〔14〕 一个与此相关的假设是，在法律意见中所使用的自我反射的语言（“根据法律规定……”）是由或应当是由真的陈述构成的。根据修辞学者的想法，这也是假的，因为法律不是被发现的而是被建构的。

单的形式，展现出修辞学理论对于法律过程的看法，或者对于法律人所专门关注的那一部分法律过程的看法。在某个法律难题——有关法律的分歧——出现的地方，接受过法律训练的不同行动者都会提出支持这个难题之解决方案的论据。基于他们的立场，他们可能会为特定的利益而争辩（就参与各方的代理人或谈判代表而言），或者他们也可能会力求不偏不倚（就法官或者法律的评注者而言）；因为根据他们的训练以及社会的惯习，他们一般都知道什么类型的理由对于听者是可接受的。他们会使用在他们的编目中他们相信可能成为最有实效的论据的那些东西。他们努力将其他人关于待决事项（当然是与语境相关联的）的意见与他们自己的理解进行比较，意见的一致性便是要寻求的目标。支持这个方案或那个方案的论据，可能成功也可能失败；如果成功了，合意便达成了。这种合意并不需要负载有真诚
确信的力量；即使带有相当的怀疑，它也可能达成。 67
这里浮现出的（或多或少）取得共识的意见，并不是某些形式的客观真理，而是根据论据作出的一种**构造**（construct）。论证的交流过程并不产生知识（knowledge，*Erkenntnis*），而只产生合意（agreement，

Einverständnis)。[15] 通过这种过程，法律本身就被创造出来了。法律实在是论证过程的产物。

是否存在任何理由去相信如此创造出来的法律是“正确的”或“公正的”或者是有着正当性宣称的？这样的问题，可能需要求助于正义的一般理论或者法律证成的理论，才能得到回答，但是我们已经指出，修辞学家拒绝这样的进路。不过，人们提出了一个可以达成这样效果的实用性论据，即关于在某个时刻最终胜出的意见（且因此是法律）是对相关选项进行衡量的结果，而最好的选项被选择出来了。[16] 因此，最终获胜的论据代表了对于这一问题的最好想法，它是共同智慧（可以在论题学或编目中找到）提供的财富。[17] 在非常有限的意义上，法律结果可以被说成是正确的或公正的。当然这种有关证成的理论与下述英美的观点是类似的，即对抗制法律程序非常适合用来找出真理和公正。

而且，这样就说明，论辩与共识处于修辞理论的核心，正如它们也处于商谈理论的核心一样。但是，这两部分在许多方面都可能合作。对于商谈理

〔15〕 Gast，前引脚注 3，第 9 页。

〔16〕 修辞学理论在这里表现出它与批判理性主义的亲缘性，不过它无意成为“科学的”理论。

〔17〕 参见 Garn，前引脚注 5，第 102 页。

论来讲，原则上存在一个正确答案；修辞学理论承认有多个似真的解决方案。商谈理论假设了根据商谈规则进行的无偏倚的、体系的、严格逻辑的论辩；修辞学理论承认论证的起点和方法都具有弹性，并且允许基于利益的论据来塑造最终的合意。商谈理论将论据看作是从上而下运作的，也就是，从抽象到具体；修辞学重视从特定的难题情境出发。可能最为重要的是，商谈理论坚持一种总体的理性，这样的话，法律结论就能够逻辑地建立在这个体系的更高规范之上；修辞学拒绝了这样建立根据的可能，并将这样的规范仅仅看作是论证的潜在根据而已。

在修辞学的一般领域中，看起来有一系列不同的变体。某些修辞学家志在于为法律实践提供智识上的帮助，他们关注的是对于实际论辩的分析，如同它们在专业领域所实际运作的那样。这可能会采用传统的形式；例如，那些高度重视文本对于学生 68
和实践者之作用的人们，他们会从修辞学的视角，努力说明传统的制定法解释方法、多种类型的论证［诉诸人身(*ad hominem*)、诉诸荒谬(*ad absurdum*)］、类比、涵摄、定义等。〔18〕 其他理论家则利用大家周知的符号学这一更为复杂精细的研究进路，在其中，

〔18〕 例如，参见前引脚注 3 加斯特的这本书。

交流是根据记号的使用者、记号与被标记者以及它们相对应的关系进行分析的。[19] 某些专家也会主张，“法律与文学”运动可能是从修辞学理论中推衍出来的。[20] 另一些人运用修辞学理论是要表明，商谈中的“事实性之问题”(matter of factness) 是法学家的关键技艺。[21]

这似乎是很清楚的，当这种修辞学进路被采纳的时候，对于法理学来讲，许多新的问题便出现了：论题学如何在民主社会的话语中被使用？在法律讨论中，体系性理性能否找到一种更为现实的（且谦逊的）角色？论题学如何能以一种有益的方式被分类与阐述？法律教育应当如何被制度化、如何被提供？抽象化、理性、权威、类比、传统、说服的心理学等在法律论证中有着什么样的角色？即使修辞学进路可以容纳多种变体，然而它在实质上还是不同于诸如法社会学、系统理论、法实证主义、自然法以及商谈理论等其他法学进路；它是与法律实践最紧密关联的理论，也可能是让实践者最受益的理论。

---

〔19〕 参见 Ballweg，前引脚注 1。

〔20〕 Peter Schneider，“Jurisprudenz，Utopie und Rhetorik”，*Archiv für Rechts- und Sozialphilosophie*，Special Edition 44 (1991)，337-338.

〔21〕 参见 Sobota，前引脚注 13。

批判与回应

对于修辞学理论的一个显然的批判是，它并不努力回应法理学在历史上所关注的其中很多议题。它没有努力解释法律有效性如何依赖于道德原则。它也不试图去确定法律的自主性。它不讨论历史发展的问题，也不处理正当法律体系的问题。简言之，它没有就正确的问题发问。对于这种反对意见，修辞学家的回答具有两个面向：前述议题中的某些议题留给了其他学科进行解决，而且那些问题中的某些问题假设了某些思维框架，这些框架无法通过修辞学理论的怀疑论视角，也就是说，这些问题是一缕青烟，哲学家已经追逐了几个世纪，却并没有任何令人满意的洞见。

在其中，后一种问题是法律的正当性难题，也
是法律体系的终极证立的难题。正如我们所指出的 69
那样，修辞学家对这样的事业表示怀疑：

> 这些人［新康德主义者］对正确标准的普遍有效性进行表述的努力，在今天已经不能让我们信服了。毫无疑问，在康德的法律与道德哲学中，可以再次发现他那个时代的常见理念

> 以及不断上升的中产阶级的要求，这并不是偶然事件。新康德主义最终可能被当成了中产阶级世界的一种学术宗教。[22]

进一步来说，修辞学家所主张的是，这样的理论是对于时间和精力的浪费，因为它们既不为人需要，也不具有实践价值。[23] 抽象证成是不被人需要的——因为在任何社会已被接受的智慧中，都存在着法律论证的各种充分基础，[24] 而且它对法律实践没有任何价值，因为它处理的是抽象问题，与法律的真实难题相距太远了。“法律理论与道德理论看起来对社会几乎没有任何直接的影响力。”[25] 正如某位学者所说的，法律论证的实际难题，并不在于对规范的有效性进行验证这个方面，而在于在诸多相竞争的有效规范之间进行选择，对有实效的证成性论据进行塑造，以及在特定案件的语境中达至从惯习上可接受的结论。

---

〔22〕 Waldemar Schreckenberger, “Notizen über die rhetorische Semiotik”, *Archiv für Rechts- und Sozialphilosophie*, Special Edition 44 (1991), 348.

〔23〕 *Id.*, 350-55.

〔24〕 *Id.*, 349; Garrn, 前引脚注5，第105~106页。

〔25〕 Schreckenberger, 前引脚注22，第349页。美国学者作出的一个在基本方面相同的论证：Stanley Fish, “Dennis Martinez and the Uses of Theory”, *Yale Law journal* 96 (1987), 1773.

对于修辞学理论的第二种批判是，它是反理性的、反科学的而且也可能是反智识的。这种论据采用了两种形式。首先，它所主张的是，理性论证预设了一个体系、一个框架或者结构，论证是在其中发生的。因为修辞学理论拒绝了整体的体系理念，它必然是反理性的。[26] 商谈理论家以及更多的惯习分析理论家都将一个整全的法律秩序看作是必然的，在其中这个体系的规范是不能相互矛盾的。在他们的观点中，理性意味着整个秩序的各种条款的一致性。对此，修辞学家的回答是，这样的体系和秩序是哲学家的心灵产物，并不是任何本体论上的实在。修辞学家所认为的理性所意指的是一种更为简单的理性，即在特定的论述中运用逻辑从前提推出结论；当然，一致性本身也是特定案件之语境中的论证基础。整体体系之一致性的必然性，是实证主义者和 70
商谈理论家所假设的，这种假设并不能为法律论证的真实世界的经验所保证。

其次，它［批判者］所主张的是，修辞学理论乐于接受一个逻辑上没有关联的多层次的论证基础，这证明修辞学只是一个游戏，修辞学家感兴趣的只

〔26〕 修辞学者们同意，法律的许多分立学科都可以被当作体系，但却否认了一个综合的体系是必然的或重要的。修辞学立场的力量有赖于它反体系的特点。参见 Viehweg，前引脚注 4，第 20~23 页。

有打赢官司或写出有说服力的意见来对某种政治立场进行证成，而不是法律的正义或正确性。如果没有一个用来表示法律的理性优先性的体系，论证就将成为任意之事。因为好的论证技巧是可以服务于坏的理由的，所以某些批判者增加了一点，即为了它自身的缘故而对论辩进行背书，是对论证之滥用的背书。修辞学家对此的回应可以分为三点：第一，这种批判所假设的是，存在一种绝对意义上的公正的或正确的法律。由于已经提及的那些理由，这些修辞学家拒绝了这一假设。第二，通过法律论证创造的法律，并不是任意的，因为它是经过理性论辩过程而产生的，这种理性论辩是建立在这个社会已被接受的智慧之上的；这些限制使得滥用这一过程变得非常困难。〔27〕第三，修辞学家有关法律过程的观点，与其他任何相竞争的理论相比，都能更为精确地对实际发生之事进行描述；这些竞争者的理论是乌托邦且因此在本质上是没有价值的。

修辞学理论有前途吗？在今天它远没有成为占据主导地位的法理学；在体系化与抽象化被摆在极高位置的法律文化中，它还面临着许多不利因素。但是，这种理论或者与此类似的理论，在普通法的

〔27〕参见Gast，前引脚注3，第275~283页。

领地之内正在变得日益广泛，在那里它应当可以找到更多的有共鸣的受众。[28] 这里可能有必要提及一下，修辞学理论在英美法思维中应当是有吸引力的原因。普通法的历史表明，它事实上是沿着论题学路线一路发展而来的。案例法是通过某种特别的且非体系化的风格来创造的，它依赖于适合于各个法律分科领域的各种特定论述。普通法律师——以爱德华·柯克（Edward Coke）为典型——传统上就对一般化和抽象理论不信任。从 14 世纪开始一直到 17 世纪，英国法主要是在律师学院（Inns of Court）进行讲授的。这些庄严的机构大多不受大学里面的“科学”主义的影响。其后，无论是在英国还是在美国，大部分律师都是在律所学习法律的。律师和法 71
官并不青睐于理论家的思维。

这一点很重要，从托马斯·阿奎那（Thomas Aquinas）直到那些西班牙的自然法思想家再到格劳秀斯（Grotius）和普芬道夫（Pufendorf），在这整个时期，没有任何一个普通法的法律人，想要对英国

---

〔28〕 例如，参见詹姆斯·博伊德·怀特（James Boyd White）与斯坦利·菲什（Stanley Fish）的作品。James White, *Heracles' Bow: Essays on the Rhetoric and Poetics of the Law* (Madison: Univ. of Wisconsin Press 1985); Stanley Fish, *Doing What Comes Naturally* (Oxford: Clarendon Press, 1989). See also Austin Sarat and Thomas Kearns, eds., *The Rhetoric of Law* (Ann Arbor: Univ. of Michigan Press, 1994).

法进行体系化或理论化。[29] 在19世纪的转折点上，杰里米·边沁与约翰·奥斯丁提供了有关法律的科学-理论性的理论，这些理论与英国实践并没有太多相似之处，而且它们的提出者也被证明是对普通法怀有敌意的批判者。[30] 尤其是边沁，他对那些在英国法律“体系”中成长起来的毫无组织地拢在一起的判例和程序进行了嘲讽。那个时候的普通法律师是如何看待他们自己所从事的事情呢？从今天的后见之明来看，很明显，他们是在成功地从事一种修辞的问题-导向的实践，它建立在论题学或者司法学说的各个分立的领域。这种不信任理论却高度尊重经验的传统，一直持续延绵到了当前这个时代。霍姆斯（Holmes）的著名陈述“法律的生命不在于逻辑，而在于经验”，和一百年前一样，在今天依然能够得到普通法律师的赞同。普通法的实践过去实际

〔29〕 托马斯·霍布斯（Thomas Hobbes）与约翰·洛克都是重要的政治理论家，但他们并没有接受过法律人的培训，而且他们也没有试图为实际的英国法律实践提供理论性说明，即使霍布斯曾经从哲学立场对普通法进行了攻击。在18世纪末期，威廉·布莱克斯通（William Blackstone）在他的《评论》（*Commentaries*）中提供了普通法的某种程度的体系。但是，将布莱克斯通的工作与民法传统的（罗马人的）学术进行比较，就会发现，布莱克斯通只是非常表面的体系化。从本质上说，他收集了多种论题并将它们集中于不同的通用标题之下。

〔30〕 边沁和奥斯丁二者都有过英国法的培训和有限的经验。奥斯丁还受到了德国学者的影响。

上是，而且在很大程度上目前依然是一种修辞事业。

那些只关注英美法域之当代法律实践的人们，在今天，见证了修辞学方法的不断兴盛。在立法领域中，体系的方法依然很少。制定法，如同早期的案例法一样，是零星的、不规律的而且是个别式的。对于立法内容的体系化处理，很少能够得到实现。[31] 对于对抗制体系的重视，也表明了对于这种利益权力的信任，即发现和运用充分的法律论证，而非依赖于体系化的专业理论。法律研究的实践、有效法律的发现与建构，可能是普通法实践之修辞学本质的最好表现。依赖在庞大的计算机数据库对摘要、评注以及语词（尤其是在当代美国）所进行的搜索， 72
法律研究简直成了一种为寻找有实效的法律论证而对诸多论题进行的搜索。

于是，从表面上看，德语修辞学理论的发展，对英美法律世界而言，应当是表达了某些重要的内容。他们一直在努力说明——主要面对的是一群不太友好的受众——实际的法律实践如何才能在修辞学理论的帮助下被理性化并得到指引。这可能是如今德语法哲学对美国法学活动产生直接、径直影响的少数领域之一。

---

〔31〕《统一商法典》与《国内税收法典》可能是重要的例外。

第6章　系统理论

73 ［欧洲法学家的这些］作品中充斥着理论性的讨论，它们除了引起一些无聊的讨论之外，几乎不能服务于任何其他的目的，它们带有形而上学的细微讨论，它们让人倍感困惑，即使它们没有让探讨者很迷惑的话。

——约瑟夫·斯托里（Joseph Story）[1]

背　景

“系统”思维最好的历史范例可能是18世纪亚当·斯密（Adam Smith）的经济学观念，他设想到，

〔1〕 Joseph Story, *Commentaries on the Conflict of Laws* (Boston: Little Brown, 1834), 10.

人类个体会以某种方式独立地追求其自身的经济目标，并以此最终产生了一个“系统”，在这个系统之中，商品和服务的分配是为了所有人的利益来配置的。另外的一个更为不明显的开端，是在 19 世纪由“演化法”(evolved law) 的理念带来的，也就是说，法律是依据独立于个体之个人意愿的那些因素发展的。马克思主义提出了法律是由经济因素决定的理念。其他的法律演化论也包含了类似的观念，社会学最终不得不将非个人的演化纳入考量之中。

对于大部分演化理论而言，一个反复出现的难题是，决定论是与下述这种日常经验相悖的，即个体会作出诸多选择，包括是否服从规范的选择。在演化传统之外，有两位最重要的社会学理论的思想家——马克斯·韦伯与埃米尔·迪尔凯姆 (Emile Durkheim)*——他们奉行方法论个体主义，发现没有必要在概念导向上迈向系统理论。发生在法律和社会领域之外的第一种关于系统的重要思想，最初是与第二次世界大战期间军事武器的进步，以及在 74
战后不久的期间内计算机的发展关联在一起的。

在德国社会系统理论已经由尼克拉斯·卢曼进行了最为充分的发展，它不仅是作为一般的社会学

* 也可译为涂尔干。——译者注

理论，而且也作为特殊的解释法律的方式。[2] 卢曼最初是在法学专业接受训练的，且曾经做过政府机关的律师，其后才在社会学领域开始其学术生涯。1960年和1961年，他在哈佛大学跟随塔尔科特·帕森斯学习，在这里他接触到了系统理论。随后他在明斯特大学（University of Munster）跟随赫尔穆特·舍尔斯基（Helmut Schelsky）从事社会学研究，并于1966年获得了任职资格。1968年，他开始在比勒费尔德大学（University of Bielefeld）任教，并一直留任至今。除了以帕森斯以及路德维希·冯·拜尔陶隆菲（Ludwig von Bertalanffy）的作品作为基础以外，卢曼还有着非常广泛的阅读，而且他的思想也受到了不同学科的许多学者的影响，尤其是诺贝特·维纳（Norbert Wiener）、乔治·斯宾塞·布朗（George Spencer Brown）、海因茨·冯·弗尔斯特（Heinz von Foerster）以及生物学家温贝托·马图拉纳（Humberto Maturana）与弗朗西斯科·瓦雷拉（Francisco Varela）。他对他的理论进行完善和改进的批判性刺激，来自于1970年代和1980年代他与尤尔根·哈贝马斯

〔2〕 对于系统理论之于法律领域的适用，还做出过重要贡献的有贡特尔·托伊布纳（Gunther Teubner）与赫尔穆特·维尔克（Helmut Willke）。受篇幅所限，这里不能对他们的观点进行展现。应当指出的是，这两位学者与卢曼之间并不总是一致的。参见传记资料。

的学术论辩。[3]

尽管卢曼的作品被大家说成是社会学作品，但它所关涉的仅仅是社会学的理论，或者在德国它常常会被叫作社会理论。正是这样，卢曼的作品并不是经验性的，尽管他偶然也会援引其他社会学家、人类学家以及历史学家的经验性作品。作为一位理论家，他提供的是一种社会学的哲学，或者一般层面上的社会科学的哲学（更广泛一点，社会学的德语意义），这和卡尔·波普尔与汉斯·阿尔伯特在一般层面上提供的科学哲学大抵上是一样的。

卢曼的工作，从 1970 年代发展至今，可以被分为几个阶段。最初他接受了帕森斯的观念，将一般系统理论当作是对社会行为进行说明的一种方式。在这个时期，系统被看作是“开放的”，它有输入也有输出，而且系统的要素被认为是个体人类行动。但是其后他开始接受这样的理念，即如果系统被看作是封闭的，也就是说，看作是建立在特定结构之上的自我运作的或自我维持的过程，那么它可以更好地对社会进行说明；然后，他又将这一点与生物学理论中的理念，即系统可以自我复制或自我创生（autopoietic）相结合。在这段时间里，他发现，必须

---

〔3〕 参见第一章。

通过这种定位对社会系统理论作出一个较大的修正，即社会系统的基础要素并不是人类的行动，而是沟
75 通（communications）。* 最后他断言道，因为作为一个整体的社会是这样一个自创生的系统，那么，法律系统、经济系统、教育系统以及其他系统，最好也被概念化为这整个系统的自创生的子系统。

目　标

在建立了一种完全崭新的多学科的社会理论之后，卢曼将他的研究进路扩展到了经济社会学、教育社会学、科学社会学以及法律社会学之中。尽管是从社会科学的立场对法律的对象进行定位，但他依然是科学哲学家，志在通过恰当的经验性和历史性的研究提供启发的概念性框架。卢曼并没有提供任何关于获取正义或对既有的法律安排进行证成或批判的特殊建议。很明显，他无意为法官、立法者或者实践者的法律工作提供帮助。〔4〕 在他的观念里，在这个系统中运作的这些人，他们所认为的法律的

---

* 关于 communication 的翻译，遵循通译，在商谈理论语境中，我们将其翻译为“交往”；在系统理论语境中，我们将其翻译为“沟通”。——译者注

〔4〕 See Niklas Luhmann, *Das Recht der Gesellschaft* (Frankfurt: Suhrkamp, 1993), 24, 48.

概念与角色，是内在的类型，对于他们的目的可能是合适的，但对法律的科学理解却并不合适。

卢曼既没有试图根据原因和结果——甚至也没有根据马克斯·韦伯所提出的那种社会“理解”的概念——来对所有的法律现象进行说明。在这一方面，他显然背离了波普尔和阿尔伯特的更传统的科学哲学。卢曼的系统理论虽然在它的理论框架里为因果说明和经验科学留出了位置，但这一理论本身从本质性来讲是套套逻辑（tautological）* 的或定义式的。它提出的是观察社会世界的新方式。正如卢曼自己所说的那样：

> 接下来我们要做的整个研究，直接或者间接地都与［法律运作的特定特征］这个问题有所关联……此一问题的出发点是一个纯粹套套逻辑的、形式的、无具体内容的答案，它只告诉我们，所有进一步的分析，都是作为对此一套套逻辑的“展开”（而非作为由公理出发所进

* Tautological 可译为“套套逻辑”“重言式”“永真式”，这里追随李君韬译法。参见［德］尼可拉斯·鲁曼：《社会中的法》，台湾编译馆主译，李君韬译，五南图书出版股份有限公司2009年版，第78页。台湾地区将“卢曼”译作“鲁曼”。——译者注

行之逻辑推论）而呈现出来。[5]

主要的理念

卢曼根据它的功能来对法律进行界定。它是一个沟通的社会系统，用于保障规范性期望。因为这样，它是社会系统的一个自创生的子系统。

> 我们坚持认为，一个封闭运作的法律系统，
> 其分化只能借助法律运作与法律运作之间的递
> 76 归性指涉才得以成就。如同任何一个自创生的
> 系统一样，这个系统是在持续的自我联系中运作的。为了能够将其本身的运作鉴别为法律的运作，那么系统必须发现，它到目前为止已经做了什么，以及它还要进一步做什么，以便能够将其自身的运作鉴别为法律的运作。[6]

---

〔5〕 *Id.*，56. 尽管卢曼也曾在许多出版物中讨论法律，但这本书是他关于这一主题最近且最为全面的作品，文本中的许多讨论都是来源于它。（译文参考了［德］尼克拉斯·鲁曼：《社会中的法》，台湾编译馆主译，李君韬译，五南图书出版股份有限公司 2009 年版，第 78 页，有改动。台湾地区将“卢曼”译作“鲁曼”，下同。——译者注）

〔6〕 *Id.*，196.（此处页码似乎应该是 57，译文参考了［德］尼克拉斯·鲁曼：《社会中的法》，台湾编译馆主译，李君韬译，五南图书出版股份有限公司 2009 年版，第 78~79 页，有改动。——译者注）

为了对这种理念进行说明，我们可以从这样的观念开始：某一书架上有许多书。其中一本是法学书目。另外一本是经济学相关的书目。再一本是关于政治学的。每一本书的文本中都各自包含了有关其各自主题的讨论。对于经济学的讨论在法学书里面是找不到的，除非它们具有某种特定的法律意义；相反也是一样。现在假设这些书都是非常庞大的，而且包含了有关其各自主题的**所有的**沟通内容。再假设，这些书并不是惰性的文本，它的数据是由一个计算机的动态系统不断处理的。新的沟通由这个系统定期地产生，而这个系统程式化地控制着法律沟通进入法律线路、经济沟通进入经济线路等。哪些沟通属于哪一线路，是由每一个线路自己根据其自身的法典来确定的问题。这一隐喻粗略地展现了卢曼有关社会系统的理念。

正如在我们的隐喻中，那些书的主题事项被分成了适合于某种用法的若干范畴，社会系统的其他子系统也类似地进行了分化。经由社会文化演化的历史过程，法律系统已经得以分化出来，这就表明它执行了社会的某种功能。从传统上来讲，在那些认为法律必然要具有某种功能的社会理论家那里，总是会主张以下两种功能中的这种或那种：社会控制或冲突解决。当前，其他的思想家将众多的功能归属于法律。自创生理论要求，一个在功能上出现分化的系统，只能有一个单一的功能，尽管这个系统可能以第二性的或衍生的方式执行其他的功能。对于卢曼来讲，法律的功能——用外行人的话说是它存在的“理由”——就是去保障规范性期望。

规范性期望所意指的是什么内容，在对此进行解释的时候，卢曼提出了一个与未来经验之期望相适应的人类行为模型。人类行为指向的是，人类期望去经历的那些事情，也就是说，当我们将钥匙插入门锁并且转动它时，我们期望的是门被解锁了。当然，未来经验的可能性要比实际发生之事更多。卢曼将之称为世界的复杂性（complexity）。我们知道，接下来发生的经历之可能性，也许最终与所期待的经历是不同的，也就是门没有被解锁。卢曼将
77 之称为偶联性（contingency）。偶联性是处于必然一定发生之事与不可能发生之事二者之间的可能性区域。

我们也会对其他人的行为有期望。人类会以许多不同的方式互动，并形成了对其他人将会如何回应他们自己的行为的期望，也就是说，他们形成了期望的期望。有时候，这些期望会让人失望。一个个体通过改变他的或她的期望，而对这种失望进行

回应，可以说，他或她认知地做出回应，从经验中进行了学习。但是，如果面对失望，期望依然得到了维持，那么，此人便是在规范地做出回应，在主张这人对于其他人的行为之期望是正确的。通过这种方式，规范为诸多个体所创制。

人们无法有意地分析出，在日常生活中对其他人所有可能的期望之期望，于是，我们开始依赖于规范或者经验规则，去避免这种由复杂性带来的互动张力或困难。我们进一步假设，其他人也会依据社会规则进行行动（且对我们的行动作出回应）。为了作为一个系统发挥功能，这些规则必须不能是特质性的，而必须被社会所制度化，这样的话，我们关于其他人行为的假设，通常便是可靠的了。这种一致性（congruence）是通过制度化的过程获得的。

通过规范之结构实现的期望之期望的稳定，对于减少生活的复杂性具有关键意义。规范结构因而成为其他人将如何行为的一种支撑或社会保障。生活简直是太复杂了，如果所有的行为规范（也可能包括相矛盾的规范）都无预期地不断变动，那么，迈向共同目的的合作就根本是不可能的。那种保证了或者可能更准确来说，通过施加压力使得大多数重要的规范都得到遵守的社会机制，便是法律系统。

特定期望的制度化，可以实现所谓的“社会控制”，而且制度化的规范当然也经由法律过程被普遍适用于对于纠纷的解决。但是，法律的这两种功能（或者表现、技能）是第二性的。在卢曼的观念里，它们是那种更为一般性的功能的特例。这确实如此，因为法律不仅解决纠纷，而且也常常创造纠纷。更为重要的是，法律常常能够使人们在想做某些事情时就可以做这些事情，但以这种赋能（enabling）的方式并不是“控制”。法律也不是在这种意义上，即它主要是作为一种工具，藉由它特定的人可以向其他的人行使权力进行控制的，尽管在某些情况下它可能确实带来了这种效果。

作为一种自创生系统，法律内在地进行着法律沟通。正如发生在一个活细胞中的类似过程——它不断重构与再生这个细胞——法律系统的运作也持续地产生并再生这个系统本身（它再造了有意义的
78 法律沟通）。法律来自于法律。汉斯·凯尔森多年前就以一种非系统的形式表述了这一观点。在他的“纯粹法理论”中，法律是规范，其效力（它们的合法存在）是从其他规范中推导而来的。对于凯尔森来说，只有通过司法裁决或立法法案的形式，才能创制出更多的法律，才能废除旧的法律。但是，凯尔森的图式是静止的且有层级的。它要求有一个假设的基础规范作为所有法律效力的基础。当法律被

看作是一个动态的自创生系统时，（有效的）法律就藉由它的沟通运作持续地产生（有效的）法律。不存在起点，也没有终点（除非这个系统解体了）。一次沟通导向另一次沟通，又导向再一次沟通，依次进行下去。

在凯尔森的理论中，法律的内容可以藉由立法或司法适用而得到改变。在系统理论中也是这样的。当这个系统接受了来自它的环境的刺激时，当法律对自身进行了反思时，法律会吸收变化，有时候是突发性的，有时候是渐进性的。它远不是静态的，这个系统在持续地对法律进行再造。

> 在某种意义上，法律系统也是一部历史的机器，也就是说，在下列范围内具有此一性质，每一次自创生的运作，都会改变这个系统，将这部机器转移到另一种状态之中，并且因此为进一步的运作创造出已经变更的起始条件。用海因茨·冯·弗尔斯特的术语来说，这里涉及的并不是关于一部琐碎机器的事情，也就是一部以相同且不断重复的方式持续地将输入转变为输出的机器（如果它没有出错或崩溃的话），相反这里所指的是这样的机器，它会将其自身的状态拉进到每一次运作之中，而且藉由每一

次运作而建构出一部新的机器。[7]

在减少复杂性的过程中，法律系统将自身限定在特定类型的沟通之中，也就是只限定在会产生进一步的沟通且因此使这个系统的运作持续下去的那些类型的沟通之中。有点像数字电脑，法律是通过根据某种二元编码来对沟通进行选择的，即“**合法/非法**”的编码。[8] 法律系统不会识别这种与上述区分没有关联的话语。它所关注的不是愚蠢/聪明、真/假、富裕/贫穷、好/坏。与这些区分或其他区分相关的沟通，是由一般的社会系统或者其他分化的子系统进行处理的。在卢曼的理论中，例如，真/假的区分是科学话语的编码，或者支付/拒付是经济体系的编码。

某种特定的沟通可能对一种以上的社会子系统
79 都是有意义的。例如，陈述“X 已经偿还了银行的贷款”具有经济意义（资金从 X 转移给银行），且因此是经济系统的一种沟通。但是，这个陈述还具有

〔7〕 *Id.*, 58.（译文参考了［德］尼克拉斯·鲁曼：《社会中的法》，台湾编译馆主译，李君韬译，五南图书出版股份有限公司 2009 年版，第 80 页，有改动。——译者注）

〔8〕 这种编码可以被转译为：法律/非法律、正确/错误、法律有效/法律无效、正当/不正当、合法/不合法。在特定语境中，使用哪一个术语，可能会有区别。

法律意义（一个合同的履行，一笔法律债务的消灭），且因此也是一种法律沟通。很明显，在今天的社会中，很多沟通都可以有法律的、政治的、经济的、道德的以及其他的意义。但是，因为每个系统都有它的二元编码，因此，沟通在每个系统中只能有一种意义。这就阐明了我们对这些术语的常规用法，例如，“根据法律的预期，X是……”；或者“X的法律意义是……”；或者“从法律的视角来看，X是……”。

正是这种编码在法律系统内赋予沟通以法律意义，且将其他的意义从这个系统中排除了出去。藉由自我反思，这一系统建构了一个法律的世界，它镜射或复制了它的环境（包括在其环境中的其他系统），但这种复制并不是完整的。只有与法律相关的沟通才可运作。在这种内部世界中，什么是正确的或者真的或者被要求的或者被允许的事情，指的仅仅是那种法律上正确的、法律上真的、法律上被要求的、法律上允许的事情。因此，法律意义的系统被创造了出来。

卢曼解释道，法律系统的运作是程式化的（programmed）。这种程式带有条件式的特点，也就是说，它们采用了“如果……，那么……”的形式。例如，如果某人因为过失伤害了他人，那么他必须赔偿损害。从一种静态的视角来看，这些程式是法律规范或规范的复合体。从一种动态的视角来看，它们是系统运作的指引。与条件程式相对照的是目的（purposeful）程式，后者是根据对某一目标的实现来表达的。条件程式是向后看的，且面向的是过去的事件；目的程式意在未来的结果。虽然目的程式对于诸如经济规划或工程计划等领域中的决策可能还是有用的，但它们无法被法律系统所使用。它们留下了太多宽松的目的。但法律系统必须以一种更为确定和可预期的方式运作；若非如此便无法保障规范性期望。

> 条件程式的形式，乃是全社会发展过程中最重要的演化成就之一。在美索不达米亚地区引入文字以后不久，人们就已经可以发现这种程式，尤其在智者预言的占卜文献、医学文献以及法律文献可以确定地找到它们。在一个快速变化的世界中，它们提供了一种可能性，使人们能够在固定耦合的形式中引入秩序，而这正好就展现在那些有赖于（依照今天的概念）知识或者规范性调整的领域当中。〔9〕

〔9〕 Luhmann，前引脚注4，第196页。

当我们将卢曼有关法律与法律系统的这种粗略观点记在心中时，这将对我们就他的一般系统理论进行审视有所帮助。这并不简单，因为这个理论非 80
常抽象，而且卢曼还以一种背离了其常规语词用法的特定方式使用那些术语。因此，很容易就会变得令人混淆。[10] 就这一方面来说，我们有个有趣的类比，即发生在1940年代到1950年代的美国的一种进展，迈尔斯·麦克道格尔与哈罗德·拉斯韦尔提出了一种理解政治与法律的方式——所谓的“法律、科学与政策”(或LSP)。他们发展了他们自己的专门术语，并且使用日常语词来作为技艺的专门术语。导致的结果便是，对于他们有意面向的那些人，其中的大部分都不能理解他们。另外，能够理解他们的新系统的那些人，其中的大部分都认为它是一种相当好的学术进步。[11] 就这一点而言，对于卢曼也是一样的。许多他的批判者似乎并不能透彻理解他的文字，但他的追随者们却充满了热情，要让卢曼

---

〔10〕 至少有两本书已经试着对系统理论进行简化，并使得卢曼的作品变得更加具有可理解性。See Georg Kneer and Armin Nassehi, *Niklas Luhmanns Theorie sozialer Systeme* (Munich: W. Fink, 1993); Peter Fuchs, *Niklas Luhmann—beobachtet: Eine Eiriführung in die Systemtheorie* (Opladen: Westdeutscher, 1992).

〔11〕 参见有关这一运动的讨论：James Herget, *American Jurisprudence* 1870–1970: *A History* (Houston: Rice Univ. Press, 1990), 220.

们（Luhmannes）常存历史。

我们可以以上面所提到的人类经验的复杂性作为出发点。世界在以下意义上是复杂的，即人类必须简化它，以多种方式减少其在人们期望中的偶联性，以便能够处理它们。这种复杂性的减少，可以通过社会系统来完成。某一系统减少复杂性的方式，可以通过一个非常简单的例子予以阐明。家用恒温器与电热炉之间有电力连接。当电热炉运作的时候，产生了热空气，并进入房间之中，恒温器就在这里。恒温器设置在这里，以便当室内温度低于70华氏度时，它就打开电热炉，而当温度达到了这一数字时，就关闭电热炉。在某种意义上，这个系统“知道”什么时候应当产生热量，什么时候不应该。它被构造出来，以便能够选择那些与它的功能相关的信息(温度)，并排除其他信息。房间的墙面被漆成了绿色，或者湿度是90%，或者室内有人玩国际象棋，所有的这些之于加热系统来说没有任何意义。唯一有意义的东西就是温度。环境的复杂性因此被化约为一种简单的二元关系：70度以上/70度以下，或者对这个系统自身来说，便是：运作/没有运作。

这个例子也阐释了卢曼意在如何使用“意义”这个术语。这个初级的加热系统只“知道”两种可能性。在特定的时间点，它要在这两种可能性之间作出选择；它从可能的温度确定了实际的温度。用简单的术语来说，意义是针对可能性与实际性之间的差异持续地作出重新安排。这并不是此一术语的 81
心理学用法或逻辑学用法；在系统意义上的意义指涉的并不是某种心理过程。这个加热系统并不会“思考”，但是，读者可能会注意到，在对这个加热系统的运作进行描述的时候，我们使用的术语通常都是为对心理活动进行描述所准备的。〔12〕卢曼也使用了那些拟人化的术语，在他的作品之中到处可见，这可能是必然的。在这个简单的加热系统的例子中，我们无需担心有人混淆了它的运作与某种能思考的生命的心理活动。但是，一旦我们转向了卢曼讨论中更为抽象和复杂的理念的话，这并不总是那么清楚的。我们将在下文中再次回到这个难题。

恒温器这个例证，同样可以用来展现系统的这个基础理念。系统是一个正在运作的实体，它通过它自身的结构和程序来实现功能。在我们的范例中，系统是由诸原件——它们系统性地执行加热的功能（恒温器、电热炉、电线等）——的组合体外加它们的动态运作所构成的。其他的所有事物都是这个系

〔12〕这种趋势似乎是不可避免的，如果讨论的是社会系统的话；因此，贡特尔·托伊布纳其中一个作品的标题便是：“How the Law Thinks”, *Law and Society Review* 23 (1989), 727.

统的环境。[13] 系统与环境之间的区分，是卢曼思想中的一个重要的基础性概念。

现在让我们继续回到社会系统的理念之中。它们是如何被建构的？在大多数经典的社会学理论中，社会的基础要素是个体的人类，或者韦伯式的“人类行为”，或者哈贝马斯式的变体：“交往行为”。使用其中的任何一种理念作为基础要素，社会学家都可以对行为模式、社会结构以及不同种类之间的关系进行描述。卢曼拒绝了这些传统的概念。对他而言，社会系统的基础要素是“沟通”。社会系统通过它们的运作和结构来进行沟通。

就这一点而言，读者将发现，卢曼的研究进路实际上是较为极端的。人类以及人类行为不仅不是社会系统的基础要素，而且它们也根本不是这个系统的一部分。从系统理论的视角来看，人类是这个世界的一部分，而其本身也是某种系统的复合体。它们是由各种不同的生理系统构成的，包括神经系统、精神系统以及其他可能的系统。每一个系统对其基础要素进行处理。卢曼所称的精神系统，或者意识系统，与我们更为传统的一种称法“心灵”是非常类似的。心灵或意识系统对思想进行处理。这

〔13〕 但是，这个加热系统并不是一种自创生的系统。

些人类系统是独立于社会系统的，也就是说，它们
是社会系统的环境的一部分，反过来，社会系统也
是它们环境的一部分。当然，这并不是说，没有人 82
类，社会系统依然可以存在。与其他系统一样，社
会系统依赖于它们的环境，包括人类的存在。

人类，或者其精神系统，很明显地对沟通的社会系统产生了影响。卢曼将这两个系统之间的联结称为“结构耦合性”(structural coupling)，这显然意味着，沟通系统与个体的精神系统（心灵）是必然地且永久地关联在一起的。意识系统中运作的思想可以成为言语或文字的表达。这种表达将成为社会系统或它的某种子系统中的沟通。精神系统中不存在沟通，只有理念的产生和思想的轨迹；而在社会系统中没有思想，只有沟通。精神系统与社会系统之间的这种关系并不是因果关系。其中一个系统可以激励、激怒或刺激另一个系统。

根据卢曼的观察，沟通本身含有三个要素：信息、表达（utterance）[或发音（articulation）、传播(transmission)]与理解。信息指涉的是沟通的内容或实质，表达指涉的是表达的模式（书面的、口头的、诗性的、幽默的），而理解指涉的沟通被解释并潜在地导致下一步沟通的那种方式。因为这三种要素要求至少有两个人（精神系统）来运作，于是沟通就

只能在至少关涉两个人的情境中发生。相应地，卢曼拒绝了可以由一个人施行的“沟通行动”的理念。在卢曼的沟通世界中，人类（其精神系统）成为参照点、接收者、语义构件，它们将干扰或刺激作用于这个沟通系统之上，或者可能被后者所影响，但却不是它的一部分。

卢曼将社会描述成一个巨大的忙碌的沟通网络。社会系统是一个对沟通进行处理的巨大网络，最终意在带来复杂性的减少。当然，这个世界本身是由多得多的沟通构成的，而所有其他的东西都是这个系统的环境。这种环境，一部分是由物理事物构成的，一部分是由其他系统构成的，诸如人类个体的精神（意识）系统。在社会系统中存在着诸多（沟通的）子系统，其中包括经济系统、教育系统、政治系统、宗教系统、科学系统以及法律系统。正如一般的社会系统具有一般地减少这个世界之复杂性的功能一样，每一个子系统都要以一种特定的方式在其特定的领域中减少复杂性。这可以通过意义这个术语来进行构思。多种沟通系统都是意义的系
83 统——法律意义、经济意义、科学意义等。每一个系统都为了与其功能相关联的意义而对沟通进行筛选，并且因此减少了它的复杂性。

所有的这些系统都来自于哪里呢？根据卢曼的

观点，它们是藉由功能分化在历史中进化而来的。关于藉由劳动分工实现社会分化的迪尔凯姆式的理念提供了这种模型。经由时间沉淀，社会会发展出做事情的不同方式；其中的某些方式比其他方式，能更好地服务于那些保证社会向前进的功能，因此它们被保留了下来。出现了劳动分工的地方，也就是，工人们做着不同工作的地方，与对于任何事情个体或家庭都要亲力亲为的简单社会相比，实现了劳动分工的社会就获得了多重优势。随着现代社会的不断发展，卢曼注意到，特定的沟通功能都已经被子系统承担了。法律系统从更为传统的、无组织的道德-政治-宗教法律系统中分化出来，这发生在 18 世纪，那个时候实证法失去了它传统的以及宗教的停靠站。这样的子系统并不是任何人发明的；相反，它们是社会文化演化的产物。因此，演化的理念对于卢曼的理论就变得十分重要了；实际上，功能系统的出现就已经假定了一种演化性起源。而卢曼的理论对这种社会文化演化的现象给予了某些新的解释。

但是，这种演化的分化又是如何出现的呢？卢曼主张，不断增加的世界的复杂性（在上面所描述的那个意义上），推动了社会子系统的形成。在法律语境中，相对较为剧烈的社会变迁，导致潜在的社会关系的种类和数目都不断增加，因此，对于稳定规范性期望的需要，也变得更为紧迫。宗教、道德与法律混沌一体的古老状态，变得无法充分符合期望之期望的要求。我们需要一种可以通过改变而符合新环境要求的，带有更加明确的规范性结构的系统。我们需要一个可以对自身进行界定的动态系统。

根据设想，这样的沟通系统是自我指涉的、自我维持的且自我再生的。这个系统本身会产生并再生它自身的所有构成要素；它是自创生的。因此，它在某种意义上是封闭的，但在另一个意义上却是开放的。它是封闭的，因为环境对于它的内在运作无法产生任何效果；这些运作仅仅是由这个系统自身所决定的，也就是说，这里不存在输入或输出。但是，它在这个意义上又是开放的，即这个系统能够对它的环境进行学习，并且作出回应。可以说，自创生的系统是“运作上封闭但认知上开放的”。

自创生这个观念是从生物学理论中借用而来的，我们可以提出一个在那个领域中的例证模型。一个
84 活细胞是自创生的。它从它的环境中吸收营养和能力，并将排泄物输回环境之中。通过其自身的运作，它对自己进行构造并且对自己进行再造。虽然这个细胞是依赖于环境的，但环境却无法改变或决定这个细胞的运作；它们是完全由细胞自身来控制的。

在其运作的过程中，这个细胞创造了它自己的结构和生化过程。这个细胞的极限，它的边界，它的整合，也都是由这个细胞自身来界定和产生的。当然，这个细胞也得在一个更大的生命系统中完成某种功能。

卢曼说，自创生的社会系统是能观察的。因为这些系统并不是会思考（有意识）的系统，我们通常认为，观察是一种有意识的心灵的能力，因此，我们就需要一种修正的观察概念。卢曼提出，观察是与区分的理念联系在一起的。当我们做出观察时，我们就会通过对某种东西或其他东西进行命名，从而将这种东西与其他东西（冷/热、男人/女人、朴素/花哨）相区分。“咖啡是热的”，尽管这种区分的两个面向在逻辑上是同时给出的，但我们在同一时间点（通过一次运作）只能对于这两个面向中的一个面向进行命名。当然，我们在另一个时间点（通过另一个运作）也能对另一个面向进行命名——“咖啡是冷的”。对于卢曼来说，这是观察的本质：它是对某一区分之框架中的一个面向进行命名。

这种对观察的理念所进行的显然特殊的界定，是相当一般化的，足以用于任何种类的系统之上；它并不限于精神系统。再拿我们之前有关简易加热系统的那个例子来说，恒温器是在温度之上/温度之下这种区别的基础之上运作的。它区分出低的温度，这个系统就开启了；后来它又区分出更高的温度，这个系统关闭了。我们可以说，这个系统对温度进行了观察。这样的观察只能在区分已经得到选择的基础之上才能做出。恒温器无法观察红/绿、光滑/粗糙、本国人/外国人。因此，一个系统在根据它最初的区分进行观察时，无法同时观察到它自身。但是，另一个系统可以观察到前一个系统所做出的观察；或者说，前一个系统，在运用某种不同的区分进行的另一次运作中，可以观察到它自身的初阶观察。卢曼将之称为“二阶观察”。自创生系统通过这种方式观察它们自己的运作。

在运作封闭的社会（沟通）系统的情况中，所有的沟通都是内在的。因此，同一系统对于这个系统之运作所做的观察，是这个系统通过运作产生的一种构造。这种自我组织的能力带来了这个系统对
85 自身进行描述的能力。例如，因为法律系统的沟通处理的是所有与法律相关的生活面向，这个系统内在地构造了对于所有这些面向的一种再造，但仅限于它们对法律是有意义的这个范围之内。因此，诸如“法人”这种构造是被创制出来的，以使它具有人类的某些属性，但不是所有属性；只有那些有法律意义的属性（参与诉讼、继承、结婚、离婚、合

同、投票的能力）才会得到反思。

现在读者将会看到，卢曼的法律系统模型与某种动态的形式主义是类似的。正如传统的实证主义理论，卢曼的世界也包含了一种在法律与宗教、道德以及政治之间的清楚且不可逾越的分离。这是通过自创生之法律系统的封闭性才实现的。只有法律沟通才能来自于法律沟通。合法/非法的二元编码筛除了其他类型的话语。同时，这个系统还持续地调整它的内在运作以保持一致性。

> 我们所理解的“系统”与许多法学家都不同，他们将系统理解为一个由诸多相协调的规则所构成的关联，而我们将系统理解为一个由事实上被执行的各种运作所构成的关联，这些运作由于被认定是社会的运作，因而它们必须是沟通，不过，在这种情况下还可附加地将它们区分为法律沟通。这意味着，我们不应该在规范或价值的类型学中，而应该在系统与环境的区分中，找寻作为出发点的区分……常规来说，法理论是与各种结构（规则、规范、文本）相关联的，这些结构被归类为法律。这一点特别适用于那些关于实证法的理论上，例如，它很明显地适用于哈特法理论中的“承认规则”。

> 这样一来，关于“什么是法律，什么不是法律”这个问题，就只有在对特定规则的具体明确性进行考察的前提下，才能被提出。与此相对，如果人们想要追随新近的系统理论所激发的新的思考方式，那么他们必须从对结构的关注，转移到对运作的关注之上。〔14〕

很明显，卢曼解决了传统实证主义理论所遭遇的两个难题。第一个难题是关于实证法如何变成“有效的”的问题。规约性实证主义理论提出了一个规范的层级体系。一个特定的判断是有效的，是因为它是从一个有效规则的适用中推导而来的；而后一个规则是有效的，是因为它是由立法机关正式制定的；立法法案是有效的，是因为它是根据有效的宪法创制的；宪法是有效的，是因为它符合基础规范或终极承认规则。但是，基础规范的证成却是一个传统的难题。〔15〕 对于这个难题，卢曼提供了旋转

〔14〕 Luhmann，前引脚注4，第40~41页。(译文参考了［德］尼克拉斯·鲁曼：《社会中的法》，台湾编译馆主译，李君韬译，五南图书出版股份有限公司2009年版，第66页，有改动。——译者注)

〔15〕 对汉斯·凯尔森而言，基础规范必须是作为某法律体系之存在的条件而“被预设的”。对于哈特而言，终极承认规则是作为一个经验事实问题，是否为某个特定社会“所接受的”。

木马式的解决方案。[16] 法律系统是一个在不断持续的运作；至少从 18 世纪以来在现代西方社会中它就 86
一直在运作。法律由法律授权生效，后一个法律又由再一个法律授权生效，它又……

> 有效性是从任一时刻到另一时刻都需要重新获取的这个系统的产物。因此，它只能透过各种运作的递归性的网络化，而借着尽可能少量的信息耗费而获得确保……从层级到时间的转换，这样的做法使得我们得以放弃在“更高的”规范上建立有效性的规范性基础。[17]

这里没有层级；每一件事情都是瞬时发生的。卢曼认为，有效性是法律系统之整体性的符号。它是“法律的”意义。

实证主义视角所能带来的第二个难题是它的中央集权式的导向。法律规范的层级体系常常被解释为，它蕴涵了一种政权组织的层级体系，以及法律只能从上往下的建立的理念。正如我们在第一章中所指出的那样，这种蕴涵带来了二战之后部分德国

---

〔16〕 读者会回想到，在汉斯·阿尔伯特的“明希豪森三重困境”中的第三种选择。参见第三章。

〔17〕 Luhmann，前引脚注 4，第 109~110 页。

法学家的深刻反思，以便回应这样的指控，即是实证主义思潮使得希特勒的政权可以施行一种邪恶的秩序。卢曼完全避免了这样的难题。通过旋转木马式的解释方案，层级体系既不是必要的，也没有被主张，实际上作为一种系统的法律系统是自运作的。例如，自创生的法律系统对于“普通法的法官是如何从另一个案例法律创造案例法律的”提供了一个新的有见识的说明。

但是，卢曼对于有效性难题的解决方案也带来了另一个问题。这个忙碌着永恒运行的系统是何时以及如何存在的？第一个法律上“有效的”规范是在什么时候？当然，用卢曼的术语来表述的话，这个问题是，法律系统是何时以及如何从一般的社会系统中得以分化并保持封闭的。自创生的系统，要么存在（是封闭的），要么它们是不存在的。我们很难看清楚，演化是如何完成这种跳跃的。卢曼对这个难题的回应也并不是非常清楚：

> 作为一种自创生系统，法律的演化也不成问题。这种演化所必要的时间，总是一种在时间当中的、在每一个当下中的建构；而且，在任何情况下，从一个历史学家的客观化的视角来看，最多也只能去追问：在何种条件下，这

> 样的一种建构，能被当作是可行的，从而被提出。例如，这里必然要有一些冲突，而冲突中的胜利者会将其胜利断言为法律，并因此具有向未来而发生的拘束力。[18]

卢曼对于自然法的立场，遵循着其对实证主义传统的立场。他将自然法看作是一种对法律进行正当化的理论或意识形态，如果法律需要藉由对道德有效性与法律有效性两个概念进行整合才能被正当化；它在宗教或者神创之人类的本质或者其他类似 87
事物中，提供了某种终极根据。这种理论适合“早期欧洲”社会，在那时实证法还没有分化出来，而且法律的理念是与道德观念和宗教观念紧密联系在一起的。

在今天的社会中，道德话语藉由法律系统的二元编码而从法律沟通中被排除出去了。我们有的是实在法。当然，卢曼承认，许多法律规范都有着与道德规范相同的实质内容，而且道德毫无疑问对法律思想还有着巨大的影响。

---

〔18〕 *Id.*, 57-58.

批判与回应

对于卢曼的理论，法哲学家和社会学家都已经提出了很多反对意见。在这里我们只能对这些主流意见中很少的一部分进行探讨，这不仅包括对于一般的系统理论也包括对卢曼的法理论的反对意见。

第一种批判是完全地反对将系统理论适用于对社会的研究中。当我们的主题是计算机、游戏、电子数据处理以及诸如此类的东西时，这种理论很显然要占有一席之地。它在生物学中的适用，虽然依然有争议，但至少在直觉上是可能的。但是，当它被适用于社会时，这就要求我们必须拒绝我们所有的旧有的观念，而要接受关于“沟通”的一种特别奇怪的概念，一种似乎和人类的思维并没有必然关联的概念。当然，对于普通的凡人来说，这种有关沟通的新理念是很难领会的，此一事实并不意味着它是错的或没有用途的。对于社会理论来讲，它可能是巨大的范式突破，或者它也可能是另一种“燃素说”(phlogiston) 或电磁的“以太说”(aether)。卢曼已经写了50部书以及超过300篇文章和书的篇章(不计算翻译作品)，然而他在法理论学家中只有屈指可数的追随者。上文已经提到的麦克道格尔与拉斯韦尔以及他们的 LSP 系统的例子，又浮现在我们脑海。除此之外，系统理论的在其他领域中的主要倡议者们，特别是马图拉纳、瓦雷拉以及海因茨·冯·弗尔斯特，还都坚持认为，社会系统不可能是自创生的。尽管我们可以通过有关某个社会系统的阅读而逐渐理解它的导向，但对它的直觉性理解依然是令人费解的。卢曼可能已经沿着一条路大步向下走，它如此神秘且诡异，以至于很少人能跟着上。

卢曼通过指出这一点对这种反对意见进行了回应，即新的范式不仅很难实现，而且还要求对整个主题进行完全的重新思考。他也正确地指出，许多对系统理论感觉不太乐意的批判者，根本就没有努力去理解它。针对自创生的理念不能适用于社会系统这种指责，卢曼说道，这些批判者并没有理解这
一点，即社会系统的基础要素是沟通，而不是人类 88
行为。对于有着经验导向的那些美国批评者们，卢曼指出，他们的传统社会理论一直没有体现出欧洲社会理论所具有的抽象层次和严谨程度。他们应该更努力一点。

之于卢曼的理论，第二个难题是，它自身作为一种理论的身份。这一点并不清楚，即作为一种关于沟通的自创生的子系统，法律系统是作为一种事实问题被预设为“存在”的，还是说它是一种概念，

一种用来对我们有关法律的思考进行组织化的智识工具，或者它是一种心理建构，只能带来有意义的洞见（这是它做的）。[19] 社会系统究竟是一种分析性的建构，还是一种本体性的实体呢？有时候，卢曼在谈论系统的时候，仿佛它是在欧洲历史的某个点上出现的，开始存在的，正如同黑死病或者工业革命一样。或者类似地，他也会在当代德国基本权利的语境中谈论它的运作。在其他的地方，卢曼又提出，法律作为一种自创生系统，是定义问题，是明显的套套逻辑。用某种方式来表述这一问题的话，某些批判者曾经说过，卢曼的理论是一个无法在经验上被证实的信念系统。对此的回应似乎可以这样，即这样的反对意见假设了一种波普尔类型的自然科学范式，根据这一范式，经验性研究的目的在于证实或证伪理论所假设的一般法则。社会系统理论并不属于这一范式（或者用卢曼的术语来说，不属于带有真/假编码的自然科学的子系统）。社会系统理

〔19〕 可能是这样的，卢曼的系统理论为分析法律或法律难题提供了一种新的且有用的方式，但并没有提供任何经验研究的程式。沿着这些路线的研究工作，参见 Michael King and Christine Piper, *How the Law Thinks About Children* (Aldershot: Avebury, 1990); Gunther Teubner, "Unitas Multiplex: Corporate Governance in Group Enterprises", in *Regulating Corporate Groups in Europe*, ed. David Sugarman and Gunther Teubner (Baden-Baden: Nomos, 1990).

论是一种支配一切的理论，它将自身也作为它的对象之一。然而，卢曼的理论究竟是什么，作为一个入门级的问题，在许多批判者的眼里依然是有疑问的。

与定义相关的另外一个难题可以被描述如下。如果我们接受了卢曼的理论进路，那么我们如何才能知道有哪些系统呢？卢曼所提及的那些标准的系统是政治系统、法律系统、科学系统、宗教系统、教育系统以及道德系统。那还有其他的系统吗？那么，医药系统、福利系统、交通系统、哲学系统、农业系统、军事系统或者娱乐系统又是如何呢？或者，更有争议的是，我们如何才能知道，法律系统与政治系统不是一个政治-法律系统呢？[20] 我们如何才能确定这些系统中的任何哪个已经从一般的社 89
会系统中“分化出来”了呢？对此的回答是经验性的还是定义性的？这些系统是由上帝、自然还是卢曼自己创造的呢？是否可能是这样的，即是卢曼他混淆了关于对社会过程进行概念化的偶然且历史的特殊理念或者对决策进行组织化的方式与某种演化的普遍性呢？为了回答这些难题，我们将再一次面

〔20〕 这样的一种界定，已经为诸如美国法律现实主义者、德国自由法学者以及社会法学的主张者等许多法律理论家所接受，他们做了大量的努力去证明法律与政治是不可分割的。卢曼对存在两种不同的系统的坚持，可能反映出他受德国实证主义影响的法律教育背景。参见第八章。

临上文所提到的关于理论之身份的含混性问题。

一个进一步的反对意见是以这种一般性的方式提出的。卢曼的沟通概念同样是他定义的产物。他向我们展现了一种可以减少世界之复杂性的筛选过程或运作的理念。但是，世界的复杂性难道不是人类种族自己创造的某种东西吗？从直觉上来说，至少对于成年人来讲，这个世界在某些方面是复杂的，但在另外一些方面是简单的；这里并没有任何先在的复杂性。复杂性的理念本身也包括了理解或预测之困难的观念，一个与我们的心理过程相关的观念。然而，卢曼对于沟通进行的有独创性的界定方式，却很明显地要试图避免它与思想或心理过程有任何必要的关联。否则的话，系统就是不可能交流的，除非它们可以思考。看起来卢曼对“沟通”这一术语的用法所导致的模糊性比它所解释的还要多。

沿着这条论证路线，还会导致更为一般化的反对意见。为了描述社会系统或者它们的运作，卢曼时常从有关心灵的话语王国中借用术语。难道这不会导致哪怕一点点混淆吗？例如，法律规范，作为程式，是卢曼理论的一个重要部分，而且它们也是有关沟通的“无心灵的”法律系统之运作的一部分。但是，卢曼却是从一种关于失落的期望这种更为基础性的理念出发，来对他的法律规范概念进行塑造的。这些期望能够以一种避免依赖心理过程、情绪或理念的方式而被界定或刻画吗？[21] 在承认这一难题的前提下，卢曼近期已经通过“时间债券”（time bonds）或时间承诺，非常聪明地提供了一种对期望的说明，但是，这种说明并不明晰，且因此是没有说服力的。

另一个从有关心灵的传统话语中借用术语的例子是，卢曼的理解概念。为了说明沟通的解释性面
向，理解很显然是沟通的一个必要构成元素。但是， 90
离开了思想或心灵活动，理解还能被理解吗？卢曼似乎说的是，当某个沟通导致了进一步沟通的时候，理解就发生了。这就避免了将思维技巧归属于这个系统，但这似乎与什么可以被理解为“理解”没有任何关系。以一种例外地独有的方式对某一术语或概念的使用，可能隐藏着某种重要的谬误。

还有一个例子可以证明这一点。通过根据区分和命名对简单观察进行界定，卢曼给出了一个令人信服的论据。我们可以理解，一个加热系统是如何“观察”其环境中的温度的，尽管我们得承认，这在

---

〔21〕 根据更具惯习性的社会学理论（通常是方法论个体主义所界定的），期望，也包括规范，能够被作为“事实”来观察，但是这样的观察通常隐含了韦伯式的意义（*Sinn*）与理解（*Verstehen*）的观念，而这是卢曼所力求避免的。

某种程度上确实扩大了“观察”一词的日常意义。但是，卢曼从观察这个简单观念转向了更为复杂的系统自身，甚至系统具有的对自身进行描述的能力的观察。这种建立在简单观察基础之上的能力依然是如此不明晰。很确定的是，思维能力要被归属于这个系统。

在我们这里，对一般系统理论的最后一种批判是与卢曼的结构性耦合——某个系统与另一个系统之间的关联——概念相关联的。最为重要的一种这样的关联是，人类的精神系统与沟通的社会系统之间的那种关联。这两种系统都是可以被说成是自创生的，因此它们的运作是完全自我决定的。尽管卢曼说过，并不存在没有意识（精神系统的运行）的沟通，但他依然坚持认为，一个系统是无法与另一个系统沟通的；在一个系统与另一个系统的运作之间没有沟通的关联，也没有因果的关联。一个系统只能作为“激怒、刺激或干扰”的一种渊源，而影响到另一个系统（刺激是一个“系统条件”）。〔22〕这说明什么东西了吗？各种理念似乎是源自于心灵之中的，但却以某种神秘的方式在卢曼的非人类的

〔22〕 这里相应的德语术语是：Irritation、Reizung 与 Störung。这些术语似乎都是从生物语境中借用而来的。

沟通中找到了位置。很清楚，卢曼想要的是保持思想和沟通的相互分离；没有这种区分，整个的社会系统理论都将付之东流。但是，为这种分离所付出的代价却是，似乎再没有什么方式可以将这两者复归在一起了。

现在让我们再把注意力更多地集中于对于卢曼的法理念的批判之上。首先可能被提出的反对意见是，系统理论无法回应许多传统的法理学难题；它无法为律师或法官提供指引。但是，我们必须记住，这并不是系统理论的目的所在。我们不能因为他没有做到他根本没想做的事情而去批评卢曼。从内部 91
视角（法学教师或学者的视角）出发对法律的理论化，属于法律系统本身。

更有问题的是卢曼有关法律之功能的理念。可以这样说，卢曼对于法律之功能的定义，似乎是为了符合系统理论的其他内容的要求，而对其进行的命名，而不是对功能的直觉或经验的概念进行的描述。期望常常是由手段来保障的，而非法律。无非是持续进行的关系保障了期望，诸如家庭关系、工作关系或者持续的商务交往关系，因为它们或多或少具有长期不变的本质。这样的关系所导致的法律义务，通常只有在关系破裂的时候才会发生。双亲通常都会支持自己的孩子，雇主通常都会为他们的雇员支付报酬，卖方都会履行他们之于常客的义务。所有的这些期望都会被满足，这不是因为法律实施的威胁，而是因为他们有必要促进持续性的关系。在这样的关系之中，坚持对法律规范的遵守，有可能是适得其反的，而且常常会被审慎地避免。可以想象，一项经验研究可能表明，更多的期望都是通过这种方式保障的，而非法律系统。如果是这样的话，这就会让人对一种特定的社会子系统的重要性或必要性产生怀疑，如果这个系统的目的只是保障规范性期望的话。它也会表明，如果法律只具有一种唯一功能的话，它实际上会服务于更为中性的目的，即在关系被打破之后清除社会混乱。(解决冲突?)

但是，对于卢曼的法律系统的一个主要批判，与长久以来对实证主义者的那些批判是相同的。使用常规的术语，我们可以说，它们确立法律的自主性是错误的。通过参考卢曼的理论，我们可以说，这个系统并不是封闭的。合法/非法的二元编码并没有起作用。法律自身无法产生法律，因为运作的网络到处都是破洞。法律系统并不是这些规则和概念——它们可以被理性严格地（或者我们是否应当说是机械地或电子式地?）采纳以便确定案件的结果——的封闭性建构。它是规则、学说、原则、概念以及解释的一种松散的集合，它们在一种不断变化的社会关系和信念（包括道德与政治）所组成的河床上不停地流动。近年来罗纳德·德沃金可能为这种情况提供了最佳的例子。[23] 在这方面，卢曼的理论与凯尔森经典的纯粹法理论，有着太多的相似点。两者都太纯粹了，以至于根本无法充分地反映法律过程的现实。两者都过度夸大了官方规范的重要性，从英美的视角来看，这是多数德语法学传统 92
共有的一种缺陷。

卢曼的回应大概还是会重复那种更传统的实证主义者的立场。怀疑者错误地将例外情境当作了常规情境。大部分法律规范都是清楚的，而且都能很容易地被适用于它们有意覆盖的那些情境。“疑难”案件时不时就会出现，它们必须通过创造性解释而被解决；但是，法律系统将这一点作为它运作的一部分而有所准备。如果没有正在运作的系统，使用合法/非法的编码并程式化地运用清楚且敏锐的规范，那么，法官的活动就将是一种佯装，而立法者的活动就成了无用之功。当我们将注意力从疑难案件那里移开的时候，那么，系统本身看起来就是牢固的、运作良好的、不可缺少的。

---

〔23〕 See Ronald Dworkin, *Law's Empire* (Cambridge, Mass.: Harvard Univ. Press, 1986); *Taking Rights Seriously* (Cambridge, Mass.: Harvard Univ. Press, 1977).

第7章　制度性法实证主义

93　作者……是对人事作了一番议论；可是突然之间，我却大吃一惊地发现，我所遇到的不再是命题中通常的“是”与“不是”等连接词，而是没有一个命题不是由一个“应该”或一个“不应该”联系起来的。……因为这个应该或不应该既然表示一种新的关系或肯定，所以就必需加以论述和说明；同时对于这种似乎完全不可思议的事情，即这个新关系如何能由完全不同的另外一些关系推出来的，也应当举出理由加以说明。

——大卫·休谟（David Hume）[1]

---

〔1〕 David Hume, *A Treatise of Human Nature* (Oxford: Clarendon Press, 1958) vol. II, book 3, pt. 1, sec. 1. Original published in 1739. [译文参考了［英］休谟：《人性论》（下册），关文运译，商务印书馆1980年版，第509~510页。——译者注]

背　景

制度性法实证主义，也被称为制度法理论，主要是与捷克裔奥地利学者奥塔·魏因贝格尔（Ota Weinberger）联系在一起的，他曾在布拉格查理大学（Charles University in Prague）跟随弗兰蒂泽克·韦尔（Frantisek Weyr）学习。韦尔是汉斯·凯尔森的门徒，但是，魏因贝格尔对于“纯粹”法理论并不青睐，尽管这种理论引导着他从事了规范逻辑和目的论逻辑上的创新性工作。在 1970 年代的某一时间段，他被赫尔穆特·舍尔斯基（他也是尼克拉斯·卢曼的导师）的社会学理论所吸引。一方面，魏因贝格尔认识到了凯尔森传统的法律实证主义中存在的缺陷，它关注于法律的纯粹规范面向，而排除了经验实在；另一方面，他也认识到行为主义法社会学的缺陷，它关注于法律的纯粹行为面向，而排除了它的规范方面。

对于魏因贝格尔而言，法律科学的这种分歧是不可容忍的。他认为，对于为法律提供一种完全说明的难题，其解决方案要在“制度”这个理念中去寻找。对于魏因贝格尔而言，制度成为这样的一些 94
方式，通过它们，法律的规范性面向和描述性面向可以被融合成一个综合的法理论。虽然将他引导向制度解释方向的是舍尔斯基的作品，但魏因贝格尔却是在英国学者约翰·R. 塞尔（John R. Searle）的作品以及他的“言语行动”与“制度性事实”的概念中，[2] 找到了更稳固的哲学基础。制度法理论的理念并不是新的。早期的学者，主要是法国的莫里斯·奥里乌（Maurice Hauriou）以及意大利的圣·罗马诺（Santi Romano），曾经提出过“制度”理念占据突出地位的理论。[3] 但是，这些理论与魏因贝格尔的作品之间似乎并没有直接的关联。当代苏格兰学者尼尔·麦考密克（Neil MacCormick）也独立地提出了一种制度法理论，它在许多方面都与魏因贝格尔的理论很接近。近些年，两位学者一直在合作，

---

〔2〕 See John Searle, *Speech Acts: An Essay in the Philosophy of Language* (London: Cambridge Univ. Press, 1969).

〔3〕 See Santi Romano, *L'Ordinamento Giuridico*, 2nd. ed. (Florence: Sansoni, 1951); Santi Romano, *Principii di diritto constitutionale generate*, 2nd. ed. (Milan: Giuffré, 1947); Maurice Hauriou, *Aux sources du droit: Le pouvoir, l'ordre et la liberté* (Paris: Bloud and Gay, 1933); Maurice Hauriou, "La théorie de l'institution et de la fondation", *Cahiers de la Nouvelle journée* 23 (1933), 89.

尽管他们并不是在所有的方面都能达成共识。[4] 魏因贝格尔理论的诸多方面都得到了维尔纳·克拉维茨（Werner Krawietz）、弗朗茨·比德林斯基（Franz Bydlinski）、彼得·科勒（Peter Koller）以及马西莫·拉托雷（Massimo La Torre）的赞同。

目　标

魏因贝格尔试图为这样一种法律科学提供哲学基础，它包含并整合了法学家们的那种更为传统的分析法学，包括对于法律论证的探究以及对于法律现象的社会学研究。同时，他也努力为对法律的批判以及对正义的更好理解提供基础。在魏因贝格尔的观点看来，从纯粹规范性视角对法律进行的研究——在德语世界通常被称为“法教义学”——不足以提供一种完全的理解，尽管作为一个更宏大的事业的一部分，它是有价值的，特别是对于职业实践者来说。另外，对于法律现象的行为研究，也被

---

〔4〕 Neil MacCormick and Ota Weinberger, *An Institutional Theory of Law* [德语章节是由鲁思·艾德勒（Ruth Adler）与尼尔·麦考密克（Neil MacCormick）翻译的，Dordrecht: Reidel，1986]. 德语原版：*Grundlagen des Institutionalistischen Rechtspositivismus*（1985）. 这部作品严格来说并不是两位作者之间的一种合作，因为它所收录的是两位作者独立创作的文章的合集，只有导言部分是共同创作的。

看作是不充分的，因为通过将它们归入了心理学领域，它们并没有说明法律重要的规范面向和逻辑面
95 向。传统上来讲，法律的规范分析，在哲学上是建立在对于规范是什么的错误理解之上的，而行为研究依赖的却是一种粗糙的经验主义。魏因贝格尔试图为这两种研究寻求一种新的哲学基础，它使这两种理论彼此之间可以相互补充。

如果我们指出那些魏因贝格尔并没有想要用他的理论来解决的问题，这可能会是颇有成效的。除了可能偶然会提及，否则，他无意对法与道德的关系给出任何说明，也不想回答法律为什么应当被遵守的问题。他也没有想为法的法律效力（或道德效力）确立某种最终的根据。他拒斥传统自然法的假设和研究进路。而且，尽管文化制度的演化与他的进路是可以兼容的，但魏因贝格尔并没有试图说明这一演化进程。

主要的理念

可以认为，制度性实证主义理论是由四个组成要素构成的：人类行动理论、实践推理的逻辑理论（与目的论理论）、法实证主义观念以及规范主义的制度概念。当然，所有的这些组成要素在这一理论

中是整合在一起的，且彼此也是相互关联的。

在他的人类行动理论中，魏因贝格尔处理了这样一个基础问题，它与马克斯·韦伯在他的这种努力（即通过理解与意义来对人类行为进行说明）中所面对的问题，以及尤尔根·哈贝马斯通过他的交往行为所面对的问题，都是一样的。它假设，社会是个体的人类以多种方式进行互动的结果，也由此产生了社会现象。对于这些现象的说明开始于个体人类的活动。因此可以说，社会（或法律）理论的“单元”是个体，正如化学理论的单位是原子一样。因此，对人类行动是什么进行阐释在哲学上是必要的。

魏因贝格尔赞同“实践优先”(primacy of praxis)的原则，〔5〕即与理论或语言相比，行动是更为基础性的。对于行动来说前二者是工具性的，它们有意义只是因为它们服务于行动。因此，信息以及逻辑运算，包括关于我们应当做什么以及事实情境是什么的思维方式，都是实践决策的工具。

> 知识体系是独立的思想复合体——陈述与规则体系——它们与由于行动之适用的关系而

〔5〕　参见托马斯·伦奇作品第二章的讨论，他也赞同实践优先。

> 具有的客观性导向是相分离的，但是，它们在
> 两个方向上表现出与实践的某种初级关联：它
> 96 们的问题之设置常常直接或间接地来源于实践
> 的兴趣，而且它们的知识结构属于这样的类型，
> 即从原则上来讲它们在实践上（例如在行动中）
> 是可适用的。[6]

魏因贝格尔将行动界定为由信息统制的行为。根据他的设想，人类是有能力作出选择或决定的；行动并不是由诸如滚动中的台球的方向这样的物理法则所决定的。但是，行动受特定因素的限制而只有有限的选择。这些因素中的第一种因素便是个体可得的信息或知识。“信息”这个术语在魏因贝格尔的思想中有特殊的意义。主要有两种类型：第一种类型是那些可以被称为描述性信息或关于**“是”**（is）什么的知识的信息。这里还包括我们对这些问题的理解，即世界是如何构成的，它一般是如何运行的，以及特定的原因是如何产生特定效果的。第二种类型是实践性信息（在康德之实践理性意义上的实践性），或者关于我们应当做什么以及什么是更

---

〔6〕 Ota Weinberger, “Grundlagenprobleme des Institutionalistischen Rechtspositivismus und der Gerechtigkeitstheorie”, *Rechtstheorie*, Special Edition 14 (1994), 178.

好的或更坏的知识。例如，如果我决定走出我的办公室，我就利用了这两种信息：我知道墙和门的物理性特征，而且我知道我必须转动门把手才能打开门。后一“信息”是一个应当命题、一个规范。实践性信息是由规范性命题构成的，且包括偏好、规则、原则、目标与价值。我们在作出决定时需要处理的信息，无论是描述性信息还是实践性信息，都来源于在我们文化环境中通过经验进行的（正式的或非正式的）学习。因此，文化在某种意义上是行动的决定性因素。

人类行动的第二种主要的决定因素是制度所允许的行动之范围。而制度意指的是什么，我们将在下面进一步进行探讨。在这里，我们可以指出，人类是在规则的框架或结构的范围内运作的，规则的框架和结构使得他们能获取特定的目的，并对他们获取其他目的予以了限制。在多数大学中，我们都可以“自由地”去攻读一个生物学学位，但却不能攻读占卜术或纸牌魔术的学位。在欧洲以及美国，我们都可以与任何一个配偶结婚，但却不能是两个。在国际象棋中，我们可以沿对角线移动“象”，但却不能这样移动“车”。熟悉掌握不同的人类制度，也会成为行动者在作出行动时要处理的那些信息的一部分。

魏因贝格尔进一步对统制人类行动的“信息”的本质进行了界定。描述性信息是由被清晰表述为描述性命题的“思想对象”，或者可以但不必然被清晰表述为描述性命题的理念构成的。根据真理符合论，魏因贝格尔断言道，这样的表达为命题的思想
97 对象是有真值的。如果它们与实在符合，它们就是真的。它们也可以适用于常规的命题逻辑，无论是亚里士多德逻辑还是现代逻辑。这些命题可以反映出不同的抽象程度，从“草是绿的”到“在一定气体容积下，温度与压力直接成正比”。

实践性知识是由规范或者可以被还原成规范形式的价值陈述所构成的，它们也可以被理解成思想对象。这些对象也可以被清晰表述为带有不同抽象程度的规范命题。但是，它们不能以描述性陈述所为的那种方式与实在相符合；不存在柏拉图式的应然世界。当然，通过诉诸一个特殊的规范体系，规范命题可以是有效的或无效的。但是，根据魏因贝格尔的观点，规范也可以是“真实的”(real)。这意指的是什么，我们将在下文对于制度的讨论中加以说明。

魏因贝格尔的行动理论提出了一个一般性问题，关涉的是规范、偏好以及价值在人类决策（行动）中运作的方式。导致行动的那一“进程”是什么样

子的？他小心翼翼地避免为这一问题提供一个心理学答案；根据推定，这样的一个答案，或诸多答案，要建立在经验性研究之上，或者也可能建立在某种内省之上。避免心理学说明的一个重要的理由便是，魏因贝格尔希望，他的行动理论能够说明，诸人之集合（公司、立法者等）的行动，以及按照其他人或集体的利益来行动的代理人的行动。在这些语境中，心理学说明是不合适的，因为我们没有必要去处理单个人的心灵问题。相反，魏因贝格尔所寻求的是，为行动的分析提供逻辑基础，或者换句话说，是根据逻辑规则对决定程序进行形式化。传统的逻辑一直被适用于认知领域之中，也就是适用到描述性命题之上。〔7〕如果没有相当大的修改，这种逻辑是不适合用来对规范性命题领域中的推论进行证成的。因此，必须得发展一种或多种可以对规范和价值进行操作的逻辑系统。魏因贝格尔看到了对于偏好逻辑、价值逻辑以及形式目的论的需求。尤其是

---

〔7〕在道义逻辑领域中，这里应该提一下格奥尔格·冯·赖特（Georg von Wright）的作品。See Georg von Wright, *Norm and Action: A Logical Inquiry* (New York: Humanities, 1963); Georg von Wright, *An Essay in Deontic Logic and the General Theory of Action* (Amsterdam: North Holland, 1968).

后者成为他学术的对象。[8]

这种目的论的概念是被刻画成形式主义的、终极目的论的（finalist）。它是形式的，因为它是一种抽象框架，用于独立于任何特殊目标或价值的实践
98 思维。它是终极目的论的，因为它处理的是不处于实际存在状态的目的。这样的一种逻辑系统必须处理目的和方式的难题，处理相矛盾的目的的难题，处理手段和目的的多元化的难题。当然，这种理论无法为决策提供算法或数学的解决方案，因为在行动者身上总是会留有非理性的决定要素。但是，目的论慎思的框架可以为实践思维的事业提供某种调整性理念，与自然科学哲学家为科学思维提供说明的方式一样。

> 在我看来，形式目的论是一种关于实践思维的关系与运作的有着理性基础的理论，它并不是要为世界的因果关系提供一种替代的选项，它仅仅是一种关于特定意识现象的理论。它也没有建构一种在它可能会对作出决定与行动的正确方式进行描述，而人们的真实行动应当将

---

〔8〕限于本书的篇幅，我们无法进一步讨论魏因贝格尔之逻辑的细节。

> 之作为理想而追求这个意义上的理想化的（理性的）行动理论；相反，它提供的一种建立在因果关系之上的图式（schematisation），这种图式可以在行动理论中适用。在一系列的后续反思的语境中，它不被纯粹地当作是一种关于理性决定和行动之假定条件的体系，而是当作一种有关行动之分析的一般的图式。〔9〕

我们在上面已经指出，魏因贝格尔坚持认为，规范可以是真实的。这并不意味着，它们可以从描述性命题中被逻辑地推导出来；这违反了魏因贝格尔所称的“不可推导性假定”，而且似乎可以将之等同于那些通常被当作是避免自然主义谬误的做法。为了确定其主张的“规范可以是真实的”所意指的是什么，〔10〕我们必须转向制度性事实的理念。

跟随 G. E. M. 安斯康姆（G. E. M. Anscombe）和约翰·塞尔，魏因贝格尔区分了“裸露的事实”（brute facts）与“制度性事实”。前者是通过感官知

---

〔9〕 Ota Weinberger, *Law*, *Institution*, *and Legal Politics*: *Fundamental Problems of Legal Theory and Social Philosophy* (translated by Ruth Adler et al., Kluwer: Dordrecht, 1991), 14. 德语原版：*Recht*, *Institution und Rechtspolitik* (1987).

〔10〕 魏因贝格尔区分了命题与规范陈述之**对象**的本体状态（二者都是可能真实的），以及这两种陈述不能被混淆的语义学要求，也就是，“应当”陈述不能从“是”陈述中推导出来，相反亦如此。

觉直接确定的："这个球是红的"，"这水很热"。但是，人类对于实在的体验是以比这种简单的符合更为复杂的方式进行的。例如，我知道我现在在法学院工作。这意指的并不仅仅是（或者甚至不主要是），我处于某个特定的物理位置之上。"法学院"并不是一个建筑；它的活动可以被转移到另外的建筑中进行。它是一种人的组织，所有的人都有特定的角色。它是一个正在运作的系统，遵循着在特定
99 真实时间框架中的特定规约与规则。它是有目的的。[11] 它是一种制度，而且它是作为事实问题存在的。"我现在在法学院工作"这一陈述是有真值的。当然，我们注意到，诸如法学院这样的制度是由诸如规范、角色以及目的这样的事情来构成的。制度是行动的模型与可能行动的框架：人们在制度的框架内与其他人一起组织他们之间的互动。个体们被假设可以在这些框架内做的事情是由规范和目的来指示的。实际上，制度本身就是规范构成的。这些规范是真实地存在的吗？它们指涉的不是可以通过感官知觉进行证实的东西，但它们却是我们的实在的一部分。它们决定了哪些事情可以做、由谁做以

〔11〕 Cf. Phillip Nonet, "The Legitimation of Purposive Decisions", *California Law Review* 68 (1980), 263.

及如何做的范围。实际上，它们在这个世界的特定时间、特定地点有着某种运作性效果。魏因贝格尔说到，规范是在这种制度性意义上“存在”的：

> “应当”是实在，如果它是决定行动之系统的一个元素的话。如果其所关涉的是个体，这就意味着，无论是自律性的（由自我决定的）还是他律性的（由社会决定的）规范，都是决定行动的慎思的一部分；如果其所关涉的是集体，规范就决定了社会中行为的形式、社会结构（例如法人）以及人类的互动。[12]

因此，通过认识到规范在**“是”**的世界中拥有某种实在性，因为它们部分上决定了人类的行动，于是，应当的世界与“是”的世界之间就有了关联。制度是真实的，且因此构成和调整制度的规范也是真实的。

就制度而言，魏因贝格尔喜欢举的例子是国际象棋游戏。这种游戏完全是由规则构成的，尽管还需要物理的棋子和棋盘。如果不遵循规则是不可能下国际象棋的，尽管这些规则并没有指示任何实际的一个移动步骤。当两个人坐下来下象棋的时候，

---

〔12〕 Weinberger，前引脚注 9，第 101 页。

这个游戏是真实的吗？我们知道，每一次移动之后棋子所在的位置都在部分上是由游戏的规则指示的。象棋游戏作为我们的实在的一部分是“存在的”。尽管它的规则是无法通过感官经验而被证明是有效的。这是一个宽泛的实在之观念，比严格的经验论者所允许的观点更为宽泛；但是，它更为接近我们对于实在的直觉理解。因为对于什么构成了实在，无论如何都是个规约问题，那为什么就不能承认“制度性实在”呢？

制度性法实证主义，将上面所概述的那种特定的行动理论，与能够提供这样一种法律科学框架的制度之概念结合在一起，这种科学能够容纳规范性探究（分析法学与教义分析，或法教义学）以及社
100 会学探究。社会中实际上发生了什么，可以与这种实证主义之法体系中的规范关联在一起。这种法体系可以从内在或诠释学视角进行批判，也可以从外在或功能性视角进行批判。有关制度性法实证主义的贡献，魏因贝格尔描述如下：

> 这种贡献……主要体现在四个层面上：①在于这种关于法律内容的复杂观念，赖之法律的论证与解释以及法教义学的适当根据被建立起来；②在于这种关于意义、有意义的行动

> 的制度性观念，以及关于有意义的要素在这些制度中的发展过程的制度性观念；③在于这种实证主义观点，它拒绝了任意的实证主义——即认为法律可以具有任何的内容，只要它是依赖权力得以实施的——它将非认知主义与理性论证关联起来；④在于提供了一种论辩的语用学，它将逻辑分析与话语的社会过程关联在一起。[13]

魏因贝格尔关于法体系的观点，就其主要的方面，并没有背离更为传统的实证主义观点，诸如哈特或凯尔森的实证主义。事实上，他似乎接受了哈特有关法体系的观点，即一种由主要规则与次要（权力赋予）规则组成的结构。进一步来说，道德被看作是一种独立的规范体系，它不能决定法律的内容，但可以通过立法以及其他可能的方式影响法律。法庭中的普通案件都是通过那种传统的涵摄——它们的事实为适当法律规范所涵摄——来予以解决的。我们已经指出了，魏因贝格尔拒绝了自然法命题，即法律必须具有某种内在的道德价值，也就是，法律以某种方式是在道德上“有效的”。

〔13〕 Weinberger，前引脚注6，第246页。

在对罗纳德·德沃金的这一批判——法实证主义没能说明审判中“原则”的运作——进行回应时,[14] 魏因贝格尔采用了一种典型的实证主义策略。他同意,原则会进入到这种过程,但他坚持认为,它们可以在官方的规范体系中被捕获。他认为,在司法论证中使用的那些原则,可以在下列三种权威渊源中被发现:来自于习惯法(对于魏因贝格尔来说,它也包括法官创造的法律以及司法意见),通过对一般的权威规则体系的抽象化(法体系的一般原则),通过在法律文本中找到抽象的规范或目的的决定要素。假如它们都能够被发现,那就看这些原则在与更多的规约性规则的关联中是如何被使用的,根据魏因贝格尔的意见,可能与它们相冲突的规约性规则“可能是有问题的”。[15] 但是,他暗示了某种优先性的体系可以通过合适的法律分析被找到。

101 魏因贝格尔承认了解释在法律中的作用。他在形式的解释与工具的解释之间作出了区分。前者是奥地利法学的典型特征,它寻求的是从法律条款的语言以及它们制定的历史语境(立法者的意图)中

〔14〕 Ronald Dworkin, *Taking Rights Seriously* (Cambridge, Mass.: Harvard Univ. Press, 1977), 14-45.

〔15〕 魏因贝格尔并没有回应德沃金所提出来的“自由裁量”的难题。

获取它们的意义。而工具的解释依赖于目的并涉及目的论的分析。魏因贝格尔认为，这样的分析是不可避免的，但却应该对它的过度使用保持警惕，因为多种目的可以被归属于这个法律，而且目的的决定因素并不总是能够无涉主观性的。他说道，制度性法实证主义试图在文义主义与目的论解释两个极端之间找到一条道路。

魏因贝格尔还对道德和正义做了某些观察，它们与实证主义者的立场——即使不是典型的——是共同的。他承认，道德在人类生活中有着重要的角色，而道德规范以一种制度性方式“存在”。但是，他相信这些道德规范在这个意义上是主观的，即没有人能够证明它们的客观性，而且道德是因人而异的、因文化而异的且因时间而异的。正义是道德的一种特殊面向，它是与社会中人们之间的关系，尤其是法律关系相关联的。虽然它是主观的，但却是一种理想，可以为人类制度的批判性反思提供基础。正义原则可以成为人类行为的决定因素，而且（至少从功利主义的立场来看）关于做事情的各方面的过程，可能是在要求正义的模式之下作出的。当然，正义与法律体系的那些训令并不相等同。

魏因贝格尔的制度性观点，在某些方面，也背离了传统的实证主义法学。首先，法体系本身被构想为一种制度；它是由规则、角色以及目的构成的。这种制度反过来又创造了法律规范。在这里，在魏因贝格尔的作为制度的法律与卢曼的作为自我创造之系统的法律之间有着粗略的相似性。[16] 这就意味着，法律的社会制度的存在，与它的规范，尤其是与权力授予的规范，是内在关联在一起的。诸如国际象棋游戏那样，法律是由其自身的规则构成的。一个进一步的推论便是，法律是一个动态的规范体系。这个体系的运作是社会过程与法律行为的互动；它依赖于规范性理解与演绎，也依赖于通过对社会实在进行观察所得来的信息。这种研究进路解决了凯尔森理论中将基础规范作为效力基础的难题。对于魏因贝格尔而言，特定法律的效力可以以“系谱式的”(genealogical) 的方式追溯到基本的规范，但这些规范的效力依赖于它们是否是某个实际存在的制度的要素，也就是说，它们事实上是不是在这个
102 经验可观察的世界中的行动之范围的决定者。[17] 因此，根据魏因贝格尔的观点，法理论或法律科学的双重义务是，对法律的规范结构进行分析，以及对它在社会语境中的运行进行探究。在这两个方面，

---

〔16〕 参见第六章的讨论。

〔17〕 See Karl Llewellyn, “The Constitution as an Institution”, *Columbia Law Review* 34 (1934), 1.

它都是可以被批评的。

批判与回应

魏因贝格尔的行动理论带来了一系列问题。首先，他所追求的是一种方法论个体主义，它排除了根据非意图性术语对人类行动的说明。例如，卢曼的社会学进路，以及经济理论或演化理论的某些领域，〔18〕与个体主义方法是不兼容的。然而，这种进路与社会学和人类学中的许多工作还是一致的。可以说，它改进了韦伯根据理解作出的那种说明，也改善了哈贝马斯所提供的交往行为的那种晦涩复杂的观念。

在魏因贝格尔的行动理论中，信息是如何“统制”行为的，依然是不清楚的。这种关系不是因果性的，而且魏因贝格尔承认，除了这些“信息”之外，还存在决定的非理性因素。这种意愿（will）或意志（volition）或“态度”的要素，使得个体作出非理性的决定或者部分上理性的决定或者可能其他的某些决定成为可能。这些信息，包括认知描述性

〔18〕 See, e. g., Paul Rubin, “Why Is the Common Law Efficient?” *Jour. Legal Studies* 6 (1977), 51.

信息与规范性信息，是如何基于这种意志运作的呢？这种意志是一种情感问题吗？这些事项依然是不清楚的。

一个相关的问题是，魏因贝格尔是否成功地在这个图式中排除了心理学说明。他根据目的论、方式-目的评估所谈论的东西似乎都是心理过程。这种参与目的论推理的能力，可能假设了这样的人类特征的出现与运行：智能、学习、理解以及情绪，所有的这些特性都是属于心理学家的王国的，如果心理学并没有被逃避掉，那么，这又会给这种理论带来何种伤害（或可能的善好）呢？

魏因贝格尔所提出的制度之观念，是对于法哲学的一种真正的贡献。他令人信服地展现出规范与社会实在之间的关系，这在现代法学中是崭新的。通过这种做法，他似乎填补了规范话语与科学话语之间的鸿沟。“应当”的世界对“是”的世界有影响，而且在其中发挥了一定的作用。我们似乎已经
103 了解到作为常识问题的这种观点，但一直缺少一种有说服力的理论。不过，这种理论也远非不可对抗的。规范与社会实在之间的准确关系，在某种程度上依然是令人困惑的。而令人困惑的正是我们感知制度性事实的方式。我们如何“知道”构成了某种制度的这些规范呢？在何种意义上它们是真实的？

对这种理念的进一步发展可能将能够提供阐明。

制度性法实证主义也会遭遇一般层面上针对实证主义所做的那些批判。德沃金基于规则与原则之间的区分所做的那一著名批判，也依然没有被充分地回应，尽管实证主义者可以有效回应的方向已经被指明了。对基础规范之难题的回应，粗看一眼，是有独创性的。但是，这一点完全是不清楚的，即当魏因贝格尔的解释的特殊术语体系被弄清楚时，它在本质上是不同于哈特的说明的，也就是基础规范或承认规则是被一个特殊的社会“所接受的”。再一次、进一步的讨论可能会阐明这一问题。

对于制度性法实证主义的最为根本性的批判是，对我们来说，它似乎并没有任何实践意义。它是一部令人瞩目的哲学思辨作品。它有意为一种科学提供哲学基础，这一科学是广泛的，足以将传统法理学以及法社会学的主题事项都囊括进来。然而，即使我们接受这种理论的整体，但我们依然会留有我们之前已有的同样的那两种类型的实践探究。我们最终还是使用分析法学通常所用的那种方式，对法律规范的有效性进行分析，对法律概念与规则之间的内在关系进行说明。另外，社会学研究的进展有没有制度理论的帮助，并没有什么不同。真实的情况是，这两种话语之间的概念性关联被建立了，而且这是一种实质的哲学成就；但是，这些话语本身并没有被以任何方式整合在一起。我们知道在哲学上可能更令人满意的是，有一种理论可能同时对这两种探究领域进行说明。除了这一点，还实现了其他什么内容，就不清楚了。

第8章　德语法哲学之评价

文明世界的两种法律文化彼此是如此不同，以至于 104
其中一种文化的法律语词，要充分转译成另一种文化的语言，几乎是不可能的。

——古斯塔夫·拉德布鲁赫〔1〕

实际上，德语法哲学正在发生着令人兴奋的事情。正如前面几章所展现的那样，许多有趣的理念已经得到阐述，古老问题的新的解决方案也已经被提出来了，这些在当代美国的法学学术中都没有相应的内容。在这些新的理念中，哪一个能够在美国的讨论中生根发芽，还有待进一步来看。这可能

〔1〕 Gustav Radbruch, *Der Geist des englischen Hechts* (Heidelberg: Rausch, 1946), 8.

部分上要依赖于它们可以“被转译”进入美国法律文化的程度。[2] 在这一总结性的章节中，我们将从美国法律与哲学之传统的视角，对德国的学术进行评价。我们也将就法哲学事业在这两个国家中是如何运作的，试着说明其中的某些根本性区别。

德语法哲学的任务

有史以来，法哲学自身一直致力于两种主要的任务：说明法律与评价法律。某种理论可能会提供一种思维框架用来说明：法律是什么，它如何与其他社会现象（道德、习惯以及政治权力）相关联，
105 或者两者兼有。作为另一种选项，某种理论也可能提供对法律的证成或者对法律的批判，以表明它是正当的（或不正当的）。对于单个理论来说，试图既进行说明也进行评价并不是不常见的。这些相同的目标，加上它们的诸多变体，在今天的美国和德国，都为人们所求索。那些当代德国法哲学家们所具有的更为特定的目标——他们自己关于他们在做什么

〔2〕 对于法律文化这个概念，参见 Lawrence Friedman, *The Legal System: A Social Science Perspective* (New York: Russell Sage Foundation, 1975). 我们会将学术文化或智识文化的观念也增加到劳伦斯·弗里德曼（Lawrence Friedman）的法律文化理念之中。

的理念——可以被分为若干个范畴。少数某些人，尤其是尤尔根·哈贝马斯、罗伯特·阿列克西、康德主义者以及亚里士多德主义者，有着一种政治的或道德的目标；他们寻求为法律确立一种**终极理由**（*Letztbegründung*）——一种终极的证成。从这种观察出发，即法律是强制性的，而且禁止人们从事他们想要做的事情，或者要求他们做他们不想做的事情，可以得出结论，法律是压迫性的且是不正义的，除非可以确定某些基础以此能够证明法律在道德上是正确的。这些理论家试图说明，法律的正当性是如何被取得或被证明的，或者对于一个正当的法律体系来说，它至少需要哪些条件。[3] 对于这种证成性事业，美国相对应的部分，众所周知的是约翰·罗尔斯、罗伯特·诺齐克（Robert Nozick）以及法律与

〔3〕 甚至是卢曼——无论是偶然的还是有意的——通过他的旋转木马式的功能性解决方案，对于什么可以被当作是法律的终极正当理由，也给出了一个特定的演化式说明。

经济学的那些主张者们的作品。[4] 就负面批判方面来讲，犹存的德国马克思主义理论家所寻求的是对(资产阶级的，资本主义的?)法律的批判，并且在马克思主义意识形态的大厦中表明它的偏倚性和不正义。美国的负面批判者，包括批判法学家和它们的诸多分支，以及批判种族理论和女性主义的主张者。[5]

德语法哲学第二种且可能更为常见的目标是，对法体系或法律秩序的理念包含着什么内容——法是什么——进行界定和说明。诸如汉斯-约阿希姆·科赫、赫尔穆特·吕斯曼、德尔夫·布赫瓦尔德、

---

〔4〕 See John Rawls, *A Theory of Justice* (Cambridge, Mass.: Harvard Univ. Press, 1971); John Rawls, *Political Liberalism* (New York: Columbia Univ. Press, 1994); Robert Nozick, *Anarchy, State, and Utopia* (New York: Basic Books, 1974); Robert Cooter and Thomas Ulen, *Law and Economics* (New York: Harper-Collins, 1988). 其他的美国学者也会追求这种证成性目标。See R. George Wright, *Reason and Obligation: A Contemporary Approach to Law and Political Morality* (Lanham, Md.: Univ. Press of America, 1994); Rex Martin, *A System of Rights* (Oxford: Clarendon Press, 1993); Eric Rakowski, *Equal Justice* (Oxford: Clarendon Press, 1991); Bruce Ackermann, *Social Justice in the Liberal State* (New Haven, Conn.: Yale Univ. Press, 1980); Charles Fried, *Right and Wrong* (Cambridge, Mass.: Harvard Univ. Press, 1978).

〔5〕 See Mark Kelman, *A Guide to Critical Legal Studies* (Cambridge, Mass.: Harvard Univ. Press, 1987); Patricia Smith, ed., *Feminist Jurisprudence* (Oxford: Oxford Univ. Press, 1993); Richard Delgado, "Legal Scholarship: Insiders, Outsiders, Editors", *Colorado Law Review* 63 (1992), 717.

罗伯特·瓦尔特、奥塔·魏因贝格尔以及罗伯特·阿列克西等都在努力提供一种学术地图，依此来对立法与审判体系中的规则、原则以及有效论证之间的关系进行说明。通过装配这些哲学家所提供的某 106
种令人满意的地图，法律分析者可以将法律当作是一种有组织的体系来进行规划和教学，而且法官在决定疑难案件时可能也能受到清晰思维的引导。虽然这种分析法学在不列颠也处于主导地位，但它在美国并没有获得太多支持。[6]

与法律分析与理性论证相关联的是由修辞学理论的主张者所提供的一种更为中度的进路。他们所寻求的是，通过表明修辞学（包括实质的论据和技术）是如何在司法决策处于中心位置的，从而为实践者和法官解决法律纠纷提供指引。当然，这和诸如詹姆斯·博伊德·怀特、罗纳德·德沃金、斯坦利·菲什、梅尔文·艾森伯格（Melvin Eisenberg）

---

〔6〕 See, however, Steven Burton, *An Introduction to Law and Legal Reasoning*, 2nd. ed. (Boston: Little Brown, 1995).

以及其他许多美国法哲学家的活动是很接近的。〔7〕

最后，某些法哲学家寻求建立某种学术框架，以便可以将法律秩序与其他社会现象关联在一起，而且也能从那样的立场提供对法律的批判。像汉斯·阿尔伯特以及尼克拉斯·卢曼这样的社会学家试图把法律带到一种更大的科学系统的框架之内。奥塔·魏因贝格尔还提出了他自己的方式，用来对规范性法律体系与事实性的生活实在之间的关系进行说明。

虽然上面所主张的四种目标——确定正当性，为法律提供一种分析框架，法律论证的分析以及与其他知识领域的概念整合——已经说明了在法哲学中所做的大部分工作，但是，它们通常并不是任何哪个理论家的排他性目标。关于法哲学应当蕴含什么，每一个思想者都有其自己的概念，因此更常见的是，在这些目标中，他们会求索一个以上的目标。

---

〔7〕 See Ronald Dworkin, *Law's Empire* (Cambridge, Mass.: Harvard Univ. Press, 1986); Stanley Fish, *Doing What Comes Naturally* (Oxford: Clarendon Press, 1989); Melvin Eisenberg, *The Nature of the Common Law* (Cambridge, Mass.: Harvard Univ. Press, 1988). 德国修辞学运动也在詹姆斯·博伊德·怀特的作品中找到了最相近的对应部分。See James White, *Heracles' Bow: Essays on the Rhetoric and Poetics of the Law* (Madison: Univ. of Wisconsin Press, 1985); James White, *When Words Lose Their Meaning: Constitutions and Reconstitutions of Language, Character, and Community* (Chicago: Univ. of Chicago Press, 1984).

一般来说，德国人更加关注法律秩序的逻辑分析、法律的结构与实质，而美国人主要关心的是过程，尤其是对于上诉法院的决策的说明，正如自霍姆斯那个时代开始他们所做的那样。似乎已经比较清楚了，粗略来说，这两个国家的学者们所要努力处理的都是相同的问题。然而其中依然有着重要的差异；尤其是，这两个国家的学者们在分析中所采纳的假设和起点常常是分立的。我们将在“比较分析”这 107
个标题下对这些区别进行检讨。

某些共同的根据

首先，在当代德语理论中能找到的某些共同的主题，对它们加以强调似乎是有助益的。尽管有着相当多的变体，但在当前的这些思想家中间，依然有某些共同的根据浮现出来。有一种特点，在这些多样化的哲学中以不同的外观出现，那便是**合意作为正确决定之基础**的理念。在商谈理论中，终极证成在理想言谈情境中是通过导向一致性合意的论辩来实现的。在达不到理想辩论的真实世界中，导向合意依然是这种证成特征。在汉斯·阿尔伯特的批判理性主义中，合意表面上也是立法决定和司法决定的证成特征。在阿尔伯特的社会技术中，表现特征是必须被假设的。这些表现特征包含了价值。为了通过理性的过程来确定应当作出什么样的决定，首先必须得就假设目标达成合意。从这种立场来看，在真实世界中，阿尔伯特的图式与商谈理论并没有区别。修辞学家也将合意作为决定的基础。在这里，合意是根据在某一既定话题上为达至一个共同意见而对论辩的追求来界定的；当然，共同意见就是达成一致的意见。甚至也可以这样主张，康德主义者也依赖于隐含在定言命令与可普遍化观念之中的某种道德合意。要求自己以及所有其他人都按照能够被普遍化的命令来行动，其所主张的便是，每一个人都能理解他或她自己对于可普遍化的需要，且因此能够就道德地行为达成共识。

其次，在许多德语思想家中存在的第二种共同根据是，**语言**或者交往/沟通**之于他们理论的核心性**。对于哈贝马斯和阿列克西来讲，交往在两个层面上是关键性的。在商谈理论中，通过理想论辩所达成之共识的终极证成，可以说是有赖于交往的诸多预设的，它是一个与塞尔的言语行动相关联的理念。另外，特定的立法决定以及司法决定本身，只有通过遵循法律商谈规则进行的妥当论辩，才能得以证成。在魏因贝格尔的制度性实证主义中，也依然依赖于这种言语行动的观念。言语行动的理念带来了制度性事实的概念，后者是魏因贝格尔对描述性命题的真实世界与规范性命题的同样真实的世界之间的关联进行证明的基础。在卢曼的世界中，沟通成为关键的特征；社会被界定为沟通的世界。当
然，对于修辞学家来讲，以论辩形式开展的沟通也 108
是核心性的；法律是通过论辩建构的。

最后，贯穿某些讨论的另一个共同的特点可以被界定为某种形式的**实用主义**。[8] 对于修辞学者来讲，“有效的”法律是通过论辩建构的；当一个共同意见形成的时候，它就出现了。导向共同意见的那种论辩是建立在经验以及无争议的文化事实的基础之上的。当然，这种共同意见的“真”，可能会随着新的环境以及新的论辩前提而改变。批判理性主义也与实用主义有着某种紧密的相似性。在这种观点中，所有的知识都是暂时的；科学的法则是假设；任何东西都要接受批判和评价。当前为真的内容是那些得到专家最多支持的假设，这些专家抱持着某种批判性态度。在规范性王国中，这些引导决策的被假设的“表现特征”，是根据我们的经验被暂时接

---

〔8〕 这里的实用主义所意指的是一种与查尔斯·桑德斯·皮尔斯、威廉·詹姆斯与约翰·杜威（John Dewey）以及近来的理查德·罗蒂（Richard Rorty）、唐纳德·戴维森（Donald Davidson）等相关联的哲学。根据这种观点，可靠的知识是由基于经验的探究所决定的，并且要由试验或者进一步的经验所验证。不存在先验的或终极的真理。

受为在道德上或政治上正确的，当然它们也可能遭到进一步的批判。尽管在许多方面，奥塔·魏因贝格尔的新康德主义进路，似乎都在尽可能地远离实用主义，但他却同意“实践优先”的观念，这一点和实用主义分享着相同的根据，也就是，理论（与真）从属于行动，并且服务于对行动的促进。实用主义——至少是皮尔斯传统的实用主义——坚持认为，一个判断是真的，如果在一项妥当研究的最后对于它达成了一致意见的话。这与哈贝马斯通过共识的真理有相当大的相似性。

思想分立的历史原因

德语学者们所认为的任务以及共同的根据，两者在美国法理学中都有其对应的部分。然而，这两种传统所使用的词汇不同，讨论的关注点不同，对于什么是重点内容的态度不同，而且这两个国家的法理学讨论似乎也是在不同的轨迹运行的。因此，回顾造成这种分立的历史是有助益的。

其中一种分立已经被承认很久了；它便是这两

种一般哲学传统——大陆传统与英美传统——的分立。[9] 这种经典的分立——每一种传统都使用其自身的概念和术语——已经持续到当前的时代，尽管 109
每一种传统都与另一种传统常有交叉影响。当然，美国哲学家从广泛多元的渊源中吸收了诸多的理念，这也包括德语哲学家的理念，但是，主流的学术活动看起来依然还是在遵循着经验主义的英美传统。在 20 世纪的美国，从世纪之交* 的查尔斯·桑德斯·皮尔斯、威廉·詹姆斯以及约翰·杜威的重大贡献，到最近这些年诸如威拉德·蒯因（Willard Quine）、唐纳德·戴维森或者理查德·罗蒂等学者的作品，与它们相伴，实用主义似乎成为最为重要的视角。与此相对照，德国人更愿意在狄尔泰（Dilthey）、胡塞尔（Husserl）以及海德格尔的传统中从事研究，或者正如前面几章所指出的那样，他们在努力重新塑造康德和黑格尔的思想。马克思主义的遗产以及与维特根斯坦相关的语言学的遗产，在这两个国家

---

〔9〕 See Roger Scruton, *A Short History of Modern Philosophy*: *From Descartes to Wittgenstein*, rev. ed. (London: Routledge, 1995).

* 这里的世纪之交指的是 19 世纪与 20 世纪的世纪之交。——译者注

都有影响力。[10] 但是，一般哲学传统中的这种分析，不应该被过度夸大，因为法哲学在很大的程度上有其自身的生命。因此，我们只是指出了这一因素，并不会进一步探讨它。

一种更为重要的历史分立，是与法律以及法律在德国与美国演化的不同方式直接相关的。那种刻上了德国传统标签的特殊的法律概念（以及它的所有内涵与假设）至少也能追溯到17世纪，那时候，最早的大学在意大利建立了，查士丁尼的伟大汇编被重新发现并且给予了深入的研究。[11] 在那个时代形成的法律观念，贯穿学术传统，经过较小程度的修改，已经传到了今天。作为对照，英美的基础观念，尽管受到了罗马模式的较大影响，但却来自于一种不同的起源，它经过不同的学术机构的传输，并且产生了某种包含着不同的假设和内涵的概念。

一般来说，在德国以及欧洲大陆，法律一直是大学中研究的对象，但最初被研究的法律是罗马法

---

〔10〕 有趣的是，自从德意志民主共和国告终之后，马克思主义学术研究在德国迅速地走向了衰落，然而它在美国却以批判法律运动以及某些女性主义法律学术研究等修正的形式不断地增长。

〔11〕 关于这一特定的法律概念能够实现的历史性原则，一个有趣的检讨，参见 Peter Goodrich，"Historical Aspects of Legal Interpretation"，*Indiana Law Journal* 61（1986）：315. 更为一般性的研究，参见 Harold Berman，*Law and Revolution*：*The Formation of the Western Legal Tradition*（Cambridge，Mass.：Harvard Univ. Press，1983）.

以及它更新近的表亲——教会法。[12] 学者们并没有观察或考量在他们自己的社会中正在进行的实际的司法管理。民间法以及封建法被当作是粗俗的且不值 110
得科学对待的法律。在《查士丁尼法典》（Justinian's Code）以及法学阶梯（Institutes）中可以发现罗马法的华丽结构，它被看作是理性的具体化，且因此值得认真研究。经年以来，对于这种法律的研究得到了各种各样的重点关注。在某一阶段，学者们努力对这些文本进行分析，并对原则进行综合，在另一个阶段，学者们又试图将罗马法作用于当代的制度之上，并使其成为有用之物，不过，在另一个阶段，他们又想要回到罗马法的历史根源中，学习它最初所意指的内容。但是，在所有的这些学术活动中，经过数个世纪的不断扩展，三个部分的学术传统依然在继续：①法律要通过解释（exegesis）——对权威文本中所包含的规范和概念进行逻辑分析、比较以及理性化——才能被理解；②法律被当作是一个出自立法者（因为事实如此）的一致性整体；③法律是完全的，在它包含了每一个问题之解决方案这个意义上。

〔12〕 法学、神学、哲学与医学是大学的第一批科目。它们最终都是通过对古典文本进行的研究来推进的。

16世纪，在大部分德语国家都出现了罗马法的继受。它成为一种“共同法”(common law)，横贯大陆的许多地方，再也不是教授们的私有财物。尽管有些时候会有修改，但它代替了许多地方法。法院以及行政机关，常常选择聘用接受过大学法学教育的毕业生，并与法学院合作。法院有时候也会将一些疑难案件传送给法学院寻求权威的意见［**案卷送阅**（*Aktenversendung*）的实践］。正如罗马法对实践有过深入研究，学术界也开始对既有法律体系的实际运行投以更多的关注。

直到18世纪末期，法哲学还一直被自然法理念所主导，首先是托马斯·阿奎那所设计的全面图式，接着是诸如格劳秀斯、洛克、普芬道夫以及沃尔夫(Wolff)等理性主义法哲学家。在这些理论家的思维中，**人类**法的概念（后来被称为实在法），和它在11世纪和12世纪的样子，在实质上依然没有变化。

当萨维尼（Savigny）推出他的历史法学理论的时候，一个具有重大意义的显著变化发生了。自然法被拒绝了；法律如今被认为是根据民主精神而由文化创造的。[13] 学者的任务是去检查历史记录，刨

〔13〕 See Mathias Reimann, “Nineteenth-Century German Legal Science”, *Boston College Law Review* 31 (1990), 837.

除偶然的增生因素，以抽象出代表真正民族精神的那些规则和原则，并且将这些原则建构在抽象且全面的知识体系之中，即有关法律秩序的科学知识。这种理论所具有的历史面相，在很大程度上被萨维尼的追随者们忽视了，尤其是普赫塔（Puchta）和温德沙伊德（Windscheid）。相反，对于法律知识的寻 111
求，变成了一种体系建构的实践，即众所周知的概念法学（*Begriffsjurisprudenz*）。在某些方面这种研究和中世纪学者们所从事的学术工作属于同一种类型，不过，它被 19 世纪的德国学者推向了抽象化的极端。

在世纪之交*，概念法学受到了自由法运动的批判。[14] 自由法学者（*Freirechtler*）坚持认为，抽象的学说无法决定案件，法律无法在真空中被理解，法官在作出他们的决定时必须将社会的、心理的以及经济的因素考虑进来，概念法学根本不是现代科学，而仅仅是重温过去的学院主义而已。这些批判在德国学术团体中带来了相当大的搅动，概念法学的那种更为极端的面向得到了缓和。但是，自由法学者并没有赢得这场学术战斗。这些古老的思维方

---

* 这里的世纪之交指的是 18 世纪与 19 世纪的世纪之交。——译者注

〔14〕 See James Herget and Stephen Wallace, "The Free Law Movement as the Source of American Legal Realism", *Virginia Law Review* 73 (1987), 399.

式，经历了持续不断的攻击，并且产生了裂解，但它们又被主流的学者们拼合在一起。这种学术传统还在持续，不过是以新的方式。如今，它的注意力集中于现代法典，而非历史的学习。虽然法哲学家们不断抛出诸如“带有持续变化之内容的自然法”[15] 以及“法律概念的二律背反（antinomies）”[16] 这样的理念，但他们却都继续假设法律拥有某种逻辑的、体系的、权威的特点。是汉斯·凯尔森为20世纪定下了基调，而非自由法运动。

在第一章我们就指出了，在1945年之后，实证主义被笼罩在乌云之下，这归因于希特勒统治的那段经历。尽管实证主义助长了希特勒的事业这种论证是可疑的，但它使得法学家开始重新思考他们的法哲学，这一事实无疑是一件好事。自从1945年开始，德国法哲学，与过去的时代相比，面对新的理念似乎更加开放了。域外的影响非常重要。这些影响中最为显著的是路德维希·维特根斯坦以及英国语言哲学理论家们的影响。这些哲学家的作品为几乎所有的德国当代学术都带来了新的动力和方向。

---

〔15〕 Rudolf Stammler, *The Theory of Justice* (translated by Hastie, New York: Macmillan, 1925). 德语原版：*Die Lehn von dem richtigen Rechte* (1902).

〔16〕 Gustav Radbruch, *Rechtsphilosophie*, 8th. ed. (Stuttgart: Koehler, 1973).

H. L. A. 哈特的作品——它和语言哲学学派有关——也具有相当大的影响。在美国人中，约翰·罗尔斯以及罗纳德·德沃金的作品已经被翻译成了德语，他们的理念也引发了某些辩论。芬兰学者，包括奥利斯·阿尔尼奥、亚历山大·佩策尼克*以及格奥尔格·亨里克·冯·赖特（Georg Hendryk von Wright），也具有某些影响力，可能部分上是因为他们经常使用德语在德语文献上发表东西。在某些方面，让人奇怪的是，比较来看，近年来很少能找到对于法国 112
学者以及意大利学者的引述，而且似乎从上面没有提到的其他国家中也几乎没有引入。尽管有这些外来的影响，但德国法哲学依然具有其自身的识别性特征；这一点将在下面进行分析。但这里首先我们将指出美国法学历史与德国历史产生分立的原因。

这种分立的开端，可以在 12 世纪和 13 世纪英格兰王室法庭之法律管辖权的预设中找到。[17] 由于诺曼征服之后的权力集中化，刑法和财产法（封建占有）成为国王的权力范围。随着律师学院（Inns of Court）的建立，一种成熟的法律职业成长起来。它最初的意图仅仅是为威斯敏斯特（Westminster）地

---

* 亚历山大·佩策尼克事实上是瑞典人。——译者注

〔17〕 一个概览，参见 Theodore Plucknett, *A Concise History of the Common Law*, 5th. ed. (London: Butterworth, 1956).

区的律师以及法院任期中的法官提供住宿和饮食，但这些类似同业公会的组织成为真正的教育机构。但是，在这里所学习的法律并不是罗马法，而是英国王室法官的特殊实践。法律的学习不是以文本为中心的，而是以法院为中心的。法律学徒们要关注法院，聆听律师和法官的论述，记录和总结法律过程，并且发展出一种围绕那些用于推动法律过程的令状（writs）［其后为诉讼形式（forms of action）］的学习类型。在晚餐之后，读书者可以讨论各种法律观点，或者出于学徒们的利益也可以组织模拟法庭（假设的辩论）。一般来说，唯一可得的文本素材便是学生们关于法庭中所发生之事的记录。随着时间推进，学院的每个学期都会从这些材料中收集最好的总结，并收入“年鉴”之中。这些年鉴最终成为对于法院就过去案件所做诸事的记录，包括哪些论证是成功的，哪些是不成功的。

这一系列事件所培育的法律之概念，与对《查士丁尼法典》进行学院式研究所促进的法律之概念就远不一样了。对于早期英国的律师来讲，法律是由与特定的程序设置相关的规则和论述的离散集合构成的。这种程序导向，对于德国思维来讲是如此陌生，但它却纵贯历史一直在持续影响着英美的律师们。这种早期的英国法律的渊源，也在于那些身处三个不同法院之中的王室法官的思考。这种法律总是在特定案件的语境之中得以展现的。这种王室的法律因此既不是全面的，也不是完全的。律师们完全意识到，其他的管辖区也有它们自己的法律［教会法院、庄园法院、商事法院、州郡法院与百户邑法院（county and hundred courts）］，这些法律的渊源会有相当大的不同。律师也会将法律看作是一 113
种实践事务，目的在于以一种稳定且可靠的方式解决纠纷。这些律师并不是理论家，而是（很有希望地）聪明的实践者。理论毫无价值，结果代表一切。王室的法官是从这些律师的行列中任命的，由于此一实践，这种看待法律的视角被极大地强化了。而民法和教会法的博士被完全排除出去了。

在英国普通法前五个世纪的期间中，有人写了一些文本来对法律进行说明。〔18〕 这些文本主要讨论的是财产法，因为这个学科在经济上是最为重要的，而且也是最为复杂的。与那些由大学（包括英国的大学）里的民法博士们所写作的更为精致的巨著相比，这些文本几乎没有任何相似性。相反，它们实质上是对王室法庭中可得的多种令状所进行的评论。

---

〔18〕 参见马克思·雷丁（Max Radin）所收集的关于普通法的文本汇编：Max Radin, *Handbook of Anglo-American Legal History* (St. Paul, Minn.: West, 1936), x-xxii.

随着时间推进，以及法律变得更为复杂，这些文本也开始日渐变得精致。其中的典范性作品——也是关于典型的普通法心灵是如何运作的一个卓越范例——是爱德华·柯克（Edward Coke）在1628年到1641年期间出版的卓越的《要义》（*Institutes*）［柯克论利特尔顿（Coke on Littleton）］一书。

在16世纪印刷术被传入英格兰之后，律师学院的教育性角色就淡化了。想要成为律师的人，开始转入已经执业的律师的办公室里做学徒，在那里，法律是通过模仿以及试错法来学习的。在美国移民地独立之后的一个世纪里，这种学徒体系在那里也一直是律师接受培训的标准方式。除了在少数大学里建立了特殊的席位（借此提供一个学期或一年的系统讲座）以外，法律依然是在律所以及法院中学习的。某些律师甚至没有学徒，因为在美利坚合众国的某些地方，实际上根本不存在法律实践的资格要求。

更不必说，因为这种法律的实践导向，直到大概19世纪末期为止，根本没有像法哲学这样的东西进入美国。从1870年代兰德尔（Langdell）的哈佛任期开始，根据欧洲大陆（主要是德国）的模式引入法律“科学”的努力，才得以进行。[19] 文章开始根据科学的模式来写，并且最终到了 20 世纪《法律重述》(*Restatements of the Law*) 开始出版，赖之以锻造案例法的明晰性和体系化。这些努力在局部上是成功的；但美国律师的普通法思维形式很难被消除。

这些迈向科学化和体系化的努力，最终得到了 114
法律学术界的强力回应。首先是由罗斯科·庞德以及他的社会学法学作出的回应，接着由美国法律现实主义者作出的回应，这是一种对概念法学展开攻击的怀疑论式的批判。[20] 这些运动，对于加强早期实践者的观点，即将法律当作一种用于对法院裁决进行学习的实用性技术获得了极大的成功。通过这些术语来看待法律的倾向，在美国依然很强烈。这反过来又对法哲学事业如何开展产生了有力的影响。

德国视角和美国视角的比较分析

从对于当代学术的阅读来看，我们可以识别出某些关于法哲学事业的假设，它们可以说明，为什么在这一领域中，美国的工作和德国的工作无法全

---

〔19〕 通常可参见 James Herget, *American Jurisprudence* 1870-1970: *A History* (Houston: Rice Univ. Press, 1990), 63-116.

〔20〕 *Id.*, 147-227.

等。我们第一个关注点在于围绕德国式法律之概念的那些预设。[21] 当然，法律的概念本身是法哲学探索的一个主题，而且在之前的那些章节中已经证明，就这一问题存在着非常多样化的思考。[22] 但是，这里所涉及的是“法律”这一术语的内涵（connotations）。这些内涵是基础的，人们几乎无意识地持有的观念。它们是由通常被无异议地接受的意义或涵义（implications）之体系构成的。当然，在我们决定对它们进行审查的时候，依然可能理性地修正我们的概念；但是，基础的观念常常并没有被审查，而且如果重新思考会威胁到我们已经使特定主题事项得以理性化的那种方式，使之产生混乱，那么拒绝这种重新思考便是人类共同的弱点。

当我们学会使用语言以及法律这个语词的时候，我们就获得了关于法律的概念，当然，我们与法律

〔21〕 这些假设并不必然限于德国人。一般来说，它们中的大部分都可能是与大陆思维相一致的。也有人曾这样说过，意大利人比德国人还要德国。

〔22〕 关于德国学者对于这一主题的一般性反思，参见 Ralf Dreier, “Some Remarks on the Concept of Law”, in Werner Krawietz et al. , eds. , *Prescriptive Formality and Normative Rationality in Modem Legal Systems* (Berlin: Duncker and Humblot, 1994), 109; Robert Alexy and Ralf Dreier, “The Concept of Jurisprudence”, *Ratio Juris* 3 (1990), 1; Arthur Kaufmann and Winfried Hassemer, “Enacted Law and Judicial Decision in German Jurisprudential Thought”, *Toronto Law Journal* 19 (1969), 461. 最后一篇文章虽然时代久远，但却深具洞见。

相关的一般性经验也会塑造这种概念。因此，每一个使用法律语词的成年人都会有某种法律的观念。[23]
但是，律师，以及在某种较小的程度上的哲学家， 115
有某种对于这一主题的更为明确的理念，它是由正规教育的过程来塑造和决定的。在下文中，我们将指出德国式法律观念中所能找到的某些内涵或未明晰表述的意义，德国的这些观念在某种重要的程度上与美国学者的法律观念是相背离的。[24]

在德国传统中，有关法律的第一个假设可能就是这样的理念，即法律必须来源于某个核心的权威。法律规范是适当权威所确定的“应当”命题，它对或有意对人类行为进行控制。它必须起源于有正当统治权力的渊源。[25] 在像德国以及奥地利这样的现代民主国家中，这种权力属于经由正当选举的立法者，它们自身是从正当制定的基本法或宪法中获得

---

〔23〕 但是，这种观察要限制在西方社会范围之内，因为法律是希腊-罗马、犹太-基督传统的文化遗产。

〔24〕 英国的学术并没有被包含在这种比较之中。在这里所讨论的领域中，英国学术似乎表现出了一种介于德国学术与美国学术之间的混合或妥协。

〔25〕 这种法律观念被称为是“奥斯丁式的”并不是偶然的。约翰·奥斯丁在波恩和海德堡学习期间受到了德国学术的深刻影响。可以说，英国法理学的伟大先贤提供了一种法律体系的德国模型，一种完全与普通法没有任何关联的模型。参见前一脚注的评论。也可参见 Gerald Postema, *Bentham and the Common Law Tradition* (Oxford: Clarendon Press, 1986).

权力的。制定法律的权力可以被授权给更低级别的立法机构，但是，这些机构的权威是派生于且受限于更高级别的权威的。法院并不是这个意义上的低级别的立法机构，因为根据构想它们还有不同的功能。这也是，遵循先例（*stare decisis*）的原理在德国没有被采纳或者甚至没有被认真考虑的一个原因。〔26〕尽管确实是这样，即法院的意见会被公布，且法官倾向于遵循先前案件中已经作出的推理，但这些意见本身并没有被看作是法律的渊源，而仅仅看作是对这种情况的一张展现，即根据具体的事实情境，法律（来源于立法者）应当如何被适用、被解释。法律发现（*Rechtsfindung*）（字面意思：去发现法律）常常被用来对这一过程进行描述，即法官为了在特定事实情境中达至结论，而通过学说对制定法权威进行补充的过程。他们"发现"了隐含在制定法中的法律，因为他们没有权威去创制法律。〔27〕

---

〔26〕 这里也必须就德国宪法法院的某些裁决做出某些让步，即它们的决策被德国人认为部分上是"政治的"，它与严格"法律的"是相悖的。

〔27〕 那与普通法法官的古老主张——他们是在"发现"法律——有类似之处。当然，某些当代德国学者已经拒绝了这种态度，而尤其指出法官是如何创造法律的。See Friedrich Müller，*Juristische Methodik*，5th ed.（Berlin：Duncker and Humblot，1993）. 第一章所提及的埃塞尔与克里勒的早期作品也强调了司法能动性。似乎就法院如何运作这个问题，德国思维正在逐渐向"美国"方向运行。可能自由法学者最终会取得成功（参见前述脚注 14 所引述文本的讨论）。

这种将法律看作是必然来源于更高权威的观点，116
排除了这种可能性，即法院可以通过诉诸诸如“公平”这样的内容，或者通过单纯为了对某个案件作出决定这个目的而“发明”一个规则，从而对案件进行裁判。这种权威的要求，通过一种不同于美国传统的方式——将解决纠纷当作是法院的主要功能——对有关法院之功能的概念进行了修正。在德国的观点中，法院的首要义务是去执行包含在法律之中的国家政策。法院主要被看作是公共政策的实施者。当然，在执行这种功能的过程中，法院也就解决了案件。这种态度反映在一种广泛的实践之中，即在审判的最后阶段审判法院会给出口头的意见来解释他们的裁决。根据预设，这些意见展现了立法者的意志与诉讼当事人的行为之间的逻辑关联。同样的态度也反映在德国法官的这种广泛权力之中，即有权确定案件的争点，决定哪些证人出庭，完成对于证人的大多数询问，而且一般情况下“引导”诉讼进程。它进一步反映在这一原则之中，即检察官必须就所有的刑事案件提起公诉，甚至在辩护人承认有罪且愿意接受适当的处罚时也应提起。国家的公共政策必须得到维护和展现；案件的结果必须符合这种政策，且因此不可能完全落入私人当事人之手。

与权威要求相关，这种德国式的法律意义的一个特点是，体系的统一性（unity）或单义性（univocality），而这在美国视角中是没有的。统一性所意指的是，法律通常都会被设想为一个整体；它是一个单一的规范实体，诸规范必然是相互关联的，因为它们不能是相互矛盾的，无论是在逻辑上，还是根据政策来讲；人类的行为可以通过这种方式调整，也可以通过那种方式调整，但却不能是这样的，即同样的行为既是被禁止的，也是被允许的。因此，法律规范被看作是构成了一个单一的结构，一个整合在一起的整体；法律的多重聚类（multiple clusters）展现了矛盾或相互取消的可能。[28] 当然，在美国的观念中，法律也不应当是矛盾的。这两种视角之间本质上的不同之处在于，德国法律人认为，所有的人类行为是被全面调整的（包括行为是“被允许的”），然而美国人认为只有特定的生活领域是
117 被调整的，就它们的目的、概念、被采纳的法律技术或者它们的术语体系来说，这些分散的调整领域并不必然是相容的，尽管它们不能与其他调整领域

〔28〕 当然，每一个法律领域都有其自身的专业术语和概念；但是，这些术语或概念是相互补充的，而不是相互竞争的，甚至在某一法律领域或某一语境中的一个概念负载了一种不同于另一领域或语境中的一个明显类似概念的意义的情况下。

的法律相冲突。

在德国法学中，这种统一性概念可以通过对“法律秩序”这一术语的频繁使用得以阐明。法律秩序是由法律识别的各种实体之间存在的所有法律关系的总体。在这里，美国人可能会想到“法律体系”的形象，要么是作为一种程序性设置，要么是作为制定、适用、执行以及以其他方式处理法律规则的那些人（法院、立法者、律师等）组成的组织，而德国人通常会想到某种非人的抽象实体（法律秩序）的形象，它完全确定了社会中所有的权利、义务以及权力。〔29〕这种法律的统一性概念的一个隐含之义在于，对于理性需求的强烈重视（几乎是痴迷）。由于法律无法要求人们去做相矛盾的事情，那么某种溢价就被置于这种法律逻辑之上。一个特定规范必须在其正确位置上与整体的秩序相符合。这带来了对于细致结构与体系化的要求；德国法学的语言到处都与“有效性”有关。从这种视角来看，法律的最大敌人就是含混性或非决定性；它的盟友则是理性和确定性。因此，法哲学家一个重要的（如果不

〔29〕当然，这并不是说，德国的律师不能谈论特定的法律。显然他们一直都是这样做的。但是，特定的法律也总是整体的法律秩序的一部分，而且这一点也会对特定的法律如何被解释、适用、评价等产生影响。

是首要的）任务便是，为对一个紧缩的、封闭的规范体系进行逻辑分析，或者为这样一个体系的紧缩和封闭提供适当的计划。罗伯特·阿列克西、奥塔·魏因贝格尔、德尔夫·布赫瓦尔德以及其他的现代分析者都将他们的主要精力奉献给了这个任务。尽管不是法律分析者，但尼克拉斯·卢曼必然假设了一种关于自创生法律系统的严格的实证主义模型；除非这样，否则这个系统将无法从政治与道德中分化出来。当然，法律中的理性是具有实践目的的；它意在减少裁量性或任意性裁决的机会。但是，与美国人相比，德国人看起来更为信任语词和逻辑的限制性力量。

法律秩序之统一性的重要性在法律教育领域中也得以体现，在某些大学里会讲授一般法理论（*Allgemeine Rechtslehre*）的课程，有关这一主题的著作也在出版。〔30〕在这种类型的文本中，会将法律的概念、法律科学理论的基础、法律规范的分类、主观法与客观法之间的区分、法律渊源、〔31〕法律方法以及法律与正义之间的关系等诸如此类的东西作为

---

〔30〕这种作品的一个新近范例是：Klaus Röhl, *Allgemeine Rechtslehre: Ein Lehrbuch* (Cologne: Heymanns, 1994).

〔31〕法律的终极单一渊源是宪法。但是，宪法将立法权力分配给多种政权实体。在这种意义上，法律是通过国家立法机构、国民议会、行政机关等制定的，但它们的权威都是来自于宪法的授权规范。

它们的内容。这样的阐述是以法律秩序的统一性和 118
理性作为前提的。“法教义学”这一术语也经常用来描述传统法律课程的内容。这一术语的隐含意义便是，每一个法律领域（例如，民法、行政法、商法）都是由建立在立法之上的一种高度结构化的规范和概念体系建构的，这种学说构成了有待研究的唯一主题事项。教科书以教义形式展现了这种学说。[32]

围绕着德国法律理念的关于权威、统一性以及理性的涵义，也会导向在法律学术中发现的另一种观念——原则上来讲，对于每一个法律难题都存在一个正确答案的信念。[33] 或者，用在这种话语中更为常见的术语来说，法院（或教授）应该能够为每一个案件发现“解决方案”。他们认为，在常规案件中，只需要将案件（或假设案件）的事实涵摄于适当的法律规范之下，并且从这些前提推导出结论，就可以发现解决方案。当然，德国人也承认“疑难”案件的出现；在这些情况下，对于何者为正确的解

〔32〕 最近一些年，在宪法、行政法、劳动法以及其他可能的法律领域之中，案例书也被引入到德国大学之中。这些书本与美国的案例书有相似之处，但是它们通常既为案件提供被认可的“解决方案”，也会提出多种可选择的论据。这可能是德国学术在朝着美国方向行进的另一种领域。

〔33〕 当然，修辞学理论的主张者们完全拒绝了这种观点，汉斯-格奥尔格·伽达默尔诠释学的严格追随者们也是如此。参见第五章。

决方案，人们的意见可能会有所不同，不过在理论上正确答案却是存在的。[34] 传统德国对于不同意见（dissenting opinions）的禁令也反映了这种观点，[35] 因为不同意见就暗示了，法院没有达至“那个”答案。美国法学家也努力寻求这种“正确”答案，而且有时候法院在书写其意见的时候，还会以某种方式表示，其他的答案都是不可能的。然而，在美国的观念中，一个正确答案最好被当作是一种理想，没有人会期待它能够在那么多的案件中都得以获
119 得。[36] 事实上，可能这样说更合适，在美国，乐观主义的期待是司法决定要建立在有妥当根据的论据之上，即使许多有妥当根据的论据在一个特定案件中也可能会导向不同的方向。

在德国，除了与法律的概念相关联的那些假设之外，还有一种法律研究的传统与美国很不一样。正如大家所知道的那样，大学中的法律科目是法律科学（*Rechtswissenschaft*，legal science）。这不仅仅是

---

〔34〕 就现实情况而言，罗伯特·阿列克西采纳了这样的立场，即在他的法律决策进路中存在一个以上的正确答案是“商谈可能的”。当然，现实的商谈只能接近理想商谈。参见第四章。

〔35〕 德国宪法法院允许不同意见。但是读者将会回想到，这个法院的裁决被当成是部分“政治性”的。

〔36〕 罗纳德·德沃金通过假设的完美法官“赫尔格拉斯”来处理这种棘手的难题。参见 Ronald Dworkin，*Law's Empire*，前引脚注 7。

一种术语体系的癖好；德国的法学家是将他们的工作当作真正科学的。这反映了这两个国家之间学术文化的差异。

自从 19 世纪以来，德国人习惯地将学术科目分为自然科学（*Naturwissenschaften*）与精神科学（*Geisteswissenschaften*）——可以被粗略翻译成自然科学与文化科学——然而，在美国，习惯上的分类是自然科学、社会科学和人文学科。〔37〕社会科学包括社会学、人类学、心理学、经济学以及其他在基础上要依赖于经验方法的相关学科。人文学科包括历史学、文学、哲学、语言学、政府学（政治学）以及可能的其他一些学科。法律有时候会被当作是人文学科的一种，有时候仅仅被当作是职业训练；无论哪种方式，它都不是科学。在德国，法律是文化科学的一种。这意味着什么呢？

首先，法律科学提供的是科学知识。这种类型的知识，与日常信息或技术专长相比，属于更高阶的知识。它系统性地处理原则和过程；它是有方法的、抽象的且可靠的。法律科学追求真理，有关法

〔37〕 在 19 世纪后期的美国，“科学”术语的用法与今日德国这一术语的用法，是十分相似的。法律被兰德尔以及那个时代的大部分法学家当作是一种科学。See Mathias Reimann, *Historische Schute und Common Law*（Berlin：Duncker and Humblot，1993）.

律秩序这一主题的特殊真理。在这一方面，它与物理学或经济学并无不同。但是，在方法上它却是有区别的，当然，这种方法是什么或者应当是什么，却是法哲学中的一个有争议的论题。诸如汉斯·阿尔伯特以及尼克拉斯·卢曼这样的社会学家将他们的社会学方法适用于法律，而诸如罗伯特·阿列克西、奥塔·魏因贝格尔以及凯尔森主义者罗伯特·瓦尔特所利用的都是他们自己版本的法律方法。无论通过何种方式来做，这种学术事业都被当成是对于真理的科学探索。这种观点的一种实践内涵便是，大学的法律教学主要被当作是对于法律原则的阐述，而非为了法律实践的培训。

法哲学的德国进路和美国进路之间的区分可以由一系列的特点（当然，有些夸大）来说明，我们可以通过对这些特点进行列表来总结前面的讨论：

120

德　国	美　国
高度抽象的理论	低程度的抽象
关注法律秩序	关注法律过程
理性是被要求的	理性的怀疑论
体系的必要性	体系不重要
寻找“特定解决方案”	寻找好的论据

续表

德　国	美　国
法院适用法律	法院创造法律
学术（科学）导向	实践导向
国家政策的实施 作为法院的主要功能	案件的解决 作为法院的主要功能

在作出上面的那些区分之后，再来强调这一点就是合适的了，即事情正在发生改变。一方面，近年来美国对于德国法学学术的影响是实质性的。许多德国人在美国的大学中获得了法学硕士（L. L. M）学位，另一些人作为讲师或研究员访问了美国的法学院。美国的态度和美国的视角在德国文献中越来越频繁地出现。另一方面，在过去 10—15 年间，也有相当多的德语文章和书籍被翻译成了英语。尤其是哈贝马斯以及卢曼的许多作品可以通过译本为美国学者所获取。一部分美国人也开始在德国学习或教学。毫无疑问，一种思想的融合正在发生。

某些结论

在美国思想家和德国思想家之间所存在的面对法律之态度的差异逐渐地在消融。更多理念的交流和素材的翻译更加有利于彼此更好的理解。在战后的这段时期内，德国人已经从英国人和美国人那里吸收到了许多重要的理念。如今似乎另一个方向的传播也已经开始进行了。

美国人也可以通过向德国人学习将法学理论与更广泛的哲学理论相关联的重要性而从中受益。法律理论的认识论基础和本体论基础是重要的，美国人一直都疏于对于这些关联的创造。

美国法哲学通常是通过社会学中的经验性工作获得新知的。德国学者在很大程度上忽视了这种经验性知识，这可能会给他们带来损害。对随时间不断变化的现实进行观察是一个有益的实践。

最后，从美国的视角，似乎会以怀疑的态度看
121 待德国人在法律分析中所做的许多工作，尤其是将形式逻辑适用于法律论证之中。用更加有力的方式来表达的话，这种极致理性主义根本就没有服务于任何有用的目的。从许多遵循现实主义传统的美国学者的视角来看，它是建立在一种幻象之上的：法律是一个自主的规范和概念实体，不能决定案件的结果。尽管也有修辞学者的美因兹学派的工作，但让德国主流法哲学家相信这一命题的真实性依然并不容易。如果美国的观点是正确的，那么，与目前所能提供的论证和说明相比，美国人必须提供更多

的有信服力的论证和说明。

当代德语法哲学的学术活动与学术风潮，是在一种宏大的学术传统中进行的，它为美国理论家提供了一个伟大的机会。在这里，有富有前途的理念和洞见供人采撷。通过向这些域外的思维方式保持开放，我们能够让我们自己的法学事业更加丰富。

附录：传记资料

123 下面所列出的这些学者，之所以选择他们：①是因为他们之于当前法哲学讨论所贡献成果的数量和意义；②因为目前他们的作品是学术共同体关注的对象；③因为他们对于法学文献做出了里程碑式的或具有重大意义的贡献。

克劳斯·阿多迈特（ADOMEIT，KLAUS）

生于 1935 年；在哥廷根大学学习法学；1959 年在海德堡大学获得博士学位；1969 年在科隆大学获得教授资格；自 1975 年始担任柏林自由大学法理学、劳动法与民法教授。

汉斯·阿尔伯特（ALBERT，HANS）

生于 1921 年，在科隆大学学习经济学、社会学与商学理论；1950 年获得商学学位；1952 年获得社会科学博士；1957 年在科隆大学获得教授资格；1958—1963 年，任科隆大学经济学与社会科学教授；1963—1989 年，曼海姆大学社会学与社会科学教授。

罗伯特·阿列克西（ALEXY，ROBERT）

生于1945年；在哥廷根大学学习法学与哲学；1976年在哥廷根大学获得博士学位；1984年在哥廷根大学获得教授资格；自1986年始基尔大学担任公法与法哲学教授。

奥特马尔·巴尔韦格（BALLWEG，OTMAR）

生于1928年；在弗莱堡大学和巴塞尔大学学习法学、哲学与文学；1960年在巴塞尔大学获得博士学位；1968年在美因兹大学获得教授资格；自1973年始担任美因兹大学法哲学、修辞学与法社会学教授；1991—1992年在加州大学伯克利分校做访学学者。

阿尔诺·巴鲁齐（BARUZZI，ARNO）

生于1935年；在弗莱堡大学、博恩大学与慕尼黑大学学习哲学；1965年在慕尼黑大学获得博士学位；1972年在慕尼黑大学获得教授资格（哲学与政治理论）；自1972年始任奥格斯堡大学哲学教授。

124

温弗里德·布鲁格（BRUGGER，WINFRIED）

生于1950年；在慕尼黑大学和图宾根大学学习法学、心理学、哲学、历史学和社会学；1976—1983年图宾根大学助教；1980年在图宾根大学获得博士学位；1981年加州大学伯克利分校；1986年在图宾根大学获得教授资格；1985年任乔治城大学法学副教授；1986—1987年任图宾根大学法学教授；1987—1992年任曼海姆大学法学教授；1995年任休斯敦大学访问教授；自1992年始任海德堡大学法学教授。

德尔夫·布赫瓦尔德（BUCHWALD，DELF）

生于 1957 年；在哥廷根大学学习法学与哲学；1984 年在哥廷根大学获得文学硕士学位，1987 年获得博士学位；1991 年哥廷根大学任助教。

拉尔夫·德莱尔（DREIER，RALF）

生于 1931 年；在汉堡大学、弗莱堡大学与明斯特大学学习法学；1963 年在明斯特大学获得博士学位；1970 年在明斯特大学获得教授资格；自 1973 年始任哥廷根大学一般法理论教授。

莫尼卡·弗罗梅尔（FROMMEL，MONIKA）

生于 1946 年；在图宾根大学和慕尼黑大学学习法学；1979 年在慕尼黑大学获得博士学位；1986 年在慕尼黑大学获得教授资格；自 1987 年始任法兰克福大学法哲学与刑法学教授。

海诺·伽恩（GARRN，HEINO）

生于 1939 年；在美因兹大学和汉堡大学学习法学与哲学；1968 年在美因兹大学获得博士学位；1970—1978 年任比勒费尔德大学法学助教；1978 年在比勒费尔德大学获得教授资格；自 1982 年始任比勒费尔德大学法学教授。

沃尔夫冈·加斯特（GAST，WOLFGANG）

生于 1940 年；曼海姆大学法学副教授；海德堡执业律师；图书出版商。

克劳斯·京特（GüNTHER，KLAUS）

生于 1957 年；在法兰克福大学学习哲学与法学；1983—1986 年法兰克福大学法学助教；1987 年在法兰克福大学获得博士学位；自 1987 年始任法兰克福大学法学助教、法哲学研究员。

尤尔根·哈贝马斯（HABERMAS，JüRGEN）

生于 1929 年；在法兰克福大学学习哲学；1954 年在法兰克福大学获得博士学位；1954—1959 年在法兰克福社会研究所助教；1961 年在马尔堡大学获得教授资格；自 1964 年始任法兰克福大学哲学教授。

热拉尔·阿内（HANEY，GERHARD）

生于 1926 年；在耶拿大学学习法学；1961 年在耶拿大学获得博士学位；1964 年在耶拿大学获得教授资格；自 1968 年始任耶拿大学法学教授。

125

温弗里德·哈斯默尔（HASSEMER，WINFRIED）

生于 1940 年；在海德堡大学、日内瓦大学和萨尔兰大学学习法学；1964—1969 年任萨尔布吕肯大学社会哲学研究所助理研究员；1967 年在萨尔布吕肯获得博士学位；1970—1972 年任慕尼黑大学法哲学研究所助理研究员；1972 年在慕尼黑大学获得教授资格；自 1972 年始任法兰克福大学法理论、法社会学与刑事诉讼法教授。

埃里克·希尔根多夫（HILGENDORF，ERIC）

生于 1960 年；在图宾根大学学习法学与哲学；1987 年图宾根大学获得硕士学位（哲学与历史学）；1990 年在图宾根大学获得博士学

位（哲学）；1992 年在图宾根大学获得博士学位（法学）；1994 年在图宾根大学获得教授资格；自 1994 年始任图宾根大学刑法学与法哲学教授。

诺贝特·赫斯特（HOERSTER，NORBERT）

生于 1937 年；在慕尼黑大学和明斯特大学学习法学；1963 年在密歇根大学获得硕士学位（哲学）；1964 年在明斯特大学获得博士学位（法学）；1967 年在波鸿大学获得博士学位（哲学）；1972 年在慕尼黑大学获得教授资格；1972—1974 年任慕尼黑大学哲学讲师；自 1974 年始任美因兹大学法理学教授。

奥特弗里德·霍夫（HÖFFE，OTFRIED）

生于 1943 年；在明斯特大学、图宾根大学、萨尔布吕肯大学与慕尼黑大学学习哲学；1970 年在慕尼黑大学获得博士学位；1975 年在慕尼黑大学获得教授资格；1970—1971 年在哥伦比亚大学做访问学者；1978—1992 年任弗里堡大学（瑞士）伦理学与社会哲学教授；自 1993 年始任图宾根大学实践哲学教授。

阿图尔·考夫曼（KAUFMANN，ARTHUR）

生于 1923 年；在海德堡大学学习法学；1949 年在海德堡大学获得博士学位；1952—1957 年在卡尔斯鲁厄担任法官；1960 年在海德堡大学任助理教授；1960—1969 年在萨尔布吕肯大学任刑法学、刑事诉讼法学与法哲学教授；1969—1989 年在慕尼黑大学任刑法学、刑事诉讼法学与法哲学教授。

赫尔曼·克伦纳（KLENNER，HERMANN）

生于1926年；在哈雷大学学习法学；1951—1956年任德国洪堡大学法学助理教授；1958—1960年任洪堡大学法学教授；1960—1966年任柏林经济学院教授；1964—1991年任柏林科学院教授。

乌尔里希·克卢格（KLUG，ULRICH）

生于1913年；在柏林大学学习法学与哲学；1938年在柏林大学获得博士学位；1950年在柏林大学获得教授资格；1950—1956年任海德堡大学助理教授；1956—1960年任美因兹大学教授；1960—1977年任科隆大学法学教授；1974—1977年任联邦参议院议员；1965年任阿根廷科尔多瓦大学访问教授。

126

汉斯-约阿希姆·科赫（KOCH，HANS-JOACHIM）

生于1944年；在法兰克福大学学习法学；1971年在法兰克福大学获得博士学位；1978年在法兰克福大学获得教授资格；自1978年始任汉堡大学公法学与法哲学教授；汉堡州上诉法院法官。

彼得·科勒（KOLLER，PETER）

生于1947年；在格拉茨大学学习法学与哲学；1971年在格拉茨大学获得博士学位（法学）；1981年在格拉茨大学获得博士学位（哲学）；1981年在格拉茨大学获得教授资格；1988年在明尼苏达大学做访问教授；1990年在罗格斯大学做访问教授；1991年在慕尼黑大学做访问教授；自1985年始任格拉茨大学法律与哲学教授。

维尔纳·克拉维茨（KRAWIETZ，WERNER）

生于1923年；在明斯特大学学习法学与政治科学；1960年在明

斯特大学获得博士学位（政治科学）；1965年在明斯特大学获得博士学位（法学）；1974年在明斯特大学获得教授资格；1964—1966年任明斯特大学校长私人助理，自1974年始任明斯特大学公法学、法理论、法社会学与政治哲学教授。

马丁·克里勒（KRIELE，MARTIN）

生于1931年；在弗莱堡大学、明斯特大学和波恩大学学习法学与哲学；1963年获得耶鲁大学法学硕士（L. L. M），明斯特大学博士学位；1966年在明斯特大学获得教授资格；1966—1988年北莱茵-威斯特法伦州宪法法院法官；自1967年始科隆大学政治理论与公法学教授。

克里斯蒂安·屈尔（KüHL，KRISTIAN）

生于1943年；1964—1968年在维尔茨堡大学、柏林大学与海德堡大学学习法律；1968—1972年在海德堡大学学习哲学；1972年在海德堡大学获得博士学位（法学）；1975—1981年任比勒费尔德大学法学助理教授；1983年在海德堡大学进修哲学博士学位；自1984年始任吉森大学刑法学、刑法诉讼法学与法哲学教授。

沃尔夫冈·库尔曼（KUHLMANN，WOLFGANG）

生于1939年；在基尔大学、巴黎大学、萨尔布吕肯大学以及法兰克福大学学习哲学；1975年在法兰克福大学获得博士学位；1983年在法兰克福大学获得教授资格；巴特洪堡哲学论坛主任；埃尔福特大学教授；法兰克福大学教授；亚琛工业大学哲学研究所哲学教授。

恩斯特-约阿希姆·兰珀（LAMPE，ERNST-JOACHIM）

生于1933年；在法兰克福大学、美因兹大学、柏林自由大学学习法学，在柏林音乐学院学习音乐；1957年在美因兹大学获得博士学位；1966年在美因兹大学获得教授资格；自1971年始任比勒费尔德大学法哲学与刑法学教授。

尼克拉斯·卢曼（LUHMANN，NIKLAS）

生于1927年；1966年在明斯特大学获得教授资格；自1968年始任比勒费尔德大学社会学教授。

127

乌尔弗里德·诺伊曼（NEUMANN，ULFRID）

生于1947年；在图宾根大学和慕尼黑大学学习法学；1977年在慕尼黑大学获得博士学位；1983年在慕尼黑大学获得教授资格；1983—1987年任法兰克福大学法哲学教授；自1987年始任萨尔布吕肯大学刑法学、刑事诉讼法学、法哲学与法社会学教授。

瓦尔特·奥特（OTT，WALTER）

生于1942年；在苏黎世大学学习法学；1966年在苏黎世大学获得博士学位（法学）；1971年在苏黎世大学获得博士学位（教会法和民法［JUD］）；1978年在苏黎世大学获得教授资格；自1979年始任苏黎世大学大学法学教授。

汉斯-马丁·帕夫洛夫斯基（PAWLOWSKI，HANS-MARTIN）

生于1931年；在明斯特大学、弗莱堡大学与慕尼黑大学学习法学；1960年在哥廷根大学获得博士学位；1964年在哥廷根大学获得教授资格；自1966年始任曼海姆大学民法学与民事诉讼法学教授；

1969—1970 年任曼海姆大学校长。

托马斯·伦奇（RENTSCH，THOMAS）

生于 1954 年；在明斯特大学、苏黎世大学、图宾根大学与康斯坦茨大学学习哲学；1988 年在康斯坦茨大学获得教授资格；自 1989 年始任德累斯顿工业大学哲学教授。

格尔德·勒莱克（ROELLECKE，GERD）

生于 1927 年；在维尔茨堡大学与弗莱堡大学学习法学；1960 年在弗莱堡大学获得博士学位；1967 年在美因兹大学获得教授资格；任曼海姆大学公法学与法哲学教授。

胡贝特·罗特洛伊特纳（ROTTLEUTHNER，HUBERT）

生于 1944 年；学习法学、社会学与哲学；1972 年在法兰克福大学获得博士学位；自 1975 年始任柏林自由大学法社会学教授。

赫尔穆特·吕斯曼（RüβMANN，HELMUT）

生于 1943 年；在法兰克福大学学习法律；1967 年在法兰克福大学获得博士学位；1971—1975 年任法兰克福大学助理教授；1975—1978 年任不莱梅大学教授、州上诉法院法官；自 1987 年始任萨尔布吕肯大学民法学、民事诉讼法学与法哲学教授；任萨尔兰州州上诉法院法官。

沃尔夫冈·席尔德（SCHILD，WOLFGANG）

生于 1946 年；在维也纳大学学习法学；1968 年获得博士学位；1977 年在大学获得教授资格；自 1977 年始任比勒费尔德大学刑法学、

刑法史与法哲学教授。

彼得·施耐德（SCHNEIDER，PETER）

生于1920年；在苏黎世大学和日内瓦大学学习法学；1955年在波恩大学获得教授资格；自1956年始任美因兹大学公法学与法哲学教授；1968年—1980年任美因兹大学校长和董事长。

128

瓦尔德马·施雷肯贝格尔（SCHRECKENBERGER，WALDEMAR）

生于1929年；1976年在美因兹大学获得教授资格；自1978年始任施派尔行政科学学院法哲学、法政治学与法社会学教授。

罗伯特·施佩曼（SPAEMANN，ROBERT）

生于1922年；在慕尼黑大学、弗里堡大学（瑞士）、明斯特大学以及巴黎大学学习哲学；获得明斯特大学博士学位；1962年在明斯特大学获得教授资格；任斯图加特大学、海德堡大学、萨尔茨堡大学与慕尼黑大学教授；在里约热内卢大学和巴黎大学做访问教授；目前是慕尼黑大学荣休教授。

克里斯蒂安·施塔克（STARCK，CHRISTIAN）

生于1937年；1969年在维尔茨堡大学获得教授资格；自1971年始任哥廷根大学公法学教授。

贡特尔·托伊布纳（TEUBNER，GUNTHER）

生于1944年；在图宾根大学学习法学；1970年获得博士学位；1971年任斯图加特法官；1974年获得加州大学伯克利分校法社会学硕士学位；1977年在图宾根大学获得教授资格；1977年任法兰克福

大学法学助理教授；1977—1992 年任不莱梅大学法学教授；1980—1981 年在加州大学伯克利分校做访问教授；1987—1988 年在密歇根大学与斯坦福大学做访问教授；自 1981 年始任佛罗伦萨欧洲大学学院法学教授；自 1993 年始任伦敦经济学院法学教授。

托马斯-米夏埃尔·赛贝特（SEIBERT，THOMAS-MICHAEL）

生于 1949 年；在美因兹大学学习法学；1975 年获得博士学位；1975—1982 年就职于威斯巴登司法部；自 1982 年始任法兰克福州法院法官；法兰克福大学客座讲师。

路德维希·西佩（SIEP，LUDWIG）

生于 1942 年；在科隆大学和弗莱堡大学学习法学；1969 年获得博士学位；1976 年在弗莱堡大学获得教授资格；1979—1986 年杜伊斯堡大学教授；自 1986 年始任明斯特大学哲学研讨班主任。

鲁道夫·蒂内尔（THIENEL，RUDOLF）

生于 1960 年；在维也纳大学学习法律；1982 年在维也纳大学获得博士学位；1989 年在维也纳大学获得教授资格；自 1989 年始任维也纳大学宪法与行政法研究所法学教授。

罗伯特·瓦尔特（WALTER，ROBERT）

生于 1931 年；在维也纳大学学习；1953 年在维也纳大学获得博士学位（法学）；1956 年在维也纳大学获得博士学位（政治科学）；1960 年在维也纳大学获得教授资格；1960—1962 年任维也纳大学讲师；1962—1966 年任格拉茨大学教授；1966—1975 年任维也纳经济学院教授；自 1975 年始任维也纳大学法学教授。

奥塔·魏因贝格尔（WEINBERGER，OTA）

生于1919年；在马萨里克大学和查理大学（布拉格）学习法学与哲学；1947年在马萨里克大学获得博士学位（法学）；1961年在查理大学获得博士学位（哲学）；1964在查理大学获得教授资格；任格拉茨大学法哲学研究所教授。

129

赫尔穆特·维尔克（WILLKE，HELMUT）

生于1945年；在图宾根大学和科隆大学学习法学；1974年在图宾根大学获得博士学位；1982年在科隆大学获得教授资格；自1983年始任比勒费尔德大学规划与决策理论教授。

莱因荷德·齐佩利乌斯（ZIPPELIUS，REINHOLD）

生于1928年；在维尔茨堡大学、埃尔朗根大学与慕尼黑大学学习法学；1956—1963年在巴伐利亚州政府担任公务员；1961年在慕尼黑大学获得教授资格；自1963年始任埃尔朗根-纽伦堡大学教授。

参考书目

下列素材是为那些希望能对德国法哲学领域的特定论题有进一步探索的读者们提供的。它们的排列顺序如下面的组织结构所示。这些话题的标题是与正文中的话题讨论类似的。

组织结构

历史素材（截至 1975 年）

I. 二手材料

II. 原始材料

批判理论与马克思主义

存在主义

诠释学

语言与法律

逻辑与法律

自然法

修辞学理论

法律的社会科学

系统理论

当代素材（自 1975 年始）

分析法学

人类学法学

亚里士多德理论

社群主义

批判理性主义

商谈理论

女性主义法学

黑格尔理论

诠释学理论

制度性实证主义

综合法学

康德理论

法律与经济学

马克思主义理论

新凯尔森主义

修辞学理论

系统理论

历史素材（截至 1975 年）

I. 二手材料

Adorno, Theodor et al. , eds. *The Positivist Dispute in German Sociology*, translated by Glyn Adey and David Frisby, New York: Harper Torchbooks, 1976. 德语原版: *Der Positivismusstreit in der deutschen Soziologie* (1969).

Dreier, Ralf, ed. "Rechtspositivismus und Wertbezug des Rechts", *Archiv für Rechts-und Sozialphilosüphie* , Special Edition 37 (1990).

Haft, Fritjof, and Eric Hilgendorf. "Juristische Argumentation und Dialektik", in *Strafgerechtigkeit: Festschrift für Arthur Kaufmann*, edited by Fritjof Haft, 93, Heidelberg: C. F. Müller, 1993.

Haller, Rudolf. *Neopositivismus: Eine historische Einführung in die Philosophie des Wiener Kreises*, Darmstadt: Wissenschaftliche Buchgesellschaft,

1993.

Huke-Didier, Eckart. *Die Wissensoziologie Karl Mannheims in der Interpretation durch die kritische Theorie: Kritik einer Kritik*, New York: Peter Lang, 1985.

Kaufmann, Arthur. "Durch Naturrecht und Rechtspositivismus zur juristischen Hermeneutik", *Juristenzeitung* 30 (1975): 337.

——, ed. *Rechtsphilosüphie im Wandel: Stationen eines Weges*, 2nd. ed., Köln: Heymanns, 1984.

Langner, Albrecht. *Der Gedanke des Naturrechts seit Weimar und in der Rechtssprechung der Bundesrepublik*, Bonn: H. Bouvier, 1959.

Maschke, Andreas. *Gerechtigkeit durch Methode: zu Karl Engischs Theorie des juristischen Denkens*, Heidelberg: Winter, 1993.

Raiser, Thomas. *Einführung in die Rechtssoziologie*, 4th. ed., Berlin: J. Schweitzer, 1985.

Rosenbaum, Wolf. *Naturrecht und positives Recht: Rechtssoziologische Untersuchungen zum Einfluß der Naturrechtslehre auf die Rechtspraxis in Deutschland siet Beginn des* 19. *Jahrhunderts*, Neuwied: Luchterhand, 1972.

Rottleutner, Herbert, ed. *Recht, Rechtsphilosophie und Nazianalsozialismus*, Stuttgart: Steiner, 1983.

Schelauske, Hans. *Naturrechtsdiskussion in Deutschland: Ein Überblick über zwei Jahrzehnte* 1945-1965, Köln: J. P. Bachem, 1968.

II. 原始材料

批判理论与马克思主义

Adorno, Theodor. *Einleitung in der Positivismusstreit in der deutschen Soziologie*, Neuwied: Luchterhand, 1969.

——. *Negative Dialectics*, translated by E. B. Ashton, New York: Seabury Press, 1973. 德语原版: *Negative Dialektik* (1973).

——. "Soziologie und empirische Forschung", in *Wesen und Wirklichkeit des Menschen: Festschrift für Helmut Plessner*, edited by Klaus Ziegler, 245, Göttingen: Vanderhoeck and Ruprecht, 1957.

Bloch, Ernst. *Naturrecht und Menschliche Würde*, Frankfurt: Suhrkamp, 1961.

Habermas, Jürgen. *Knowledge and Human Interests*, translated by Jeremy J. Shapiro, Boston: Beacon Press, 1972. 德语原版: *Erkenntnis und Interesse* (1968).

——. *Kultur und Kritik*, Frankfurt: Suhrkamp, 1973.

——. *Legitimation Crisis*, translated by Thomas McCarthy, Boston: Beacon Press, 1975. 德语原版: *Legitimationsprobleme in Spätkapitalismus* (1973).

——. *The Structural Transformation of the Public Sphere*, translated by Thomas Burger, Cambridge, Mass.: MIT Press, 1991. 德语原版: *Strukturwandel der Öffentlichkeit* (1962).

——. *Technik und Wissenschaft als "Ideologie"*, Frankfurt: Suhrkamp, 1968.

——. *Theorie der Gesellschaft oder Sozialtechnologie*, Frankfurt: Suhrkamp, 1971.

——. *Theory and Practice*, translated by John Viertel, Boston: Beacon Press, 1973. 德语原版: *Theorie und Praxis: Sozialphilosophische Studien* (1963).

——. "Wahrheitstheorien", in *Wirklichkeit und Reflexion*, edited by Helmut Fahrenbach, 259, Pfulligen: Neske, 1973.

——. *Zur Rekonstruktion des historischen Materialismus*, Frankfurt: Suhrkamp, 1976.

Horkheimer, Max. *Critical Theory: Selected Essays*, translated by Matthew J. O'Connell et al., New York: Herder and Herder, 1973. 德语原版: *Kritische Theorie* (2 vols. 1968).

——. *The Eclipse of Reason*, New York: Oxford Univ. Press, 1947.

Paul, Wolf. *Marxistische Rechtstheorie als Kritik des Rechts*. Frankfurt: Athenäum, 1974.

Schüßler, Gerhard et al., eds. *Einführung in die marxistisch-leninistische Staats- und Rechtslehre*, 2nd. ed., Berlin: Dietz, 1986.

Wiethölter, Rudolf. *Rechtswissenschaft*, Frankfurt: Fischer, 1968.

存在主义

Maihofer, Werner. *Naturrecht als Existenzrecht*, Frankfurt: V. Klostermann,

1963.

——. *Recht und Sein*, Frankfurt: V. Klostermann, 1954.

Philipps, Lothar. *Zur Ontologie der sozialen Rolle*, Frankfurt: V. Klostermann, 1963.

诠释学

Esser, Josef. *Vorverständnis und Methodenwahl in der Rechtsfindung: Rationalitätsgrundlagen richterlichen Entscheidungspraxis*, Frankfurt: Athenäum, 1970.

Hassemer, Winfried. *Tatbestand und Typus: Untersuchungen zur strafrechtlichen Hermeneutik*, Köln: Heymann, 1968.

Larenz, Karl. *Methodenlehre der Rechtswissenschaft*, Berlin: Springer, 1960.

语言与法律

Eckmann, Heinrich. *Rechtspositivismus und Sprachanalytische Philosophie: Der Begriff des Rechts in der Rechtstheorie H. L. A. Harts*, Berlin: Duncker and Humblot, 1969.

Horn, Dieter. *Rechtssprache und Kommunikation*, Berlin: Duncker and Humblot, 1966.

Rave, Dieter et al., eds. *Analyse der Juristischen Sprache*, 4 vols., Darmstadt: Wissenschaftliche Buchgesellschaft, 1971–74.

逻辑与法律

Engisch, Karl. *Logische Studien zur Gesetzesanwendung*, Heidelberg: Winter, 1943.

Esser, Josef. *Grundsatz und Norm in der richterlichen Fortbildung des Privatsrechts*, Tübingen: Mohr, 1956.

Klug, Ulrich. *Juristische Logik*, Berlin: Springer, 1951.

Lenk, Hans, ed. *Normenlogik*, München: Pullach, 1974.

Rödig, Jürgen. *Die Denkform der Alternative in der Jurisprudenz*, Berlin: Springer, 1969.

Stegmüller, Wolfgang. *Probleme und Resultate der Wissenschaftstheorie und analytischen Philosophie*, Berlin: Springer, 1973.

Weinberger, Ota. *Rechtslogik*, Berlin: Duncker and Humblot, 1970.

自然法

Coing, Helmut. *Grundzüge der Rechtsphilosophie*, Berlin: de Gruyter, 1950.

——. *Die obersten Grundsätze des Rechts: Ein Versuch zur Neubegründung des Naturrechts*, Heidelberg: L. Schneider, 1947.

Fuchs, Josef. *Lex Naturae: Zur Theologie des Naturrechts*, Düsseldorf: Patmos, 1955.

Funk, Josef. *Primat des Naturrechts: Die Transzendenz des Naturrechts gegenüber dem positiven Recht*, Modling bei Wien, St. Gabriel – Verlag, 1952.

Hartmann, Nicolai. *Das Problem des geistigen Seins*, 3rd. ed., Berlin: de Gruyter, 1962.

Kaufmann, Arthur. *Naturrecht und Geschichtlichkeit*, Tübingen: Mohr, 1957.

Messner, Johannes. *Das Naturrecht: Handbuch der Gesellschaftsethik, Staatsethik und Wirtschaftsethik*, Innsbruck: Tyrolia, 1950.

Radbruch, Gustav. "Die Erneuerung des Rechts", *Die Wandlung* 2 (1947): 9.

——. "Gesetzliches Unrecht und Übergesetzliches Recht", *Süddeutsche Juristische Zeitung* 1 (1946): 105.

——. *Der Innere Weg*, Stuttgart: Koehler, 1951.

——. *Rechtsphilosophie*, 4th. ed., Stuttgart: Koehler, 1950.

——. *Vorschule der Rechtsphilosophie*, Göttingen: Vanderhoeck and Ruprecht, 1948.

Rommen, Heinrich. *Die ewige Wiederkehr des Naturrechts*, Leipzig: Hegner, 1936.

Welzel, Hans. *Naturrecht und materiale Gerechtigkeit*, Göttingen: Vanderhoeck and Ruprecht, 1951.

修辞学理论

Ballweg, Otmar. *Rechtswissenschaft und Jurisprudenz*, Basel: Helbing and Lichtenhahn, 1970.

Ballweg, Otmar, and Thomas Seibert. *Rhetorische Rechtstheorie*, Freiburg: Alber, 1972.

Struck, Gerhard. *Topische Jurisprudenz*, Frankfurt: Athenäum, 1971.

Viehweg, Theodor. "Historische Perspektiven der juristischen Argumentation: II. Neuzeit", *Archiv für Rechts und Sozialphilosophie* 7 (1972): 63.

——. "Notizen zu einer rhetorischen Argumentationstheorie der Rechtsdisziplin", *Jahrbuch für Rechtssoziologie und Rechtstheorie* 2 (1972): 439.

——. "Positivismus und Jurisprudenz", in *Positivismus im 19. Jahrhundert*, edited by Jürgen Blühdorn and Joachim Ritter, 105, Frankfurt: Kostermann, 1971.

——. "Systemprobleme in Rechtsdogmatik und Rechtsforschung", *Studien zur Wissenschaftstheorie* 2 (1968): 96.

——. *Topics and Law*, translated by Cole Durham, Frankfurt: Peter Lang, 1993. 德语原版: *Topik und Jurisprudenz* (1953).

Wieacker, Franz. *Gesetz und Richterkunst: Zum Probwm der außergesetzlichen Rechtsordnung*, Karlsruhe: C. F. Müller, 1958.

法律的社会科学

Albert, Hans. *Konstruktion und Kritik*, Hamburg: Hoffmann and Campe, 1972.

——. *Marktsoziologie und Entscheidungslogik*, Neuwied: Luchterhand, 1967.

——. *Plädoyer für kritischen Rationalismus*, München: Piper, 1971.

——. *Traktat über kritische Vernunft*, Tübingen: Mohr, 1968.

Dreier, Ralf. "Zum Selbstverständnis der Jurisprudenz als Wissenschaft", *Rechtstheorie* 2 (1971): 37.

Ebeling, Gerhard. *Kritischer Rationalismus?* Tübingen: Mohr, 1973.

Gehlen, Arnold, ed. *Studien zur Anthropologie und Soziologie*, Berlin: Luchterhand, 1963.

Geiger, Theodor. *Arbeiten zur Soziologie, Methode, Großgesellschaft, Rechtssoziologie, Ideologiekritik*, Enlarged ed., Neuwied: Luchterhand, 1962.

——. *Vorstudien zu einer Soziologie des Rechts*, Neuwied: Luchterhand, 1964.

Henke, Wilhelm. *Kritik des kritischen Rationalismus*, Tübingen: Mohr, 1974.

Hirsch, Ernst, and Manfred Rehbinder, eds. *Studien und Materialen zur Re-*

chtssoziologie, Opladen: Westdeutscher, 1967.

Janich, Peter et al., eds. *Wissenschaftstheorie als Wissenschaftskritik*, Frankfurt: Aspekte, 1974.

Kambartel, Friedrich, ed. *Praktische Philosophie und kronstruktive Wissenschaftstheorie*, Frankfurt: Suhrkamp, 1974.

——. *Theorie und Begründung*, Frankfurt: Suhrkamp, 1974.

Kambartel, Friedrich, and Jürgen Mittelstrass, eds. *Zum normativen Fundament der Wissenschaft*, Frankfurt: Athenäum, 1973.

Lorenzen, Paul. *Methodisches Denken*, Frankfurt: Suhrkamp, 1968.

Lorenzen, Paul, and Otto Schwemmer. *Konstruktive Logik, Ethik und Wissenschaftstheorie*, Mannheim: Bibliographisches Institut, 1973.

Mittelstrass, Jürgen. *Die Möglichkeit von Wissenschaft*, Frankfurt: Suhrkamp, 1974.

Nauke, Wolfgang. *Über die juristische Rewvanz der Sozialwissenschaften*, Frankfurt: A. Metzner, 1972.

Popper, Karl. *Conjectures and Refutations: The Growth of Scientific Knowledge*, New York: Basic Books, 1963.

——. *The Logic of Scientific Discovery*, New York: Basic Books, 1959. 德语原版: *Logik der Forschung* (1935).

——. *Objective Knowledge: An Evolutionary Approach*, Oxford: Clarendon Press, 1972.

——. *The Open Society and Its Enemies*, Princeton, NJ.: Princeton Univ. Press, 1950.

——. *The Poverty of Historicism*, Boston: Beacon Press, 1957.

Savigny, Eike von. *Die Überprüfbarkeit der Strafrechtssätze*, Freiburg: Alber, 1967.

Schelsky, Helmut, ed. *Zur Theorie der Institution*, Düsseldorf: Barteismann, 1973.

Schnur, Roman, ed. *Institution und Recht*, Darmstadt: Wissenschaftliche Buchgesellschaft, 1968.

Schwerdtner, Peter. "Rechtswissenschaft und kritischer Rationalismus", *Rechtstheorie* 2 (1971): 67.

Spinner, Helmut. *Pluralismus als Erkenntnismodell*, Frankfurt: Suhrkamp,

1974.

Rottleutner, Hubert. *Rechtswissenschajt als Sozialwissenschaft*, Frankfurt: Fischer, 1973.

系统理论

Habermas, Jürgen, and Niklas Luhmann, eds. *Theorie der Gesellschaft oder Sozialtechnologie: Was leistet die Systemforschung*? Frankfurt: Suhrkamp, 1971.

Luhmann, Niklas. *Legitimation durch Verfahren*, Frankfurt: Suhrkamp, 1969.

——. *A Sociological Theory of Law*, translated by Elizabeth King and Martin Albrow, London: Routledge and Kegan Paul, 1985. 德语原版: *Rechtssoziologie* (1972).

——. *Soziologische Aufklärung: Aufsätze zur Theorie sozialer Systeme*, Opladen: Westdeutscher, 1970.

——. *Trust and Power: Two Works*, translated by Howard Davis, John Raffan, and Kathryn Rooney, Chichester: Wiley, 1979. 德语原版: *Vertrauen: Ein Mechanismus der Reduktion sozialer Komplexität* (1968).

——. *Zweckbegriff und Systemrationalität: Über die Funktion von Zwecken in sozialen Systemen*, Frankfurt: Suhrkamp, 1968.

Parsons, Talcott. *The Social System*, New York: Free Press, 1952.

——. *The Structure of Social Action*, New York: Free Press, 1949.

——. *Zur Theorie sozialer Systeme*, Opladen: Westdeutscher, 1976.

Teubner, Gunther. "Folgenkontrolle und responsive Dogmatik", *Rechtstheorie* 6 (1975): 179.

Wiener, Norbert. *Cybernetics: or, Control and Communication in the Animal and the Machine*, Cambridge, Mass.: MIT Press, 1949. 德语版: *Kybernetik: Regelung der Nachrichtenübertragung im Lebewesen und in der Maschine* (1963).

当代素材(自 1975 年始)

分析法学

Alexy, Robert, and Aleksander Peczenik. "Coherence and Discursive Rationality", *Ratio Juris* 3 (1990): 130.

Arnaud, Andre et. al., eds. *Juristische Logik, Rationalität und Irrationalität im Recht*, Berlin: Duncker and Humblot, 1985.

Buchwald, Delf. *Der Begriff der rationalen juristischen Begründung: Zur Theorie der juridischen Vernunft*, Baden-Baden: Nomos, 1990.

——. "Die canones der Auslegung und rationale juristische Begründung", *Archiv für Recht- und Sozialphilosophie* 79 (1993): 16.

——. "Rational Legal Justification: Coherence and Concretness", *Archiv für Rechts- und Sozialphilosophie*, Special Edition 53 (1994) 86.

——. "Statutory Interpretation in the Focus of Legal Justification: An Essay in Coherentist Hermeneutics", *Univ. Toledo Law Review* 25 (1994): 735.

Gethmann, Carl, ed. *Logik und Pragmatik: Zum R. echtjertigungsproblem logischer Sprachregeln*, Frankfurt: Suhrkamp, 1982.

Hassemer, Winfried et al., eds. *Argumentation und Recht*, Berlin: Duncker and Humblot, 1980.

Hilgendorf, Eric. *Argumentation in der Jurisprudenz*, Berlin: Duncker and Humblot, 1991.

Hoerster, Norbert. *Recht und Moral*, 2nd. ed., Munich: Deutscher Taschenbuch, 1980.

——. "Richtigstellung über den Rechtspositivismus", *Archiv für Rechts- und Sozialphilosophie* 9 (1993): 416

——. *Utilitarische Ethik und Verallgemeinerung*, 2nd. ed., Freiburg: Alber, 1977.

Hruschka, Joachim. "Recht und Unrecht bei Norbert Hoerster", *Archiv für Rechts- und Sozialphilosophie* 79 (1993): 421.

Koch, Hans-Joachim. *Juristische Methodenlehre und analytische Philosophie*, Kronberg: Athenäum, 1976.

Koch, Hans-Joachim, and Helmut Rüßmann. *Juristische Begründungslehre*, Munich: Beck, 1982.

Krawietz, Werner. "Juridisch – institutionelle Rationalität des Rechts versus Rationalität der Wissenschaften?" *Rechtstheorie* 15 (1984): 423.

——. "Neues Naturrecht oder Rechtspositivismus? Eine kritische Auseinandersetzung mit dem Begriff des Rechts bei Ralf Dreier und Norbert Hoerster", *Rechtstheorie* 18 (1987): 209.

——. *Recht als Regelsystem*, Wiesbaden: F. Steiner, 1984.

Krawietz, Werner, and Robert Alexy, eds. *Metatheorie juristischer Argumentation*, Berlin: Duncker and Humblot, 1983.

Mettenheim, Christoph. *Recht und Rationalität*, Tübingen: Mohr, 1984.

Müller, Friedrich. *Juristische Methodik*, 5th ed., Berlin: Duncker and Humblot, 1993.

——, ed. *Untersuchungen zur Rechtslinguistik*, Berlin: Duncker and Humblot, 1989.

Neumann, Ulfrid. *Juristische Argumentationslehre*, Darmstadt: Wissenschaftliche Buchgesellschaft, 1986.

Ott, Walter. *Der Rechtspositivismus: Kritische Würdigung auf der Grundlage eines juristischen Pragmatismus*, 2nd. ed., Berlin: Duncker and Humblot, 1992.

Pawlowski, Hans – Martin. *Einführung in die juristische Methodenlehre*, Heidelberg: C. F. Müller, 1986.

Peczenik, Aleksander. *Grundlagen der juristischen Argumentation*, Vienna: Springer, 1983.

——. "Legal Rationality and Its Limits", *Rechtstheorie* 15 (1984): 415.

——. "Moral and Ontological Justification of Legal Reasoning", *Law and Philosophy* 4 (1985): 289.

Rodingen, Hubert. *Pragmatik der Argumentation: Was Gesetze anrichten und was rechtens ist*, Freiburg: Alber, 1977.

Viehweg, Theodor, and Franz Rotter, eds. *Recht und Sprache*, Berlin: Duncker and Humblot, 1977.

人类学法学

Höffe, Otfried. "Ein transzendentaler Tausch: Zur Anthropologie der Menschenrechte", *Philosüphisches Jahrbuch* 7 (1992): 1.

Lampe, Ernst-Joachim. "Anthropologische Struktur und Geschichtlichkeit des Rechts", in*Strafgerechtigkeit: Festschrift für Arthur Kaufmann*, edited by Fritjof Haft, et al., 199, Heidelberg: C. F. Müller, 1993.

——. "The Concept and Development of Law", *Archiv für Rechts- und Sozialphilosophie* 77 (1992): 1.

——. "Entwicklungslinien in der rechtsanthropologischen Forschung", *Archiv für Rechts- und Sozialphilosophie*, Special Edition 50 (1992): 232.

——. *Genetische Rechtstheorie: Recht, Evolution und Geschichte*, Freiburg: Alber, 1987.

——. *Grenzen des Rechtspositivismus: Eine rechtsanthropologische Untersuchung*, Berlin: Duncker and Humblot, 1988.

——. "Rechtsanthropologie heute", *Archiv für Rechts- und Sozialphilosophie*, Special Edition 44 (1991): 222.

Rentsch, Thomas. *Heidegger und Wittgenstein: Existential- und Sprachanalysen zu den Grundlagen philosophischer Anthropologie*, Stuttgart: Klett-Cotta, 1985.

——. "Kommunikative Interexistentiale und praktische Weltkonstitution", in*Schöpferisches Handeln*, edited by Dietfried Gerhardus et al., 35, Frankfurt: Peter Lang, 1991.

——. *Die Konstitution der Moralität: Transzendentale Anthropologie und praktische Philosophie*, Frankfurt: Suhrkamp, 1990.

亚里士多德理论

Baruzzi, Arno. *Einführung in die politische Philosophie der Neuzeit*, expanded ed., Darmstadt: Wissenschaftliche Buchgesellschaft, 1993.

——. *Freiheit, Recht und Gemeinwohl: Grundlage einer Rechstphilosophie*, Darmstadt: Wissenschaftliche Buchgesellschaft, 1990.

——. *Die Zukunft der Freiheit*, Darmstadt: Wissenschaftliche Buchgesellschaft, 1993.

Spaemann, Robert. *Die Frage Wozu? Geschichte und Entdeckung des teleologischen Denkens*, Munich: Piper, 1981.

——. *Moralische Grundbegriffe*, 2nd. ed., Munich: Beck, 1991.

——. *Das Natürliche und das Vernunftige*, Munich: Piper, 1987.

——. *Philosophische Essays*, Stuttgart: Reclam, 1983.

社群主义

Honneth, Axel, "Grenzen des Liberalismus: Zur politisch－ethischen Diskussion um den Kommunitarismus", *Philosophische Rundschau* 38 (1991): 83.

——. *Pathologien des Sozialen*, Frankfurt: Fischer, 1994.

Kallscheuer, Otto. "Michael Walzers kommunitärer Liberalismus oder die Kraft der inneren Opposition", in *Kritik und Gemeinsinn*, edited by Michael Walzer, 126, Berlin: Rotbuch, 1990.

Reese－Schäfer, Walter. *Was ist Kommunitarismus*? Frankfurt: Campus, 1994.

批判理性主义

Albert, Hans. *Aufklärung und Steurung*, Hamburg: Hoffmann and Campe, 1976.

——. "Critical Rationalism: The Problem of Method in Social Sciences and Law", *Ratio Juris* 1 (1988): 1.

——. "Dialektische Denkwege: Jürgen Habermas und der kritische Rationalismus", in *Mensch und Gesellschaft aus der Sicht des kritischen Rationalismus*, edited by Hans Albert and Kurt Salamun, 11, Amsterdam: Rodopi, 1993.

——. *Das Elend der Theologie*, Hamburg: Hoffman and Campe, 1979.

——. "Erkenntnis, Recht und soziale Ordnung: Zur Rechts－*und Sozialphilosophie* des kritischen Rationalismus", *Archiv für Rechts－ und Sozialphilosophie*, Special Edition 44 (1991): 16.

——. *Freiheit und Ordnung*, Tübingen: Mohr, 1986.

——. "Das Gewißheitsbedurfnis und die Suche nach Wahrheit", in *Pragmatismus versus Fundamentalismus*, edited by Hans Albert et al., 11, Vienna: Orlach, 1993.

——. "Hermeneutik als Heilmittel? Der ökonomische Ansatz und das Problem des Verstehens", *Zeitschrift für Soziologie* 18 (1989): 1.

——. "Ein hermeneutischer Rückfall: Jürgen Habermas und der kritische

Rationalismus",*Logos* (*neue Folge*) 1 (1993): 3.

——. *Kritik der reinen Erkenntnislehre*, Tübingen: Mohr, 1987.

——. *Kritik der reinen Hermeneutik: Der Antirealismus und das Problem des Verstehens*, Tübingen: Mohr, 1994.

——. "Zur Kritik der reinen Jurisprudenz: Recht und Rechtswissenschaft in der Sicht des kritischen Rationalismus", *Intern. Jahrbuch Rechtsphilosophie und Gesetzgebung* (1992): 343.

——. *Kritische Vernunft und menschliche Praxis*, 2nd. ed., Stuttgart: Reclam, 1984.

——. "Law as an Instrument of Rational Practice", in *Contract and Organization*, edited by Terence Daintith and Gunther Teubner, 25, Berlin: de Gruyter, 1986.

——. "Methodologischer Individualismus und historische Analyse", in *Teil und Ganzes: Zum Verhältnis von Einzel- und Gesamtanalyse in Geschichts- und Sozialwissenschaften*, edited by Karl Acham and Wolfgang Schulze, 85, München: Deutsches Taschenbuch, 1990.

——. "Der Mythos des Rahmens am Pranger", *Zeitschrift für philosophische Forschung* 44 (1990): 85.

——. "Philosophie als Engagement für kritische Vernunft", in *Was ist Philosophie?* edited by Kurt Salamun, 237, Tübingen: Mohr, 1986.

——. *Plädoyer für kritischen Rationalismus*, 4th. ed., Munich: Piper, 1975.

——. *Rechtswissenschaft als Realwissenschaft: Das Recht als soziale Tatsache und die Aufgabe der Jurisprudenz*, Baden-Baden: Nomos, 1993.

——. "Some Remarks on Reasons in Explaining Human Action", *Intern. Studies in Philosophy of Science* 7 (1993): 25.

——. *Traktat über kritische Vernunft*, 5th. expanded ed., Tübingen: Mohr, 1991.

——. *Traktat über rationale Praxis*, Tübingen: Mohr, 1978.

——. *Transzendental Träumereien: Karl-Otto Apels Sprachspiele und sein hermeneutischer Gott*, Hamburg: Hoffmann and Campe, 1975.

——. *Treatise on Critical Reason*, translated by Mary Varney Rorty, Princeton, NJ.: Princeton Univ. Press, 1985. 德语原版: *Traktat über kritische Vernunft* (1968).

——. "Die Wertfreiheitsproblematik und der normative Hintergrund der Wissenschaften", in *Wirtschaft und Ethik*, *edited by Hans Lenk and Matthias Maring*, 82, Stuttgart: Reclam, 1992.

——. "Der Wiener Kreis und die Problematik der Rationalität", in *Jour fixe der Vernunft*: *Der Wiener Kreis und die Folgen*, edited by Paul Kruntorad, 56, Vienna: Hölder-Pichler-Tempsky, 1991.

——. *Die Wissenschaft und die Fehlbarkeit der Vernunft*, Tübingen: Mohr, 1982.

Andersson, Gunnar. *Criticism and the History of Science*, Leiden: E. J. Brill, 1994.

Eikemma-Hommes, Hendrik. "The Relevance of Popper's Scientific Method for Legal Theory", *Rechtstheorie* 14 (1983): 459.

Fusfield, William. "Can Jürgen Habermas' 'Begründungsprogram' Escape Hans Albert's *Münchhausen Trilemma*?" *Rhetorik* 8 (1989): 73,

Haller, Rudolf. "Über das sogenannte Münchhausen Trilemma", *Ratio* 16 (1974) 121.

Hegselmann, Rainer. *Normativität und Rationalität*, Frankfurt: Campus, 1979.

Kellmann, Christof. *Kritischer Rationalismus in der Rechtswissenschaft*? 1975.

Keuth, Herbert. *Erkenntnis oder Entscheidung*: *Zur Kritik der kritischen Theorie*, Tübingen: Mohr, 1993.

——. *Wissenschaft und Urteil*: *Zu Werturteilsdiskussion und Positivismusstreit*, Tübingen: Mohr, 1989.

Musgrave, Alan. "Constructive Empiricism and Scientific Realism", *Philosophical Quarterly* 32 (1982): 262.

Neumann, Ulfrid et al., eds. *Juristische Dogmatik und Wissenschaftstheorie*, Munich: Beck, 1976.

Spaemann, Robert. "Überzeugung in einer hypothetischen Zivilisation", in *Abschied von Utopia*? Edited by Otto Schatz, 311. Graz: Styria, 1977.

Thienel, Rudolf. *Kritischer Rationalismus und Jurisprudenz*: *Zugleich eine Kritik an Hans Alberts Konzept einer sozialtechnishcen jurisprudenz*, Vienna: Österreichische Staatsdruckerei, 1991.

Walter, Robert. "Bemerkungen zur Albert: Zur Kritik der reinen Jurisprudenz", *Intern. Jahrbuch für Rechtsphilosophie und Gesetzgebung* (1992): 359.

商谈理论

Albert, Hans. "Ein hermeneutischer Rückfall: Jürgen Habermas und der kritische Rationalismus", *Logos* (*neue Folge*) 1 (1993): 3.

——. *Transzendentale Träumereien: Karl-Otto Apels Sprachspiele und sein hermeneutischer Gott*, Hamburg: Hoffman and Campe, 1975.

Alexy, Robert. *Begriff und Geltung des Rechts*, Freiburg: Alber 1992.

—— (with Aleksander Peczenik). "The Concept of Coherence and Its Significance for Discursive Rationality", *Ratio Juris* 3 (1990): 130.

——(with Ralf Dreier). "The Concept ofjurisprudence", *Ratio Juris* 3 (1990): 1.

——. "A Discourse-Theoretical Conception of Practical Reason", *Ratio Juris* 5 (1992): 210.

——. "Human Rights and Popular Sovereignty: The Liberal and Republican Versions", *Ratio Juris* 7 (1994):1

——. "Idee und Struktur eines vernünftigen Rechtssystems", *Archiv für Rechts-und Sozialphilosophie*, Special Edition #44 (1991): 30.

——. "Justification and Application of Norms", *Ratio Juris* 6 (1993): 157.

——. "Zur Kritik des Rechtspositivismus", *Archiv für Rechts-und Sozialphilosophie* 37 (1990): 9.

——. "On Necessary Relations between Law and Morality", *Ratio Juris* 2 (1989): 168.

——. "Problems of Discourse Theory", *Critica* 20 (1988): 43.

——. "Problems of Discursive Rationality in Law", *Archiv für Rechts- und Sozialphilosophie* 42 (1990): 174.

——. *Recht, Vernunft, Diskurs*, Frankfurt: Suhrkamp, 1995.

——. "Rechtssystem und Praktische Vernunft", *Rechtstheorie* 18 (1987): 405.

——. "Rights, Legal Reasoning, and Rational Discourse", *Ratio Juris* 5 (1992): 143.

——. *Theorie der Grundrechte*, Baden-Baden: Nomos, 1985.

——. *Theorie der juristischen Argumentation*, 2nd. enlarged ed., Frankfurt: Suhrkamp, 1991.

——. *A Theory of Legal Argumentation*, translated by Ruth Adler and Neil MacCormick, Oxford: Clarendon Press, 1989. 德语原版: *Theorie der juristischen Argumentation* (1978).

Apel, Karl-Otto. *Diskurs und Verantwortung: Das Problem des Übergangs zur postkonventionellen Moral*, Frankfurt: Suhrkamp, 1988.

——. *Gemeinschaft und Gerechtigkeit*, Frankfurt: Fischer, 1993.

——. "Grenzender Diskursethik: Versuch einer Zwischenbilanz", *Zeitschrift für philosophische Forschung* 40 (1986): 3.

——. "Is the Ethics of the Ideal Communication Community a Utopia?" In *The Communicative Ethics Controversy*, edited by Seyla Benhabib and Fred Dallmayr, 23, Cambridge, Mass.: MIT Press, 1990.

——. "Kann der postkantische Standpunkt der Moralität noch einmal in substantielle Sittlichkeit 'aufgehoben' werden?" In *Moralität und Sittlichkeit: Das Problem Hegels und die Diskursethik*, edited by Wolfgang Kuhlmann, 217, Frankfurt: Suhrkamp, 1986.

——. "Das Problem der Begründung einer Verantwortungsethik im Zeitalter der Wissenschaft", in *Wissenschaft und Ethik*, edited by Eberhard Braun, 11, Bern: Peter Lang, 1986.

——. "The Problems of Philosophical Foundations in Light of a Transcendental Pragmatics of Language", in *After Philosophy: End or Transformation*, edited by Thomas McCarthy, 250, Cambridge, Mass.: MIT Press, 1987.

——. *Towards a Transformation of Philosophy*, translated by Glyn Adey and David Frisby, London: Routledge and Kegan Paul, 1980. 德语原版: *Transformation der Philosophie* (2 vols. 1973).

——. *Transzendental Pragmatik*, Frankfurt: Suhrkamp, 1993.

Benhabib, Seyla, and Fred Dallmayr, eds. *The Communicative Ethics Controversy*, Cambridge, Mass.: MIT Press, 1990.

Bolte, Gerhard, ed. *Unkritische Theorie: Gegen Habermas*, Luneburg: Klampen, 1989.

Cortina, Adela. "Diskursethik und Menschenrechte", *Archiv für Rechts- und*

Sozialphilosophie 76（1990）：37.

Dreier，Ralf. “Rechtsphilosophie und Diskurstheorie”，*Zeitschrift für philosophische Forschung* 48（1994）：90.

Dwars，Ingrid. “Application Discourse and the Special-Case Thesis”，*Ratio Juris* 5（1992）：67.

Eder，Klaus. “Die Autorität des Rechts；Eine soziale Kritik prozeduraler Rationalität”，*Zeitschrift für Rechtssoziologie* 8（1987）：1.

——. “Critique of Habermas' Contribution to the Sociology of Law”，*Law and Society Review* 22（1988）：931.

——. “Prozedurale Legitimität：Modeme Rechtsentwicklung jenseits von formaler Rationalisierung”，*Zeitschrift für Rechtssoziologie* 7（1986）：1.

Fusfield，William. “Can Jürgen Habermas' ‘Begründungsprogram’ Escape Hans Albert's Münchhausen Trilemma?” *Rhetorik* 8（1989）：73.

Günther，Klaus. “Critical Remarks on RobertAlexy's ‘Special Case’ Thesis”，*Ratio Juris* 6（1993）：143.

——. “The Idea of Impartiality and the Functional Determinacy of the Law”，*Northwestern Univ. Law Review* 83（1989）：151.

——. “Ein normativer Begriff der Kohärenz für eine Theorie der juristischen Argumentation”，*Rechtstheorie* 20（1989）：163.

——. *The Sense of Appropriateness：Application Discourses in Morality and Law*，translated by John Farrell，Albany：State Univ. of New York Press，1993. 德语原版：*Der Sinn für Angemessenheit：Anwendungsdiskurs in Moral und Recht*（1988）.

——. “Warum es Anwendungsdiskurs gibt”，*Jahrbuch für Recht und Ethik* 1（1993）：379.

Haarseher，Guy. “Perelman and Habermas”，*Law and Philosophy* 5（1986）：331.

Habermas，Jürgen. *Between Facts and Norms：Contributions to a Discourse Theory of Law and Democracy*，translated by William Rehg，Cambridge，Mass.：MIT Press，1995. 德语原版：*Faktizität und Geltung*（1992）.

——. *Communication and the Evolution of Society*，translated by Thomas McCarthy，Cambridge，Mass.：MIT Press，1979. 德语原版：*Zur Rekonstruktion des historischen Materialismus*（1976）.

——. *Erläuterungzur Diskursethik*, Frankfurt: Suhrkamp, 1991.

——. "Human Rights and Popular Sovereignty", *Ratio Juris* 7 (1994): 1.

——. "Justice and Solidarity: On the Discussion Concerning State Six", in *The Moral Domain: Essays in the Ongoing Discussion Between Philosophy and the Social Sciences*, edited by Thomas Wren, 224, Cambridge, Mass.: MIT Press, 1990.

——. *Justification and Application: Remarks on Discourse Ethics*, Cambridge, Mass.: MIT Press, 1993. 德语原文在多个论文集中。

——. "Law and Morality", *The Tanner Lectures on Human Values* 8 (1988): 217.

——. *Moral Consciousness and Communicative Action*, translated by Christian Lenhardt and Shierry Weber Nicholsen, Cambridge, Mass.: MIT Press, 1990. 德语原版: *Moral Bewußtsein und kommunikatives Handeln* (1983).

——. "Moralität und Sittlichkeit", in *Moralität und Sittlichkeit: Das Problem Hegels und die Diskursethik*, edited by Wolfgang Kuhlmann, 16, Frankfurt: Suhrkamp, 1986.

——. *The Philosophical Discourse of Modernity: Twelve Lectures*, translated by Frederick G. Lawrence, Cambridge, Mass.: MIT Press, 1988. 德语原版: *Philosophischer Diskurs der Moderne* (1985).

——. *The Structural Transformation of the Public Sphere: An Inquiry into a Category of Bourgeois Speech*, translated by Thomas Burger, Cambridge, Mass.: MIT Press, 1991. 德语原版: *Strukturwandel der Öffentlichkeit* (1962).

——. *The Theory of Communicative Action*, translated by Thomas McCarthy, Boston: Beacon Press, 2 vol. 1984 and 1987. 德语原版: *Theorie des kommunikativen Handeln* (2 vols. 1981).

——. *Vorstudien und Ergänzungen zur Theorie des kommunikativen Handelns*, Frankfurt: Suhrkamp, 1984.

——. "Wie ist Legitimität durch Legalität möglich?" *Kritische Justiz* 20 (1987): 1.

Höffe, Otfried. "Eine Konversion der kritischen Theorie?" *Rechtshistorisches Journal* 12 (1993): 70.

Kern, Lucian, and Hans-Peter Müller, eds. *Gerechtigkeit: Diskurs oder Markt?* Opladen: Westdeutscher, 1986.

Kettner, Matthias. "Scientific Knowledge, Discourse Ethics, and Consensus Formation on Public Policy Issues", in *Science, Politics and Morality: Scientific Uncertainty and Decisionmaking*, edited by Rene von Schomberg, 161, Dordrecht: Kluwer, 1992.

——. "Warum es Anwendungsfragen, aber keine 'Anwendungsdiskurse' gibt", *Jahrbuch für Recht und Ethik* 1 (1993): 376.

Keuth, Herbert. *Erkenntnis oder Entscheidung? Zur Kritik der kritischen Theorie*, Tübingen: Mohr, 1993.

——. "Fallibilismus versus transzendental pragmatische Letzbegründung", *Zeitschrift für allgemeine Wissenschaftstheorie* 14 (1983): 320.

Krawietz, Werner, and Robert Alexy, eds. *Metatheorie juristischer Argumentation*, Berlin: Duncker and Humblot, 1983.

Kuhlmann, Wolfgang. "Reflexive Letzbegründungversus radikaler Fallibilismus", *Zeitschrift für allgemeine Wissenschaftstheorie* 16 (1985): 357.

——. *Sprachphilosophie, Hermeneutik, Ethik*, Wurzburg: Könighausen and Neumann, 1992.

——, ed. *Moralität und Sittlichkeit: Das Problem Hegels und die Diskursethik*, Frankfurt: Suhrkamp, 1986.

Leist, Anton. "Diesseits der Transzendentalpragmatik: Gibt es sprachpragmatische Argumente für Moral?" *Zeitschrift für philosophische Forschung* 43 (1989): 301.

Lübbe, Weyma. "Wie ist Legitimität durch Legalität möglich?" *Archiv für Rechtsund Sozialphilosophie* 79 (1993): 80.

Luhmann, Niklas. "Quod omnes tangit: Anmerkungen zur Rechtstheorie von Jürgen Habermas", *Rechtshistorisches journal* 12 (1993): 36.

McCarthy, Thomas. *The Critical Theory of Jürgen Habermas*, Cambridge, Mass.: MIT Press, 1978.

Peczenik, Aleksander. *The Basis of Legal Justification*, Lund, Sweden: A. Peczenik, 1983.

——. *Grundlagen der juristischen Argumentation*, Vienna: Springer, 1983.

——. "Legal Reasoning as a Special Gase of Moral Reasoning", *Ratio Juris* 1

(1988): 123.

Sehlink, Bernhard. "Abenddämmerung oder Morgendämmerung: Zu Jürgen Habermas' Diskurstheorie des democratischen Rechtsstaats", *Rechtshistorisches Journal* 12 (1993): 57.

Weinberger, Ota. "Conflicting Views on Practical Reason: Against Pseudo Arguments in Practical Philosophy", *Ratio Juris* 5 (1992): 231.

——. "Logische Analyse als Basis der juristischen Argumentation", in *Metatheorie juristischer Argumentation*, edited by Werner Krawietz and Robert Alexy, 200, Berlin: Duncker and Humblot, 1983.

White, Stephen. *The Cambridge Companion to Habermas*, Cambridge: Cambridge Univ. Press, 1995.

——. *The Recent Work of Jürgen Habermas: Reason, Justice, ancl Modernity*, Cambridge: Cambridge Univ. Press, 1988.

女性主义法学

Böttger, Barbara. *Das Recht auf Gleichheit und Differenz*, Münster: Westfälisches Dampfboot, 1990.

Frommel, Monika. "Männliche Gerechtigkeitsmathematik versus weiblicher Kontextualismus?" *Archiv für Rechts- und Sozialphilosophie*, Special Edition #44 (1990) 82.

Gerhard, Uta, ed. *Differenz und Gleichheit*, Frankfurt: Helmer, 1990.

Thürmer - Rohr, Christina. *Vagabonding: Feminist Thinking Cut Loose*, translated by Lisa Weil, Boston: Beacon Press, 1991. 德语原版: *Vagabundinnen: Feministische Essays* (1990).

——. *Verlorene Narrenfreiheit*, Berlin: Orlanda Frauenverlag, 1994.

黑格尔理论

Henrich, Dieter, and Rolf-Peter Horstmann. *Hegels Philosophie des Rechts: Die Theorie der Rechtsformen und ihre Logik*, Stuttgart: Kett-Cotta, 1982.

Hösle, Vittorio, ed. *Die Rechtsphilosophie des deutschen Idealismus*, Hamburg: F. Meiner, 1989.

Jermann, Christof. *Anspruch und Leistung von Hegels Rechtsphilosophie*, Stuttgart: Fromman-Holzboog, 1987.

Kuhlmann, Wolfgang, ed. *Moralität und Sittlichkeit: Das Problem Hegels und die Diskursethik*, Frankfurt: Suhrkamp, 1986.

Lucas, Hans-Christian, and Otto Pöggeler, eds. *Hegels Rechtsphilosophie im Zusammenhang der europäischen Veifassungsgeschichte*, Stuttgart: Fromman-Holzboog, 1986.

Schild, Wolfgang. "Rechtswissenschaft oder Jurisprudenz: Bemerkungen zu den Schwierigkeiten der Juristen mit Hegels Rechtsphilosophie", *Archiv für Rechtsund Sozialphilosophie*, Special Edition 44 (1991): 328.

Siep, Ludwig. "Verfassung, Grundrechte und soziales Wohl in Hegels Philosophie des Rechts", *Archiv für Rechts- und Sozialphilosophie*, Special Edition 44 (1991): 361.

诠释学理论

Albert, Hans. *Kritik der reinen Hermeneutik: Der Antirealismus und das Problem des Verstehens*, Tübingen: Mohr, 1994.

Frommel, Monika. *Die Rezeption der Hermeneutik bei Karl Larenz und Josef Esser*, Ebelsbach: R. Gremer, 1981.

Hassemer, Winfried. *Dimensionen der Hermeneutik*, Heidelberg: C. F. Müller, 1984.

Hegenbarth, Rainer. *Juristische Hermeneutik und linguistische Pragmatik*, Königstein: Athenäum, 1982.

Kaufmann, Arthur. *Beiträge zur juristischen Hermeneutik*, Köln: Heymann, 1984.

——. "Durch Naturrecht und Rechtspositivismus zur juristischen Hermeneutik", *Juristenzeitung* 30 (1975): 337.

——. *Über Gerechtigkeit*, Köln: Heymann, 1993.

Krawietz, Werner, et al., eds. *Argumentation und Hermeneutik in der Jurisprudenz*, Berlin: Duncker and Humblot, 1979.

制度性实证主义

Bankowski, Zenon. "Institutional Legal Positivism?" *Rechtstheorie* 20 (1989): 289.

Koller, Peter et al., eds. *Institution und Recht: Grazer Internationales Sym-*

posion zu Ehren von Ota Weinberger, Berlin: Duncker and Humblot, 1994.

Krawietz, Werner. "Ansätze zu einem Neuen Institutionalismus in der modernen Rechtstheorie der Gegenwart", *Juristenzeitung* 40 (1985): 706.

——. *Rechtsnorm und Rechtswirklichkeit*, Berlin: Duncker and Humblot, 1993.

Krawietz, Werner, and Ota Weinberger. *Helmut Schelsky als Soziologe und politischer Denker*, Stuttgart: Steiner, 1985.

Krawietz, Werner, and Robert Alexy, eds. *Metatheorie juristischer Argumentation*, Berlin: Duncker and Humblot, 1983.

Larenz, Karl. *Methodenlehre der Rechtswissenschaft*, 6th. ed., Berlin: Springer, 1991.

MacCormick, Neil, and Ota Weinberger. *An Institutional Theory of Law: New Approaches to Legal Positivism*, translated by Ruth Adler and Neil MacCormick, Dordrecht: Reidel, 1986. 德语原版: *Grundlagen des Institutionalistischen Rechtspositivismus* (1985).

Schelsky, Helmut. *Person und Institution*, Wurzburg: Könighausen and Neumann, 1980.

Schelsky, Helmut et al., eds. *Theorie der Normen: Festgabe für Ota Weinberger*, Berlin: Duncker and Humblot, 1984.

Tammelo, Ilmar, and Aulis Aarnio, eds. *Zum Fortschritt von Theorie und Technik in Recht und Ethik*, Berlin: Duncker and Humblot, 1981.

Tammelo, Ilmar, and Helmut Schreiner, eds. *Strukturierungen und Entscheidungen im Rechtsdenken*, Vienna: Springer, 1978.

Weinberger, Christiane. *Evolution und Ethologie: Wissenschaftstheoretische Analysen*, Vienna: Springer, 1983.

Weiriberger, Ota. "Conflicting Views on Practical Reason: Against Pseudo-Arguments in Practical Philosophy", *Ratio Juris* 5 (1992): 252.

——. "The Expressive Conception of Norms – An Impasse for the Logic of Norms", *Law and Philosophy* 5 (1985): 165.

——. *Moral und Vernunft: Beiträge zu Ethik, Gerechtigkeitstheorie und Normenlogik*, Vienna: Bohlau, 1992.

——. *Norm und Institution: Eine Einführung in die Theorie des Rechts*, Vienna: Manz, 1988.

——. "Der normenlogische Skeptizismus", *Rechtstheorie* 17 (1986): 13.

——. *Normentheorie als Grundlage der Jurisprudenz und Ethik: Eine Auseinandersetzung mit Hans Kelsens Theorie der Normen*, Berlin: Duncker and Humblot, 1981.

——. *Rechtsgeltung*, Stuttgart: Steiner, 1986.

——. *Rechtslogik*, 2nd. ed., Vienna: Springer, 1989.

——. *Studien zur formal-finalistischen Handlungstheorie*, Frankfurt: Peter Lang, 1983.

——. *Theoretische Grundlagen der Rechtspolitik*, Stuttgart: Steiner, 1992.

Weinberger, Ota, and Werner Krawietz, eds. *Reine Rechtslehre im Spiegel ihrer Fortsetzer und Kritiker*, Vienna: Springer, 1988.

Weinberger, Ota, and Vladimir Kubes, eds. *Die Brünner rechtstheoretische Schule (Normative Theorie)*, Vienna: Manz, 1980.

Weinberger, Ota, and Christiane Weinberger. *Logik, Semantik, Hermeneutik*, Munich: Beck, 1979.

Winkler, Gunther, ed. *Rechtstheorie und Rechtsinformatik*, Vienna: Springer, 1979.

综合法学

Brugger, Winfried. "Das anthropologische Kreuz der Entscheidung", in *Recht und Ideologie: Festschrift für Hermann Klenner*, edited by Gerhard Haney, Werner Maihofer, and Gerhard Sprenger, 13, Freiburg: Haufe, 1995.

——. "Konkretisierung des Rechts und Auslegung der Gesetze", *Archiv für öffentlichen Rechts* 119 (1994): 1.

——. "Legal Methods, Schools of Jurisprudence, and Anthropology: Some Remarks from a German Point of View", *American Jour. Comparative Law* 42 (1994): 395.

康德理论

Bielefeldt, Heiner. *Neuzeitliches Freiheitsrecht und politische Gerechtigkeit: Perspektiven der Gesellschaftsvertragtheorie*, Wurzburg: Könighausen and

Neumann, 1990.

Brugger, Winfried. "Grundlinien der kantischen Rechtsphilosophie", *Juristenzeitung* l9 (1990): 893.

Dreier, Ralf. *Rechtsbegriff und Rechtsidee: Kants Rechtsbegriff und seine Bedeutung für die gegenwärtige Diskussion*, Frankfurt: Metzner, 1986.

Höffe, Otfried. *Immanuel Kant*, translated by Marshall Farrier, Albany: State Univ. of New York Press, 1994. 德语原版: *Immanuel Kant* (1983).

——. *Katagorische Rechtsprinzipien: Ein Kontrapunkt der Modeme*, Frankfurt: Suhrkamp, 1990.

——. *Moral als Preis der Moderne: Ein Versuch über Wissenschaft, Technik und Umwelt*, Frankfurt: Suhrkamp, 1993.

——. *Political Justice: Foundations for a Critical Philosophy of Law and the State*, translated by Jeffrey C. Cohen, Cambridge: Polity Press, 1995. 德语原版: *Politische Gerechtigkeit: Grundlegung einer kritischen Philosophie von Recht und Staat* (1987).

——. *Den Staat braucht selbst ein Volk von Teufeln*, Stuttgart: Reclam, 1988.

——. "Universalist Ethics and the Faculty of Judgment: An Aristotelian Looks at Kant", *Philosophical Forum* 25 (1993): 55.

Kersting, Wolfgang. *Wohlgeordnete Freiheit: Immanuel Kants Recht – und Staatsphilosophie*, Berlin: de Gruyter, 1984.

Kühl, Kristian. "Die Bedeutung der Kantischen Unterscheidungen von Legalität und Moralität sowie von Rechtspflichten und Tugendpflichten für das Strafrecht", in *Recht und Moral*, edited by Helmut Jung, 139, Frankfurt: Peter Lang, 1991.

——. *Eigentumsordnung als Freiheitsordnung – Zur Aktualität der kantischen Rechtsund Eigentumslehre*, Freiburg: Alber, 1984.

——. "Rehabilitierung und Aktualisierung des kantischen Vernunftrechts", *Archiv für Rechts – und Sozialphilosophie*, Special Edition 44 (1991): 212.

Maus, Ingeborg. *Zur Aufklärung der Demokratietheorie: Rechts – und demokratietheoretische Überlegungen im Anschluß an Kant*, Frankfurt: Suhrkamp 1992.

Naucke, Wolfgang. *Rechtsphilosophische Grundbegriffe*, 2nd. ed., Frankfurt: Metzner, 1986.

Wellmer, Albrecht. *Ethik und Dialog: Elemente des moralischen Urteils bei Kant und in der Diskursethik*, Frankfurt: Suhrkamp, 1986.

法律与经济学

Adams, Michael. *Ökonomische Analyse der Gefährdungs-und Verschuldenshajtung*, Heidelberg: Decker, 1985.

Assmann, Heinz-Dieter et al., eds. *Ökonomische Analyse des Rechts*, New ed. Kronberg: Athenäum, 1993.

Fezer, Karl-Heinz. "Nochmals: Kritik und der ökonomischen analyse des Rechts", *Juristenzeitung* 43 (1988): 223.

Kirchner, Christian. "The Difficult Reception of Law and Economics in Germany", *Intern. Review of Law and Economics* 11 (1991): 277.

Lehmann, Michael. *Bürgerliches Recht und Handelsrecht-eine juristische und ökonomische Analyse*, Munich: Beck, 1983.

Nagel, Bernhard, and Thomas Eger. *Wirtschaftsrecht II: Eigentum, Delikt, Vertrag mit einer Einführung in die ökonomische Analyse des Rechts*, 2nd. ed., Munich: Oldenbourg, 1989.

Ott, Claus. "Die ökonomische Analyse des Rechts-Irrweg oder Chance wissenschaftlicher Rechtserkenntnis?" *Juristenzeitung* 43 (1988): 213.

——, ed. *Allokationseffizienz in der Rechtsordnung*, Berlin: Springer, 1989.

Ott, Claus, and Hans Schäfer. *Ökonomische Probleme des Zivilrechts*, Berlin: Springer, 1991.

Schäfer, Hans, and Claus Ott. *Lehrbuch der ökonomischen Analyse des Zivilrechts*, Berlin: Springer, 1986.

Schanze, Erich. "Rechtsnorm und ökonomisches Kalkül", *Jour. Inst. Theory of Economics* (1982): 297.

马克思主义理论

Haney, Gerhard. "Das Widerspruchsvolle des Rechtsbegriffs", *Archiv für Rechtsund Sozialphilosophie*, Special Edition 44 (1991): 110.

Klenner, Hermann. "Rechtsphilosophisches zur ontologischen und zur gnoseologischen Dimension der Sein/Sollen-Problematik", *Archiv für Rechts- und Sozialphilosophie*, Special Edition 44 (1991): 163.

Mollnau, Karl. "Die Babelsberger Konferenz oder: Vom Beginn der Niedergangs-jurisprudenz in der DDR", *Archiv für Rechts- und Sozialphilosophie*, Special Edition 44 (1991): 236.

新凯尔森主义

Gianformaggio, Letizia. "Hans Kelsen on the Deduction of Validity", *Rechtstheorie* 20 (1990): 181.

——. *Hans Kelsen's Legal Theory*, Torino: G. Giapichelli Editore, 1990.

Krawietz, Werner, and Helmut Schelsky, eds. *Rechtssystem und gesellschaftliche Basis bei Hans Kelsen*, Berlin: Duncker and Humblot, 1984.

Krawietz, Werner et al., eds. *Ideologiekritik und Demokratietheorie bei Hans Kelsen*, Berlin: Duncker and Humblot, 1982.

Ott, Walter. *Der Rechtspositivismus: Kritische Würdigung auf der Grundlage eines juristischen Pragmatismus*, 2nd. ed., Berlin: Duncker and Humblot, 1992.

Paulson, Stanley. "Continental Normativism and Its British Counterpart: How Are They Different?" *Ratio Juris* 6 (1993): 227.

——. "Kelsen and the Marburg School: Reconstructive and Historical Perspectives", in *Prescriptive Formality and Normative Rationality in Modern Legal Systems*, edited by Werner Krawietz et al., 481, Berlin: Duncker and Humblot, 1994.

——. "Kelsen's Legal Theory: The Final Round", *Oxford Jour. Legal Studies* 12 (1992): 265.

——. "The Neo-Kantian Dimension of Kelsen's Pure Theory of Law", *Oxford Jour. Legal Studies* 12 (1992): 311.

——. "Die unterschiedlichen Formulierung der 'Grundnorm'", in*Rechtsnorm und Rechtswirklichkeit*, edited by Aulis Aarnio et al., 53, Berlin: Duncker and Humblot, 1993.

——, ed. *Hans Kelsen und die Rechtssoziologie: Auseinandersetzung mit Hermann U. Kantorowicz, Eugen Ehrlich, und Max Weber*, Aalen: Seien tia,

1992.

Pawlik, Michael. *Die Reine Rechtslehre und die Rechtstheorie H. L. A. Harts: Ein kritischer Vergleich*, Berlin: Duncker and Humblot, 1993.

Sieckmann, Jan-Reinard. *Regelmodelle und Prinzipienmodelle des Rechtssystems*, Baden, Baden: Nomos, 1990.

Thienel, Rudolf. *Kritischer Rationalismus und Jurisprudenz: Zugleich eine Kritik an Hans Alberts Konzept einer sozialtechnischen Jurisprudenz*, Vienna: Österreichische Staatsdruckerei, 1991.

Walter, Robert, ed. *Schwerpunkte der reinen Rechtslehre*, Vienna: Manz, 1992.

Weinberger, Ota, and Werner Krawietz. *Reine Rechtslehre im Spiegel ihrer Fortsetzer und Kritiker*, Vienna: Springer, 1988.

修辞学理论

Ballweg Ottmar. "Analytical Rhetoric, Semiotic, and Law", in *Law and Semiotics*, edited by Roberta Kevelson, 25, New York: Plenum Press, 1987.

——. "Analytische Rhetorik als juristische Grundlagenforschung", *Archiv für Rechts-und Sozialphilosophie*, Special Edition 44 (1991): 45.

——. "Entwurf einer analytischen Rhetorik", in *Rhetorik und Philowphie*, edited by Helmut Schanze, 229, Munich: W. Fink, 1989.

——. "Phronetik, Semiotik, und Rhetorik", in *Rhetorische Rechtstheorie*, edited by Ottmar Ballweg and Thomas Seibert, 22, Freiburg: Alber, 1982.

——. "Rhetorik und Res humanae", in *Gedächtnisse für Peter Noll*, edited by Raimund Hauser et al., 13, Zürich: Schulthess, 1984.

——. "Rhetorik und Vertrauen", in *Kritik und Vertrauen*, edited by Erhard Denninger, 34, Frankfurt: A. Hain, 1990.

Breuer, Dieter, and Helmut Schanze, eds. *Topik: Beiträge zur interdisziplinären Diskussion*, Munich: W. Fink, 1981.

Bund, Elmar. *Juristische Logik und Argumentation*, Freiburg: Rombach, 1983.

Eberle, Norbert. *Zur Rhetorik des zivilprozessualen Beweises*, Frankfurt: Peter

Lang, 1989.

Engisch, Karl. *Einführung in das juristische Denken*, 8th. ed., Stuttgart: Kohlhammer, 1983.

Esser, Josef. *Juristisches Argumentieren im Wandel des Rechtsfindungskonzepts unseres Jahrhunderts*, Heidelberg: Winter, 1979.

Garrn, Heino. "Die 'Natur der Sache' als Grundlage der juristischen Argumentation", *Archiv für Rechts- und Sozialphilosophie* 68 (1982): 62.

——. *Zur Rationalität rechtlicher Entscheidung*, Stuttgart: Steiner, 1986.

——. "Zur rechtspraktischen Bedeutung einer Theorie der juristischen Rhetorik", *Archiv für Rechts- und Sozialphilosophie*, Special Edition 44 (1991): 96.

Gast, Wolfgang. "Zur Einübung der Ungewißheit", *Archiv für Rechts- und Sozialphilosophie* 66 (1980): 147.

——. *Juristische Rhetorik: Auslegung, Begründung, Subsumption*, 2nd. ed., Heidelberg: Decker, 1992.

——. *Rechtserkenntnis und Gewaltsstrukturen*, Berlin: Duncker and Humblot, 1975.

Haft, Fritjof. *Juristische Rhetorik*, 4th. ed., Freiburg: Alber, 1990.

Klug, Ulrich. *Juristische Logik*, 4th. ed., Berlin: Springer, 1982.

Kopperschmidt, Josef. *Allgemeine Rhetorik: Einführung in der Theorie des persuasiven Kommunikation*, Stuttgart: Kohlhammer, 1985.

Müller, Friedrich. *Juristische Methodik*, 5th. ed., Berlin: Duncker and Humblot, 1993.

Oppermann, Bernd. *Die Rezeption des nordamerikanischen Rechtsrealismus durch die Topikdiscussion*, Doctoral Dissertation: Frankfurt University, 1985.

Pawlowski, Hans-Martin. *Methodenlehre für Juristen*, 2nd. ed., Heidelberg: C. F. Müller, 1985.

Perelman, Chaïm. *Juristische Logik als Argumentationslehre*, Munich: Alber, 1979.

——. *The Realm of Rhetoric*, Notre Dame, Ind.: Univ. of Notre Dame Press, 1982. 德语版: *Das Reich der Rhetorik*(1980).

Ptassek, Peter et al., eds. *Macht und Meinung: Die rhetorische Konstitution der politischen Welt*, Göttingen: Vanderhoeck and Ruprecht, 1992.

Rodingen, Hubert. *Pragmatik der Argumentation*: *Was Gesetze anrichten und was rechtens ist*, Freiburg: Alber, 1977.

——. "Von der Rationalität der Topik", in *Rhetorische Rechtslehre*, edited by Ottmar Ballweg and Thomas Seibert, 181, Freiburg: Alber, 1982.

——. "Rhetorik im Recht: Ortbestimmung und Uberblick", *Rhetorik* (1981): 85.

Schneider, Peter. "... *ein einzig Volk von Brüdern*": *Recht und Staat in der Literatur*, Frankfurt: Athenäum, 1987.

——. "Jurisprudenz, Utopie und Rhetorik", *Archiv für Rechts- und Sozial Philosophie*, Special Edition 44 (1991): 337.

Schreckenberger, Waldemar. "Notizen über die rhetorische Semiotik: Unter besonderer Berücksichtigung der Geltungsproblematik in der Rechtstheorie", *Archiv für Rechts-und Sozialphilosophie*, Special Edition 44 (1991): 348.

——. "Rhetorik, Politik, und Recht", *Der Staat* 4 (1994): 594.

——. *Rhetorische Semiotik*: *Analysen von Texten des Grundgesetzes und von rhetorischen Grundstrukturen der Argumentation des Bundesveifassungsgerichts*, Freiburg: Alber, 1978.

——. "Über den Zugang der modernen Logik zur Rechtsdogmatik", in *Rhetorische Rechtslehre*, edited by Ottmar Ballweg and Thomas Seibert, 155, Freiburg: Alber, 1982.

Seibert, Thomas-Michael. *Aktenanalysen*: *Zur Schriftform juristischer Deutung*, Tübingen: Narr, 1981.

——. "The Arguments of a Good Judge", in *Argumentation*: *Analysis and Practices*, edited by Frans H. van Eemeren et al., 119, Dordrecht: Faris, 1987.

——. "Der Durchschnittleser als Mittler gerichtlicher Kommunikationsvorstellungen", in *Rechtskultur als Sprachkultur*, edited by Georg Grewendorf, 332, Frankfurt: Suhrkamp, 1992.

——. "Erzählen als gesellschaftliche Kronstruktion von Kriminalität", in*Erzählte Kriminalität*, edited by Jorg Schönert, 73, Tübingen: Niemeyer, 1991.

——. "Mündlichkeit und Schriftform im Rechtsdiskurs" and "Linguistische Verhandlungsanalysen aus juristischer Sicht", both in *Rechtsdiskurs: Untersuchungen zur Kommunikation in Gerichtsveifahren*, edited by Ludger Hofmann, Tübingen: Narr, 1989.

——. "Vom Nutzen und Nachteil des forensischen Modells für die Philosophie des Diskurs", in *Rhetorik und Philosophie*, edited by Helmut Schanze and Josef Kopperschmidt, 249, Munich: Fink, 1989.

——. "Orte der Wahrheit: Zur Semantik der Räume von Hauptverhandlung und Psychoanalyse", in *Psychiatrie, Psychotherapie und Recht*, edited by Franz Rotter, 157, Frankfurt: Peter Lang, 1993.

——. "Der Richter gilt als unparteilich: Fiktionen des Rechtsverfahrens", *Zeitschrift für Semiotik* 12 (1990): 187

——. "Zeichen und Gesetzesbindung", *Rechtstheorie* 22 (1991): 470.

Sobota, Katharina. "Don't Mention the Norm!" *Intern. Jour. Semiotics of Law* 4 (1991): 45.

——. *Sachlichkeit: Rhetorische Kunst der Juristen*, Frankfurt: Peter Lang, 1990.

——. "Stimmigkeit als Rechtsstruktur", *Archiv für Rechts- und Sozialphilosophie* 77 (1991): 243.

Struck, Gerhard. *Zur Theorie juristischer Argumentation*, Berlin: Duncker and Humblot, 1977.

Viehweg, Theodor. "Schritte zu einer rechtsrhetorischen Rechtstheorie", in *Kultur, Kriminalität, Strafrecht*, edited by Rüdiger Herren et al., 3, Berlin: Duncker and Humblot, 1977.

系统理论

Bankowski, Zenon. "How does it Feel to be on your Own?" *Ratio Juris* 7 (1994): 254.

Dahrendorf, Ralf. *Pfade aus Utopie: Arbeiten zur Theorie und Methode der Soziologie*, 2nd. ed., Munich: Piper, 1986.

Druwe, Ulrich. "Recht als autopoietisches System: Zur Kritik des reflexiven Rechtskonstrukts", *Jahreschrift für Rechtspolitologie* 4 (1990): 103.

Eigen, Manfred, and Peter Schuster. *The Hypercycle: A Principle of Natural*

Self Organization, Berlin: Springer, 1979.

Evan, William. *Social Structure and Law: Theoretical and Empirical Perspectives*, Newbury Park, Calif.: Sage, 1990.

Fischer, Hans, ed. *Autopoiesis: Eine Theorie im Brennpunkt der Kritik*, Heidelberg: Auer, 1991.

Foerster, Heinz von. *Observing Systems*, 2nd. ed., Seaside, Calif.: Intersystems, 1984.

——, ed. *Sicht und Einsicht: Versuche zu einer operativen Erkenntnistheorie*, Braunschweig: F. Viehweg, 1985.

Frey, Reiner. *Vom Subjekt zur Selbstreferenz: Rechtstheoretische Überlegungen zur Rekonstruktion der Rechtskategorie*, Berlin: Duncker and Humblot, 1989.

Fuchs, Peter. *Niklas Luhmann-beobachtet: Eine Einführung in die Systemtheorie*, Opladen: Westdeutscher, 1992.

Haferkampf, Hans, and Michael Schmid. *Sinn, Kommunikation, und sozialer Differenzierung: Beiträge zu Luhmanns Theorie sozialer Systeme*, Frankfurt: Suhrkamp, 1987.

Jacobsen, Arthur. "Autopoietic Law: The New Science of Niklas Luhmann", *Michigan Law Review* 87 (1989): 1647.

Kneer, Georg, and Armin Nassehi. *Niklas Luhmanns Theorie sozialer Systeme: Eine Einführung*, Munich: W. Fink, 1993.

——, and Armin Nassehi. "Verstehen des Verstehens: Eine systemtheoretische Revision der Hermeneutik", *Zeitschrift für Soiiologie* 20 (1991): 341.

Luhmann, Niklas. *Ausdifferenzierung des Rechts: Beiträge zur Rechtssoziologie und Rechtstheorie*, Frankfurt: Suhrkamp, 1981.

——. "The Autopoiesis of Social Systems", in *Sociocybernetic Paradoxes: Observation, Control and Evolution of Self-Steering Systems*, edited by Felix Geyer and Jan van der Zouwen, 171, London: Sage 1986.

——. *Beobachtungen der Modeme*, Opladen: Westdeutscher, 1992.

——. "Closure and Openness: On Reality in the World of Law", in *Autopoietic Law: A New Approach to Law and Society*, edited by Gunther Teubner, 335, Berlin: de Gruyter, 1988.

——. *The Differentiation of Society*, translated by Steven Holmes and Charles Larmore, New York: Columbia Univ. Press, 1982. 德语原版: *Soziologische Aufklärung* (1970).

——. *Erkenntnis als Konstruktion*, Bern: Benteli, 1988.

——. *Essays an Seif-Reference*, New York: Columbia Univ. Press, 1990.

——. *Gesellschaftstruktur und Semantik*, 2 vols., Frankfurt: Suhrkamp, 1980-81.

——. *Gibt es in unserer Gesellschaft noch unverzichtbare Normen?* Heidelberg: C. W. Müller, 1993.

——. *Legdimation durch Verfahren*, 3rd. ed., Frankfurt: Suhrkamp, 1993.

——. *Political Theory in the Welfare State*, translated by John Bednarz, Jr., Berlin: de Gruyter, 1990. 德语原版: *Politische Theorie im Wohlfahrtsstaat* (1989).

——. *Das Recht der Gesellschaft*, Frankfurt: Suhrkamp, 1993.

——. "The Representation of Society Within Society", *Current Sociology* 35 (1987): 101.

——. *Risk: A Sociological Theory*, translated by Rhodes Barrett, Berlin: de Gruyter, 1993. 德语原版: *Soziologie des Risikos* (1991).

——. "The Self-Description of Society: Crisis, Fashion and Sociological Theory", *Intern. Jour. Comparative Sociology* 25 (1984): 59.

——. *Social Systems*, translated by John Bednarz, Jr., Stanford, Calif.: Stanford Univ. Press, 1995. 德语原版: *Soziale Systeme: Grundriss einer allgemeinen Theorie* (1984).

——. *A Sociological Theory of Law*, translated by Elizabeth King and Martin Albrow, London: Routledge and Kegan Paul, 1985. 德语原版: *Rechtssoziologie* (2 vol. 1972).

——. "The Theory of Social Systemsand Its Epistemology", *Philosophy of the Social Sciences* 16 (1986): 112.

——. "The Unity of the Legal System", in *Autopoietic Law: A New Approach to Law and Society*, edited by Gunther Teubner, 12, Berlin: de Gruyter, 1988.

——. *Die Wissenschaft der Gesellschaft*, 2nd. ed., Frankfurt: Suhrkamp, 1991.

——. *Zweckbegriff und Systemrationalität*, 5th. ed. , Frankfurt: Suhrkamp, 1991.

——, ed. *Beobachter*, 2nd. ed. , Munich: Fink, 1992.

Münch, Richard. *Dialektik der Kommunikationsgesellschaft*, Frankfurt: Suhrkamp, 1991.

——. *Theory of Action: Towards a New Synthesis Going Beyond Parsons*, London: Routledge and Kegan Paul, 1987. 德语原版: *Theorie des Handelns: Zur Relwnstruktion der Beiträge von Talcott Parsons, Emile Durhheim und Max Weber*(1982).

Nassehi, Armin. *Die Zeit der Gesellschaft: Auf dem Weg zu einer soziologischen Theorie der Zeit*, Opladen: Westdeutscher, 1993.

Reese-Schäfer, Walter. *Luhmann zur Einführung*, Hamburg: Junius, 1992.

Rottleuthner, Hubert. "A Purified Theory of Law: Niklas Luhmann on the Autonomy of the Legal System", *Law and Society Review* 23 (1989): 779.

——. *Einführung in die Rechtssoziologie*, Darmstadt: Wissenschaftliche Buchgesellschaft, 1987.

Schelsky, Helmut. *Die Soziologen und das Recht*, Opladen: Westdeutscher, 1980.

Schmidt, Siegfried, ed. *Der Dishurs des Radikalen Konstruktivismus*, 2nd. ed. , Frankfurt: Suhrkamp, 1988.

Schneider, Wolfgang. *Die Beobachtung von Kommunikation*, Opladen: Westdeutscher, 1994.

——. *Objektives Verstehen: Rekonstruktion eines Paradigmas—Gadamer, Popper, Toulmin, Luhmann*, Opladen: Westdeutscher, 1991.

Teubner, Gunther. "How the Law Thinks: Towards a Constructivist Epistemology of Law", *Law and Society Review* 28 (1989): 727.

——. *Law as an Autopoietic System*, translated by Anne Bankowska and Ruth Adler. Oxford: Blackwell, 1993. 德语原版: *Recht al autopoietisches System* (1989).

——, ed. *Autopoietic Law: A New Approach to Law and Society*, Berlin: de Gruyter, 1988.

Wenzel, Harald. *Die Ordnung des Handelns: Talcott Parsons' Theorie des allgemeinen Handlungsystems*, Frankfurt: Suhrkamp, 1991.

Willke, Helmut. *Ironie des Staates: Grundlinien einer Staatstheorie polyzentrischer Gesellschaft*, Frankfurt: Suhrkamp, 1992.

——. *Systemtheorie: Eine Einführung in die Grundprobleme der Theorie sozialer Systeme*, 4th. ed. , Stuttgart: Fischer, 1993.

——. *Systemtheorie entwickelter Gesellschaften: Dynamik und Riskanz moderner gesellschaftlicher Selbstorganisation*, Weinheim: Juventa, 1989.

索　引*

* 索引中的页码是原文页码，请按中文版相应边页码查找。——译者注

声　明　1. 版权所有，侵权必究。

2. 如有缺页、倒装问题，由出版社负责退换。

图书在版编目（CIP）数据

当代德语法哲学/(美)詹姆斯·E.赫格特著；宋旭光译.—北京：中国政法大学出版社，2019.6

ISBN 978-7-5620-8956-8

Ⅰ.①当…　Ⅱ.①詹…　②宋…　Ⅲ.①法哲学—研究　Ⅳ.①D903

中国版本图书馆CIP数据核字(2019)第076829号

出 版 者　中国政法大学出版社

地　　址　北京市海淀区西土城路 25 号

邮寄地址　北京 100088 信箱 8034 分箱　邮编 100088

网　　址　http://www.cuplpress.com (网络实名：中国政法大学出版社)

电　　话　010-58908289(编辑部) 58908334(邮购部)

承　　印　固安华明印业有限公司

开　　本　850mm×1168mm　1/32

印　　张　11.375

字　　数　195 千字

版　　次　2019 年 6 月第 1 版

印　　次　2019 年 6 月第 1 次印刷

定　　价　45.00 元